内容生意

内容创业案例手册

贺国帅　何海明　马澈　梁姗姗　井婷婷　著

广东旅游出版社
GUANGDONG TRAVEL & TOURISM PRESS
悦读书·悦旅行·悦享人生

中国·广州

图书在版编目（CIP）数据

内容生意：内容创业案例手册 / 贺国帅等著 . —
广州：广东旅游出版社，2020.1
ISBN 978-7-5570-2000-2

Ⅰ . ①内… Ⅱ . ①贺… Ⅲ . ①电子商务 – 创业 – 手册
Ⅳ . ① F713.36-62

中国版本图书馆 CIP 数据核字（2019）第 250353 号

出 版 人：刘志松
责任编辑：龙鸿波　林伊晴
责任校对：李瑞苑
责任技编：冼志良
封面设计：乙　一
版式设计：书情文化

内容生意：内容创业案例手册
NEIRONG SHENGYI：NEIRONG CHUANGYE ANLI SHOUCE

广东旅游出版社出版发行
（广州市越秀区环市东路 338 号银政大厦西楼 12 楼）
邮编：510180
电话：020-87348243
印刷：深圳市希望印务有限公司
　　（深圳市坂田吉华路 505 号大丹工业园 A 栋二楼）
开本：787 毫米 ×1092 毫米　16 开
字数：300 千字
印张：20
版次：2020 年 1 月第 1 版第 1 次印刷
定价：68.00 元

目录

序一 寻找真实 自我进化 / 01

序二 探寻，从案例入手 / 03

内容创业案例

内容生态塑造者

喜马拉雅：孵化有声内容，打造音频生态 / 004

得到：知识付费的产品心法与运营之道 / 012

"吴晓波频道"：打造泛财经领域影响力 / 020

"一条"：服务中产阶级的内容电商领头羊 / 025

华映资本：文化领域头部投资者的投资原则 / 030

腾讯 DreamWriter：无人编辑室的黑科技 / 035

搜狗智能语音：人工智能的可能性 / 039

头部内容创业者

六神磊磊："一人一派"的原创自媒体 / 043

新世相：如何把握潮水流动的方向 / 047

末那大叔：不断成长的 IP 人格化之路 / 053

罐头视频：专注生活方式的移动视频机构 / 057

"夜听"：专注情感记录，陪伴千万女性 / 062

"吾皇万睡"：超级动漫 IP 养成记 / 066

"黎贝卡"：如何成为"买买买教主" / 070

小小包麻麻：头部母婴电商的进化 / 077

媒体融合探索者

人民日报"中央厨房"：媒体融合大脑工程的诞生与探索 / 085

封面新闻：《华西都市报》的深度融合转型实录 / 093

"荔枝新闻"：广电媒体融合的六次迭代 / 101

看看新闻：媒体组织的进化与新闻生产流程的重塑 / 107

"我们视频"：《新京报》如何把握传统媒体转型的最后机会 / 113

"数可视"：从海量数据中挖掘故事的数据新闻法则 / 126

内容行业创变者

樊登读书：知识付费的价值验证与一种增长模式 / 132

十点读书：以书为媒，通向文化生活 / 138

核桃 Live：打造知识 IP，做知识的连接者 / 149

有养：赋能父母，打造教养方式内容平台 / 159

新榜：如何服务内容创业者 / 169

36 氪：从自我创业到服务创业 / 175

豆果：美食产品的持续迭代 / 181

移动电影院：电影行业的新模式 / 187

天脉聚源：科技驱动电视媒体价值进化 / 199

洛客：众创设计 / 204

内容行业报告

新媒体运营观察报告 / 215

内容产业商业化观察报告 / 237

短视频行业发展报告 / 250

传媒技术发展报告 / 274

寻找真实　自我进化

　　腾讯媒体研究院自创立以来，无时无刻不在关注这样一个问题：媒体人该如何自我进化？

　　这进化包括人的能力之进化，也包括人在掌握技术后的效能之进化，或者最终获得思想上的进化。然而无论是何种进化，其结果都是让媒体人更好地适应当下的行业发展，让他们在激烈的竞争中凭借自己对行业、对趋势的认知和判断脱颖而出。

　　回溯历史，媒体在过去的 20 年内经历了多次变革，从纸媒到 PC 互联网，从 PC 互联网再到移动互联网，一直到现在，已经进入了智能时代，其中的媒介形式、媒介平台与随之产生的海量内容都发生了不同形态的改变，这种改变继续引导着人们对内容的喜好与接收方式。平台、内容创作者、用户的循环不断进行着迭代。

　　在这样一个无论是需求还是其他都迅速变化的时代，我们的双眼经常被蒙蔽，被嘈杂而又无价值的信息扰乱视线。到了这时，自我进化的问题就变成了媒体人该如何发掘时代中蕴含的真实价值。

　　这种真实价值是什么？它可以反映出这个时代下媒体行业里的某一种典型问

题并解决它，也可以是某一细分领域成功媒体一路走来的真实路径，或者它本身即在诉说并代表着一种潜在趋势。

本着帮助媒体人洞察媒体行业、发掘真实的想法，腾讯媒体研究院推出特别栏目"媒体案例拆解"，以具体某一公司或行业问题为主题进行分析，用精练的语言给出结构化的解答。我们相信这样的信息是具备价值的，也经得起时间的考验，它能帮助媒体人以一个相对健全的体系来看内容行业发展的路径。

本书共分为两个部分，其一是案例拆解，汇集了当前行业内具有典型代表性的内容平台，对这些平台的运作模式做了详细的拆解分析以及解读；其二是内容行业报告，主要汇集了内容行业的一些方法论、行业生态现状等。我们相信这些一定能够帮助大家加深对当下内容行业的理解。

在这一系列案例拆解中，你可以看到像"新京报我们视频"这样的传统媒体转型视频新闻的诀窍，包括它的产品架构、内容生产、人员管理等等。也可以看到媒体融合的龙头工程，人民日报全媒体"中央厨房"的诞生与探索，还有媒体技术的典型代表腾讯 DreamWriter，看看无人编辑室是如何助力媒体进行融合转型的。当然，还会有针对"得到""喜马拉雅"等平台的具体剖析。

这些分析所依赖的资料一部分来自创始人或其他相关人士的真实口述，一部分来自我们的实地深访，保证材料的真实性。我们会尽量做到覆盖当下整个媒体生态中的主要方向，帮助大家提炼出最有价值的信息。

在纷繁混杂的信息世界，腾讯媒体研究院一贯秉承看见真实、不断进化的原则，希望这份来自腾讯新闻以及中国传媒大学广告学院的内容产品，能助各位合作伙伴冲破信息茧房，与我们一起砥砺前行。

腾讯新闻副总编辑　贺国帅

探寻，从案例入手

　　这本《内容生意》是中国传媒大学广告学院和腾讯媒体研究院联合编撰的一本案例手册。

　　这本案例既包含了喜马拉雅FM、得到、一条这样的行业领导者品牌和平台，也包括了新世相、末那大叔、黎贝卡等特色头部自媒体，同时也融入了人民日报"中央厨房"、华西都市报新媒体、"荔枝新闻"等主流媒体的实践，总之内容琳琅满目，内容创业者的发展路径、行业格局、商业逻辑和盈利模式都有系统的呈现。案例拆解是腾讯媒体研究院的创新，因为年轻，他们的顾忌就少，案例就逼近真实。

　　2017年9月，我在中国传媒大学开了一门"新媒体创业与创新"的公开课，很受同学们的欢迎，行业也很关注。2018年初，腾讯媒体研究院的罗美丽找到我，说他们在做内容创业方面的培训，看能不能一起合作。互联网企业一向对外部的合作持开放态度，因此我们就一起合作开办了第二期"新媒体创业与创新"课，课程聚焦内容创业，请来了樊登、徐达内、林少等15位领跑企业的创始人，讲述他们对内容创业的理解和实践，这其中涉及内容IP、知识付费、平台搭建、商业模式等。在经过他们的同意后，中国传媒大学广告学院马澈、王薇、杜国清教授和几位年轻的老师、研究生整理出了这些企业的创业案例。这些案例很生动，老师们的思路、文笔很流畅，是很有功力的案例整理和创作，这部分案例也加入本书的案例集。

这本书的最后一部分是腾讯媒体研究院主导合作研究发布的关于内容行业的几篇报告，分别是新媒体运营观察报告、内容产业商业化观察报告、短视频行业发展报告及传媒技术发展报告，信息量很大，全是干货，我觉得行业从业者值得一读。

这本书是大学和企业几个团队联合的产品，中国传媒大学广告学院马澈老师和腾讯媒体研究院的梁姗姗、井婷婷为本书的编辑花费了众多心血，但因时间原因，失误之处也难免，还请案例的主角和读者见谅。

内容创业依托于互联网和信息技术的发展，在互联网各种终端上更多以视听形式呈现，涉及产品和平台，官方和民间都在进入，中国在这方面几乎与美国同步引领世界，它一出世便汹涌澎湃，引发全民参与。民间的内容创业者刻意在回避意识形态，但实际上又无法回避，各种知识和表达也折射出当下人们的世界观和思想体系。新媒体内容还在探索阶段，但发展迅猛、不可阻挡，像中国的黄河一样，在上游看，未来流向哪里，又有怎样的流程，我们无法预知。我们有幸参与新媒体内容的崛起过程中，见证其发展，为此感到兴奋和欣慰，所以我们以案例记录的方式参与其中，将创业故事和案例分享给大众。也许在本书出版时，有些企业已不复存在，但它们不会被历史抹去，还在我们的记忆中。

中国传媒大学广告学院　何海明教授

内容创业案例

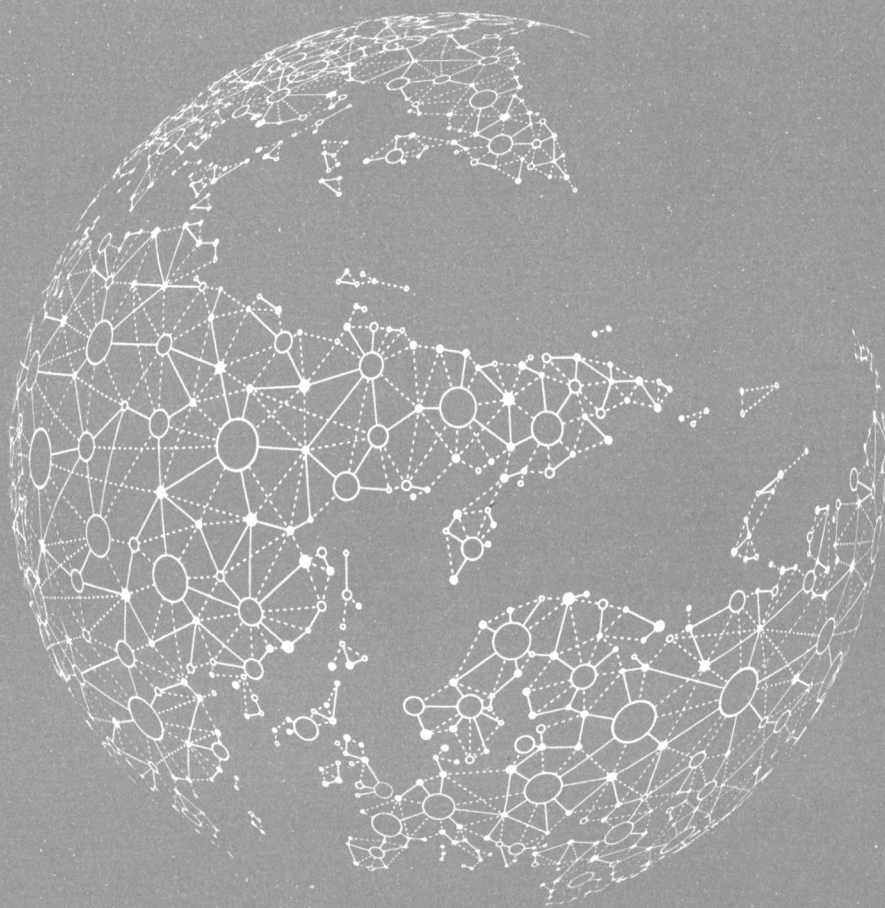

内容生态塑造者

喜马拉雅：
孵化有声内容，打造音频生态

知名音频分享平台喜马拉雅已经成为国内发展最快、规模最大的在线移动音频分享平台。2014年，喜马拉雅完成了两轮高额融资，为进一步领跑中国音频领域奠定了雄厚的资金实力。2018年，喜马拉雅的总用户规模已经突破4.8亿，在移动音频行业的市场占有率已达73%，是国内聚合类音频分享领域的典型代表案例。

一、喜马拉雅的发展时间线

2013年至2014年，喜马拉雅上线即获好评。2013年2月，喜马拉雅iOS上线，在App store的好评率高达95%。2014年3月，获A轮融资1150万美元，为持续快速发展奠定基础。2014年10月，B轮融资5000万美元，创造国内同行业的最高融资额。

2015年，喜马拉雅成为国内最大的移动音频平台。2015年9月，喜马拉雅的用户超过2亿，成为国内最大的移动音频分享平台。2016年12月，举办首届"123知识狂欢节"，在24小时之内知识消费总额破5000万元。

2017年至今，喜马拉雅持续占有音频行业市场。2017年6月，发布国内首款全内容AI智能音箱"小雅"，日销量超过5万台。2017年11月，喜马拉雅总用户超过4.5亿，在音频行业占有率达到73%。2018年12月，举办第三届"123知识狂欢节"，内容消费总额破4.35亿元。

发展至今，喜马拉雅在各方面的数据表现优异。激活用户超4.8亿，平台上有超过600万主播；行业占有率高达73%，活跃用户日均收听时长达135分钟。

二、音频内容爆发背后的原因

音频内容爆发的背景及原因一方面在于技术的发展，一方面有赖于音频的独特属性。目前来看，主要分为以下几个方面：

技术积累：黑胶、磁带、CD、MP3、流媒体、数字化，每一次人类传播技术的革命都是将此前积累的知识再次呈现。

获取成本低："张嘴就来"的好处——第一是试错成本低，可以及时调整；第二是可以做大量的尝试；第三是速度比较快。

碎片化场景：音频是移动的、在线的、伴随的，用户可以不看手机屏就能聆听，相当于拓展出了一个获取知识的平行时间。

通道优势：音频占用的是听觉通道，相比其他感官，听觉的传播更简单、直接，能直达脑海，强制听者注意。

载体之变带来了传播的变化。从本质而言，所有的信息传播都是编码传播。音频是一种复合编码，同时具备传递信息、表达审美、营造气氛、混编情感、唤起反馈、及时想象的作用。音频正在从小众走向大众。

过去	现在	未来——新声活
音频小众	音频崛起	人人都能随时随地用听来获取信息、学习和娱乐
内容匮乏 传播渠道狭窄	3亿车主 15亿智能手机	内容生产：人人都是主播　内容分发：手机+车+智能家居　内容获取：只需说出来

音频行业发展阶段

三、喜马拉雅内容架构及生产标准

喜马拉雅的四个内容来源

第一是PGC（专业生产内容）合作。喜马拉雅与专业内容生产者合作打造有声节目，包括自媒体人、网络红人、各领域顶尖专业人士等。同时，与具备内容创业经验或者孵化能力的成熟制作团队合作，喜马拉雅协助其进行内容策划和产品打磨，提供分发运营的平台。

第二是版权购买。采买各大广播电台、电视台、出版社、报业集团、图书公司等主体的内容版权，以有声内容的形式展示给用户。

第三是 UGC 生产内容。"人人皆主播"，普通用户可自行申请成为喜马拉雅的主播，展现自己的魅力。

第四是优质内容产品的分销。优质音频产品在其他平台经过市场验证后，喜马拉雅会进行同步分销。

喜马拉雅的音频产品分类

大课：定价 99～199 元不等，单集时长在 15 分钟以上，每周至少 3 节课，进行基础学科通识教育，不仅提供系统的知识体系，更提供一套认知世界的方式。内容生产者需要全情投入，专注打磨内容，并及时给予用户学习反馈。如"蔡康永的 201 堂情商课"。

小课：定价 1～29 元不等，单集时长在 10～15 分钟，更新间隔与学习周期更短，以专题性学习课程为主，就某一特定领域、特定问题进行分享，注重帮用户快速提升知识、技能或解决一个生活难题。如"李诞池子的幽默工具箱"。

微课：定价 1～9.9 元不等。微课注重短、平、快，一次性学完某个主题内容，好比一堂讲座或者是音频版的线上公开课，在一两个小时内解决一个知识点。如"把话说到别人心坎里的 12 则沟通课"。

讲书：专业播讲人拆解高价值图书，提炼书籍精华，帮助用户迅速补齐知识、技能、审美等短板，高效吸收经典及畅销书籍。

有声书：网罗热门及经典图书的有声版，打造全品类图书的有声图书馆。

付费内容的生产攻略

满足用户需求。实实在在地去满足、去引领，甚至于去开启用户对于知识的需求。好的内容首先是迎合用户的需求，其次是满足用户的需求，最高阶的应该是引领或者开启用户的需求。

有干货、趣味的表达和"人格化"背书。"人格化"背书即内容和主讲人，这两个 IP 缺一不可。我们需要通过这个人格化的 IP 去和用户之间建立起深度的信任感。

有专业领域的知识体系化的提炼。优质内容的核心点在于从用户需求出发打造一个完整的知识结构，并且体系化地呈现在用户面前。

好的付费产品应该具备的核心竞争力

用户愿意为什么样的内容付费？产品的价值感强，帮用户利用零散时间高效获取知识；能够帮助用户提升思想、技能、认知和审美水平；管理用户预期，有体系的课程体系，成模块的知识输出；知识密度集中，能帮助用户补足某一领域的知识短板；能提供差异化的内容及服务，占据用户心智，满足用户多层次需求。

用户愿意为什么样的产品持续付费？能在擅长的内容领域不断迭代知识；能拓宽用户认知领域，挖掘潜在学习需求；能主动与用户产生链接，通过运营工具建立信任感、培养归属感。

一档标准的喜马拉雅节目的要素

时长方面：单集时长一般不低于 10 分钟，每日更新的节目不宜超过 10 分钟，一周更新一次的节目可保证在 15 分钟左右。

内容结构上：节目开头要简洁抓人，直奔主题；废话少讲，避免拖沓，去除让用户感到无聊的"尿点"。注重节目的讲述方式，在录制节目时，虽然面对的是一个冷冰冰的话筒，但需要主讲人想象自己在与听众面对面交谈，多使用问候人称，用词营造对象感。

知识密度要得当：疏朗有序，知识干货一定要配套案例讲解和场景导入。抓住内容核心，一期音频一个中心思想，切忌堆砌知识，但可以延展更多。从这个门类跨界到另一个领域，站在更广阔的知识体系中讲解；用户喜欢新鲜甚至颠覆生活常识的知识点。

四、音频知识 IP 孵化流程一览

IP 孵化是指将一个具有单一知识产权的"内容"放大成具有复合知识产权的"内容矩阵"，从单一到多元。

IP 孵化的四个时期

播种期：选对种子。细分赛道，选择各垂直领域的头部主播和精准选题，强背书者加上满足市场痛点的选题方向就等于播下了一颗超级 IP 的种子。魔法种子具备极强的潜力，扶植后能从中腰部变成头部，成长期会带来巨大的经济效益。提前看好种子选手是 IP 孵化的真正意义。

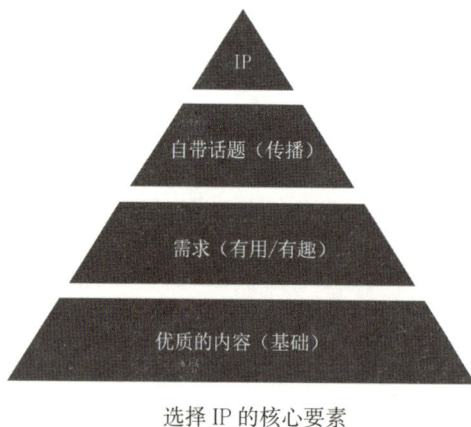

选择 IP 的核心要素

选 IP 的核心要素主要有四个。首先是塔顶。最好是"行走的流量包"，自己就是一个 IP。其次，IP 本身带有话题性和传播性。比传播、裂变更重要的是留存，但是留存的前一步是先触达用户。再次，一味迎合用户不长久、不可取。比一次购买更重要的是复购率，是用户对你产生价值的信任度。最后是塔基的优质内容。要对用户负责任，为用户把关，一定要推用户觉得有价值的东西。如果你推出的是 60 分以下的产品，他下一次可能就会对你失去信心。

发芽期：定期施肥、浇水、除杂草。在这个阶段的要义是，第一时间感知到外界的反馈，同时需要建立自己的人群模型，从用户和市场中获取信息，特别是负面评论，然后不断地进行反馈和自我迭代。内容积累是一个长期稳定的增长过程，当内容累积突破一个基点之后，价值是呈指数级上涨的。

　　成长期：修剪、塑形。在这个阶段要打造爆款，形成自己的风格化标签，平台方需要从内容质量、版权、价值观等多个维度进行参与，把控、帮助 IP 生长塑形。

五、平台商业化的四重奏

广告营销

　　比较常见的广告营销是**展示类广告营销**，即出现在 App 页面的品牌展示广告，比如横幅广告、通栏、焦点图、背景图等等；其次是**音频贴片广告**，指将广告融入音频节目中，通过 KOL（关键意见领袖）与用户的互动实现粉丝的积极参与。

　　此外，还有**品牌植入**，即将品牌在不经意间插入音频节目中，在不伤害内容的前提下保证品牌露出。**品牌冠名：**人气音频节目的冠名，注重该节目的人气和影响力。**品牌电台：**企业品牌在喜马拉雅上建立自己的专属电台，将广告与节目内容相结合。**品牌请客：**围绕品牌主题邀请知名人物、大咖开课，让品牌为用户买单付费节目。为了获得免费收听的资格，用户会通过积赞等方式分享传播，实现传播品牌的目的。

　　最后一种形式是 **IP 共建**。品牌 IP 通过音频 IP 的粉丝效应实现品牌曝光，音频 IP 通过品牌 IP 的赞助支持给粉丝发放福利，增加粉丝黏性。

智能硬件

　　售卖在各个不同场景下使用的智能硬件产品，比如车载、家用智能音箱等。通过智能硬件绑定用户，反馈迭代平台内容、增加内容利用率。开放合作，为其他硬件厂商提供音频内容、营销、技术等方面的服务。

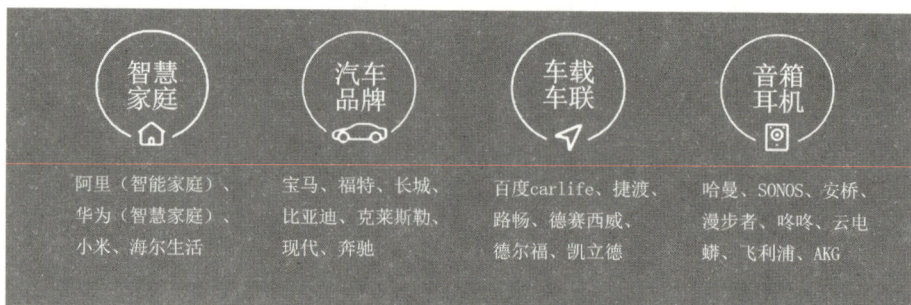

智慧家庭	汽车品牌	车载车联	音箱耳机
阿里（智能家庭）、华为（智慧家庭）、小米、海尔生活	宝马、福特、长城、比亚迪、克莱斯勒、现代、奔驰	百度carlife、捷渡、路畅、德赛西威、德尔福、凯立德	哈曼、SONOS、安桥、漫步者、咚咚、云电蟒、飞利浦、AKG

喜马拉雅的智能硬件产品类别

粉丝经济

平台的头部 KOL 直播，平台进行抽成。针对 KOL 社群进行书籍等各种衍生品销售。

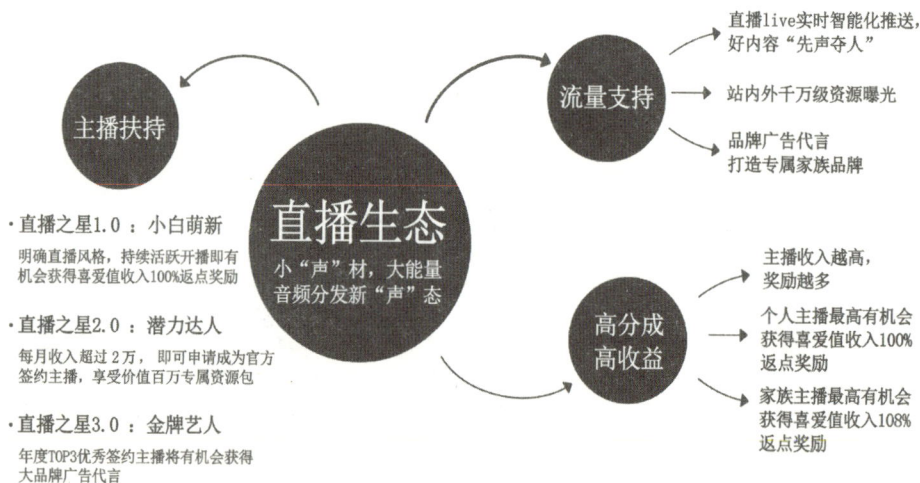

喜马拉雅的粉丝经济布局

有声内容

喜马拉雅的付费有声内容主要有四种形式。平台有声内容大部分属于合辑出售，根据节目时长和稀缺性定价，价格一般在 200 "喜点"以内。与之相对应的是单集付费，特点是付费灵活，可试听后决定是否购买全集。此外，还有付费有声书，即各类书籍拆解、经典名著、热门小说等。用户也可以选择成为付费会员，按月或年付费，享受喜马拉雅FM的听书节目。

　　喜马拉雅FM抓住了网络音频形态发展的黄金期，以其聚合、分享、原创的音频内容节目成功占领了我国音频市场，并在有声书和优质知识付费音频节目的内容生产上表现良好。它的音频知识IP孵化过程诠释了"内容"到音频"IP"的生产模式，提供了打造音频内容多元化矩阵的有效途径。

得到：
知识付费的产品心法与运营之道

2016 年被称为"知识付费元年"，众多内容付费产品在这一年如雨后春笋涌现，而得到 App 是其中最具标志性的产品之一。在知识脱口秀明星罗振宇的运作下，得到 App 邀请商圈大咖、文化名人打造重磅课程，受到中产阶级的追捧。2018 年 5 月，得到 App 用户已超 2000 万。高速成长之余还能兼顾消费者的好口碑，得到 App 在知识付费领域的探索值得创业者关注。

一、得到 App 的成长之路

得到 App 的发展时间线

2015 年内容付费行业初成，年初"在行"App 上线，提供行家一对一咨询服务，引发各界对知识付费可能性的探讨。而年末，得到 App 上线，开始将社会注意力吸引到知识付费领域。

2016 年 6 月，得到 App 推出首个付费专栏《李翔商业内参》，上架半月，订阅收入超千万，成为当时知识付费行业爆款。而随后李笑来主讲的"通往财富自由之路"也受到追捧，截至 2018 年已有 21 万人订阅，总计收入高达 4200 万。这两款拳头产品（产品中的佼佼者）奠定了得到 App 的行业地位。同一时间，唯有喜马拉雅与奇葩说推出的《好好说话》能与之匹敌，半年订阅用户 16 万，收入超过 3000 万。

2017 年 3 月，罗振宇宣布《罗辑思维》将在得到 App 独播，并向用户收取 1 元订阅费用。凭借节目多年运营，此举为得到 App 注入了大量活跃粉丝，即使到了 2018 年 12 月，每期节目的播放数仍在 90 万左右。2017 年 11 月，得到 App 用户数突破 1200 万，日均活跃用户近 90 万。

2018 年 1 月，"少年得到" App 上线，得到 App 团队开始拓展边界，进军 7 ~ 15 岁的学龄儿童教育市场。截至 2018 年 12 月，"少年得到" App 已上线有声书、名著精讲、学科订阅专栏等多个板块，其中最受欢迎的两个付费专栏的订阅人数已突破 4 万人。

2018 年 9 月，"得到"大学开办，将业务延伸向线下培训。首期学费近万，招生规模 300 人，而随后报名人数超过 5000 名。目前首期"得到"大学课程已圆满完成，后续的招生正在进行。

得到 App 成功的背景及原因

得到 App 顺利在知识付费行业取得如今成就，与其团队基因及外部环境密不可分。

借势罗振宇及《罗辑思维》影响力。在创立得到 App 之前，罗振宇精心运营节目《罗辑思维》三年，且开设同名公众平台，每日为粉丝推出一条 60 秒语音。凭借精心运营，罗振宇成为国内知名知识脱口秀明星，拥有大量粉丝资源，为得到 App 注入起飞动力。

在得到 App 独家播放之前，《罗辑思维》已播放 205 集，各大平台累积播放超 10 亿人次；而 2017 年 1 月，"罗辑思维"公众平台粉丝也突破千万。正是《罗辑思维》的优质粉丝以及其对社会知识需求的启蒙，为得到 App 奠定了发展基础。

得到 App 团队深耕内容付费，长期积累优质粉丝。《罗辑思维》团队培养粉丝付费习惯较早，且运营经验丰富，在成立得到 App 之时，已累积众多优质付费会员。早在 2013 年 8 月，《罗辑思维》便推出付费会员制，首期入账 160 万元；而随后围绕粉丝群体，《罗辑思维》团队推出"真爱月饼""20 年跨年演讲席位预售"等付费活动引导粉丝接受付费。

得到 App 创立之初，恰逢 2016 年知识付费热潮。2016 年被称为"知识付费元年"。4 月，问咖、值乎出现；5 月，值乎 LIVE、分答出现；6 月，喜马拉雅 FM 推出《好好说话》；7 月，脉脉"业问"面市；8 月，雪球问答上线。这一年各种知识付费产品诞生，用户的付费习惯也在逐步养成。

二、得到 App 的产品心法：赋能用户，认知升级

知识付费产品众多且竞争激烈，而得到 App 能占据一席之地，主要在于其先进清晰的产品心法。

得到 App 定位知识服务商，产品主要依靠音频与图文形式进行传播。产品内容精炼，信息价值感强，以帮助用户实现认知升级为核心目的。其知识产品体系主要有付费知识专栏如《薛兆丰的经济学课》《吴军硅谷来信》等；免费知识节目如《罗辑思维》《李翔商业内参》等。此外，还有电子或实体书籍以及得到大学的线下培训。

这些知识产品能受用户欢迎并买单有四大原因：

产品定位中产阶级。得到 App 内容针对中产阶级人群，力求满足其知识获取需求，帮助他们听完课程后产生知识量提升的价值感，从而缓解焦虑。

拥抱时间碎片化趋势。得到 App 对自身内容的定位是高效学习工具，内容精简，信息密集，让用户有效利用碎片化时间。

坚持图文音频内容市场。音频产品适用驾车、通勤等日常生活场景，用户可在这些场景利用碎片化时间轻松获取信息，因此得到 App 知识产品以图文、音频为主，未涉足视频。

赋能用户，帮助实现认知升级。得到 App 产品内容首要目的是赋能用户，通过提供行业精英的知识与经验，帮助用户获取高价值信息，从而实现认知升级。

三、得到 App 运营之道：赋能老师服务用户，形成内容生产闭环

得到 App 运营可分为两部分，即产品运营与品牌运营。产品运营强调赋能老师服务用户，而品牌运营则讲究日常宣传与重点营销相配合。

产品运营

知识产品包含内容生产与用户服务两大部分，得到 App 在整个过程承担中枢角色，赋能老师服务用户，为产品质量提供强有力的支撑。

赋能老师方面：得到 App 助力课程老师生产优质内容，从课程制作、产品推广以及数据反馈三大方面，参与知识产品生产。助力优质内容，辅助老师制定课程框架、策划内容选题；承担产品宣发，包装课程，举行宣传活动推广产品；提供数据反馈，为老师反馈用户数据，协助优化课程。

服务用户方面：得到 App 通过助学服务与社群运营，有效提升知识产品附加价值。运营用户社群，引导粉丝讨论课程内容，营造学习氛围；提供助学服务，通过话题征集、结业测试等，提高用户学习效率；收集数据与反馈，从用户反馈中寻找内容选题与优化方向。

赋能老师服务用户是得到 App 的运营心法，在此基础上，它还有一套专业周全的流程，服务产品生产运营过程，把控质量细节。下面以得到 App 核心产品日更类付费专栏为例。

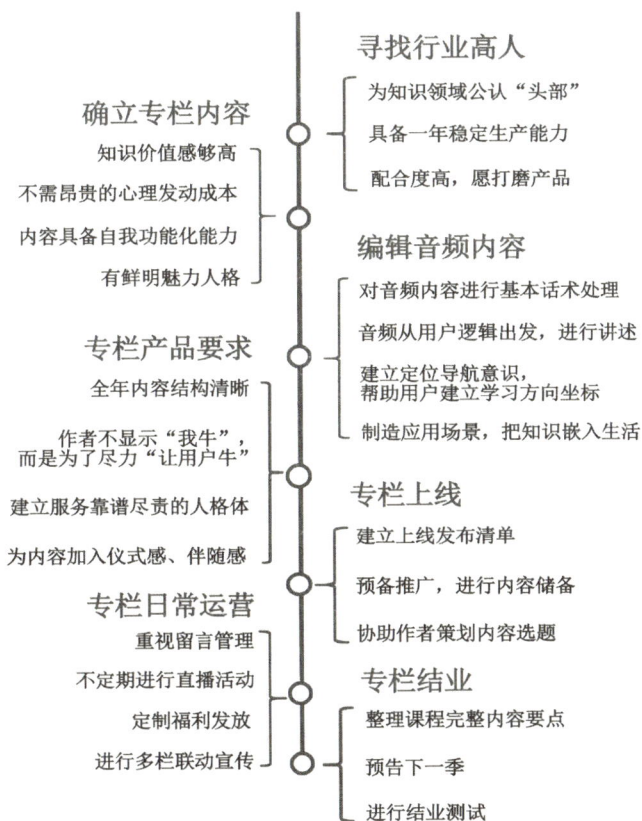

寻找行业高人
为知识领域公认"头部"
具备一年稳定生产能力
配合度高，愿打磨产品

确立专栏内容
知识价值感够高
不需昂贵的心理发动成本
内容具备自我功能化能力
有鲜明魅力人格

编辑音频内容
对音频内容进行基本话术处理
音频从用户逻辑出发，进行讲述
建立定位导航意识，帮助用户建立学习方向坐标
制造应用场景，把知识嵌入生活

专栏产品要求
全年内容结构清晰
作者不显示"我牛"，而是为了尽力"让用户牛"
建立服务靠谱尽责的人格体
为内容加入仪式感、伴随感

专栏上线
建立上线发布清单
预备推广，进行内容储备
协助作者策划内容选题

专栏日常运营
重视留言管理
不定期进行直播活动
定制福利发放
进行多栏联动宣传

专栏结业
整理课程完整内容要点
预告下一季
进行结业测试

得到 App 知识产品生产流程

寻找行业高人。要出品一套质量上佳的知识产品，首先需要找到合适的主讲人。得到 App 对主讲人要求主要有三方面：一是某知识领域公认的"头部内容"生产者，能够把头脑里的优秀思想转化为对用户长期利益有帮助的知识产品；二是可以全心投入，能保证一年的生产投入；三是配合度高，拥有反复打磨产品的服务心态。

确立专栏内容。确定主讲人后，得到 App 会对产品内容进行定位。其对日更类专栏内容要求详细：①知识价值感足够高（获得难度足够大）；②接口简单，不需要很强的心理发动成本；③样式结构明确且稳定；④自我功能化（解决问题、提供陪伴、提供谈资）；⑤生产可持续，来源稳定，生产效率高，用户参与成本低；⑥主讲人有鲜明的魅力人格。

编辑音频内容。音频作为得到 App 主流产品形式，有一套完整的音频内容编辑逻辑。音频内容需进行基本话术处理，如串联话术等，将文字转化为用户更容易接受的语义表达；音频内容要求从用户逻辑出发，从易到难，从低到高，从已知到未知；有意识地建立定位导航，帮助用户建立学习的位置和方向坐标，如强调今日是第几章，用户学习此章可以获得什么；制造应用场景，把知识嵌入用户生活，比如构思用户可能会用到此章知识的场景，将相关知识嵌入进去，使其看到场景就能想到。

专栏产品要求。专栏产品并非只需做好内容即可，还需要从人格化方面进行打磨。得到 App 对此有四个要求：①产品全年内容结构清晰；②作者呈现的人格并不是"我牛"，而是尽力"让用户牛"；③建立人格体，让用户感知到你的服务是专业且尽责尽心的；④为内容加入仪式感。

专栏上线、日常运营和结业。确立产品内容后，得到将协助作者进行推广，主要有三方面工作：第一，制定上线发布清单，包括产品公关照、试读章节、发刊词等等；第二，进行内容储备，联系推广资源；第三，建立日常运营系统，观察产品初期反馈并协助作者制订接下来的选题。

日常运营也是得到 App 产品重要一环。其主要通过留言管理、直播活动、福利发放以及多专栏联动，了解用户反馈，并保持用户活跃。当专栏完成更新后，产品会进入结业阶段，整理课程完整内容，预告下一季节目，并对学员进行结业测试。

产品宣传

得到 App 产品把控一流，同样也注重产品包装，主要从合作讲师包装、课程作用包装、课程价值包装以及附加服务包装入手。而在宣传渠道上，得到擅长结合"双微"（微博、微信）与 App 等渠道，并在热门节目中进行互推。

合作讲师包装：通过运营，赋予老师超出以往的、更大更持续的名望和影响力，如：辅助讲师，赋予专栏人格属性；为主讲人赋能，打造认真、负责、专业的形象。

课程作用包装：可以帮助解决生活工作中的问题；弥补知识缺失、知识空白；陶冶情操，丰富精神生活；提高个人社会生存能力和人生掌控能力。

课程价值包装：名人推荐，课程品质背书，观点包装，提供新知识，独特观点，以及解决方案；永久收听、阅读所购买内容的权限。

附加服务包装：与知名大咖接触的机会、进入高品质圈子的机会，与同好交流的机会和其他商业合作机会。

包装好产品之后，得到 App 会用丰富的渠道进行推广宣传，包括罗辑思维微信公众平台、得到微博、得到 App 轮播位及其他资源位，《罗辑思维》节目推荐以及其他热门专栏互推。

通过全面的包装、多样的宣传渠道和知识产品过硬的质量，上百万用户为得到专栏买单并非不能理解。除了产品推广，得到 App 在品牌宣传的造诣，实际上更值得学习。

品牌运营

在品牌宣传方面，得到 App 团队有多项行业创新举措，如公司例会直播、跨年演讲等。品牌营销按照日常宣传与重点营销相配合的节奏，在持续吸引用户关注的同时，不断给用户惊喜，满足期待。

日常宣传——得到周二例会直播。自 2016 年 9 月开始，得到 App 团队每周会直播例会内容，向外界公开运营数据，并透露公司最新动态。周会主要内容：创始人分享近期感悟；沟通产品与技术问题；通报运营数据，透露新动态。最终，周会持续带来关注的同时，也塑造了品牌透明、公开、有担当的形象，从而获取用户信任。

重点宣传——"时间的朋友"跨年演讲。作为罗振宇打造的重要 IP，跨年演讲已举行三季，且影响力逐年增加，为品牌带来大量关注。2017 年跨年演讲已取得突出成绩，其在优酷视频的总播放量超千万，微博的相关话题阅读达 1.3 亿，有超过 160 万人在得到 App 聆听这一演讲。

重点宣传——得到知识发布会。得到 App 定期推出知识发布会，推出最新知识产品。最新 002 号知识发布会与深圳卫视合作，以百万级成本打造现场效果，定义行业发布会新高度。

四、得到 App 商业变现：深耕产品，多元变现

得到 App 商业盈利模式清晰，变现形式多样，直接贩卖知识产品，销售量客观。在其证实知识付费市场价值的同时，也奠定自身行业地位。得到 App 变现模式主要分为付费专栏订阅：《薛兆丰的经济学课》和采用会员收费的《每天听本书》专栏；线下培训、活动，如跨年演讲和得到大学；周边实物销售，如小众书籍和周边礼品等。得到 App 商业变现模式的优势在于三个方面。

专栏订阅收费策略多样，满足用户多种需求。得到 App 付费专栏分为日更、非日更和《每天听本书》栏目。前两者按课程收费，后者则按月收取会员费，不同的产品形态有不同的付费模式。

开拓线下盈利模式，撑开商业化版图。得到 App 线上销售知识产品，线下开始涉足教育培训与活动，将商业化触角伸向更多维度，拓宽知识付费的想象空间。

借助电商，丰富品牌价值变现渠道。得到 App 商品带有强烈品牌属性，书籍多为独家小众，周边礼品设计也强调品牌理念。商品标价偏高，依靠用户对品牌的认同感引导消费。

得到 App 的成功离不开创始人罗振宇在新媒体内容行业的常年耕耘，同时也是当下中产阶级碎片化知识需求觉醒，市场逐渐形成等因素共同催生的结果。得

到 App 的优势在于产品质量。凭借罗辑思维团队一流的内容生产力，以及常年服务粉丝的运营经验，得到 App 推出《薛兆丰的经济学课》等多款业内精品。而随着用户超过千万级，影响力日增，得到 App 也将商业探索的触角伸向线下，为整个知识付费行业开拓更大边界。

"吴晓波频道"：
打造泛财经领域影响力

　　"吴晓波频道"是财经作家吴晓波及其带领的杭州巴九灵文化创意有限公司运营的自媒体，该节目以独特的视角细数企业家们走过的路，讲述财经热点新闻背后的故事，梳理、评论与商业相关的热点话题。

一、"吴晓波频道"的成长之路

　　2014年5月8日，"吴晓波频道"公众平台上线，1个月后粉丝数量超过10万人。栏目最初是每周二、周日在订阅号财经专栏推送一篇，并于每周四在爱奇艺播出国内首档财经脱口秀节目《吴晓波频道》。

　　2014年6月14日，"吴晓波频道"书友会成立。书友会的成立不仅实现了栏目与粉丝之间的直接交流，更是为粉丝之间的互动搭建了良好的平台，线上线下各类活动的举行增加了粉丝的"组织感"和粉丝黏性，为"吴晓波频道"成为国内最大的泛财经社群组织建立了坚实的基础。

　　2016年7月8日，"吴晓波频道"上线首个付费专辑音频产品《每天听见吴晓波》。5个多月后，这份定价180元/年的付费产品在全平台足足卖出10万份，成为2016年内容创业领域最畅销的知识付费产品之一。

　　2017年1月3日，"吴晓波频道"运营公司巴九灵完成A轮1.6亿元融资，投后估值20亿元。5月8日，"吴晓波频道"举行成立三周年庆典活动，并公开书友会运营数据，截至当天，"吴晓波频道"已经在线下81个城市成立了书友会，线下活跃书友超10万人，累计举办活动超过5200场。

　　2018年1月15日，"吴晓波频道"会员人数达45万人，"吴晓波频道"会员中心也成了全中国最大的财经知识社群。伴随着会员人数的增加，会员服务也进行了全新升级，不仅会员权益更清晰、栏目划分更为简洁，而且新增的"正在讨论"板块进一步加强了会员之间的互动。4月15日，"吴晓波频道"与腾讯、京东等顶级机构联合打造的"2018新匠人加速计划"启动，开启"吴晓波频道"新匠人社群的新尝试。

总体而言，"吴晓波频道"自成立以来，内容产品不断丰富，粉丝数、用户会员数均呈稳步上升态势，其运营公司获得了1.6亿融资，整体呈稳定发展状态，其在产品、社群等方面的尝试将为其进一步发展提供更大的可能性。

二、内容之道：定位清晰，产品丰富

"吴晓波频道"是依托吴晓波成立的自媒体，带有浓厚的个人色彩。他在财经领域的深厚积累，为"吴晓波频道"通过优质内容吸引大波粉丝奠定了良好基础。吴晓波在新华社做过财经记者并实地调研过大中型企业，也在《杭州日报》《南风窗》和《南方周末》开过专栏，专门写商业财经文章，有很强的专业能力。同时，吴晓波作为作家，撰写了包括《大败局》《激荡三十年》《吴敬琏传：一个中国经济学家的肖像》等在内的多本畅销书籍，拥有很强的优质内容输出能力。

"吴晓波频道"从开设之初内容定位就十分清晰。吴晓波在"吴晓波频道"开篇词《骑到新世界的背上》中提到，开设公众平台的初衷是因为这一模式可以让自己和订阅用户有一个认真地讨论一些公共话题的平台，"吴晓波频道"起初主要聚焦财经事件和人物。而随着发展，其内容逐渐横向延伸，提供泛财经领域的内容。

"吴晓波频道"不仅内容定位清晰，而且通过各种举措来满足不同兴趣群体的内容需求。一是引入团队，保持优质内容的持续生产能力；二是介质丰富，包含视频、音频、图文等多种介质的内容产品；三是内容体系全面，既有免费内容如财经评论、荐书等，也有付费内容，如《晓报告》、"980"系列课、《思想食堂》和音频、书籍解读等；四是不断更新内容产品，不仅会根据社会热点话题或实时事件及时更新内容，还同时在财经评论栏目、荐书内容等固定内容基础上，开展实验性内容，根据用户反馈不断修改和完善，及时更新内容产品，针对不同兴趣、不同年龄的用户群体提供符合其需求的内容。

三、渠道运营：构建"融媒体"

凭借其多介质内容产品的优势，"吴晓波频道"主要从多平台布局和微信内容矩阵两方面打造财经领域的"融媒体"平台。

多渠道分发内容是自媒体扩大全网影响力的普遍选择，但不同于大部分自媒体分发同介质内容的平台，"吴晓波频道"布局平台包括以图文为主的平台如微信、微博、《华尔街日报》，视频平台如爱奇艺视频、腾讯视频，音频平台如喜马拉雅，通过横向扩展传播渠道，实现内容的全网传播和多次传播。

"吴晓波频道"不仅建立了订阅号、服务号和小程序等自有矩阵号，彼此之间还相互引流；同时与吴晓波投资的自媒体、吴晓波与行业大咖创办的"大头频道"一同形成内容传播矩阵。

四、社群运营：线上线下联动，精细化运营

线上线下多种互动形式。线上互动形式包括留言、抽奖、社群等；线下互动形式包括线下同城圈友聚会（82 个书友会、全民读诗会、TED 式演讲、大咖沙龙等）、吴晓波个人签书会和免费参与吴晓波年终秀活动等。

开展精细化运营。首先是对用户进行分级，把用户分为新中产、中产、高净值企业主三级用户；其次是对分级用户进行分级运营。分级运营主要表现为三方面，第一是针对不同群体，提供不同的内容产品选择；第二是优化社群管理方式，除群主等组织角色，引入机器人客服、KOL 达人，进一步丰富社群角色，活跃社群气氛；第三是引入竞争机制，多个社群之间形成竞争机制，建立同一社群内部目标一致化。

五、商业化模式：知识付费为主，多元尝试

知识付费

知识付费是"吴晓波频道"最主要的变现方式，不仅仅建立了付费内容产品体系，还同时通过自身电商渠道布局与分销模式实现内容产品付费效果的最大化。

在付费内容产品体系建设方面，既有自有内容产品如《每天听见吴晓波》《每周同上一堂课》《每年52本书籍解读》，也有合作内容如"980"系列课、《新匠人能力培训》《大头思想食堂》等。

在营销渠道方面，既有自营平台如微信公众平台、微信社群、喜马拉雅平台，也有分销平台如小鹅通"好课联盟"。在付费方式方面，有会员制付费、单课程付费、短期专项计划等多种付费模式。单课程付费模式如付费产品《每天听见吴晓波》，单价180元/年；短期专项计划如付费产品"企投会"，单价89800元/年（含学费、餐费），包含线下大课亲授＋小班互动思辨＋千人千亿资产级企投家社群。

电商变现

"吴晓波频道"正在尝试电商变现方式，开设了"美好PLUS"商城，并在构建电商体系方面做了很多努力。

一是多渠道电商转化。不仅有微信店铺、京东店铺等自有店铺，而且经过"美好PLUS"的美好认证的SKU（库存保有单位）可以直接分销到张德芬空间等多个媒体合作的矩阵店铺。

二是吸收众多高品质SKU。通过与其他品牌合作新产品来增加产品库存，如与张裕联手推出"激荡版"五星金奖白兰地；同时推出新匠人计划，希望聚集1000个新匠人，打造100个新国货品牌，为几百个工匠做品牌赋能，通过品牌赋能匠人，获得高品质SKU。

广告变现

广告变现主要是视频植入广告、节目冠名等变现方式。

"吴晓波频道"凭借传统媒体人吴晓波对其专业的财经知识和对自媒体的运用，聚焦泛财经领域持续输出高品质内容，通过几年的发展在内容创业领域强势崛起。"吴晓波频道"不仅收获 45 万会员，建立了全国最大的泛财经知识社群，更是通过其内容产品产生的影响力证明了"知识付费"的价值。随着"吴晓波频道"内容产品的不断优化、内容传播覆盖面进一步拓宽，其影响力也将持续增加，在商业价值方面将会有很大的发展空间。

"一条":
服务中产阶级的内容电商领头羊

2018 年，"一条"的 3 家实体店在上海正式开幕。这是内容创业大潮以来，"一条"的又一次坚定转身。"一条"由资深媒体人徐沪生创办，专注解决新兴中产阶级在生活美学方面的内容和电商消费需求。"一条"最早起步于微信公众平台的视频内容形态，后转型内容电商，截至 2018 年 1 月，"一条"全网有 3500 万用户，电商年营收超 10 亿。

一、"一条"的发展大事记

"一条"的发展时间线

2014 年 9 月，短视频内容品牌"一条"上线。手上仅有数百万元的徐沪生在两周内通过"广点通"投入 200 余万元，借助"广点通"前期红利推广。借此，"一条"微信公众平台上线短短 15 天，粉丝就突破 100 万，成为微信出现以来，首个在半个月内用户突破 100 万的订阅号。时至今日，"一条"微信公众平台粉丝超 2000 万。

2016 年，确立"一条"的电商之路。2016 年 5 月，"一条"的微信公众平台粉丝量已经涨到 2000 万，徐沪生认为"一条"的广告增长空间殆尽，遂尝试他之前并不看好的电商。5 月 9 日当晚，"一条"发布了美国热销悬疑书《S.》的图文推送，这本 168 元的书在 2 天内卖出 2.5 万本，带来了 420 多万元的收入。此次尝试，确认了"一条"的电商之路。当月，"一条生活馆"上线，月度收入即超 1000 万元。2016 年 8 月，确认转型电商的"一条"，正式上线其电商 App "一条"，完善电商产品在移动端的布局。

2018 年至今，线下电商布局，持续完善线上。2018 年，时逢小程序热度高涨，"一条"也紧跟大势，2018年8月，继"一条"App后推出小程序，完善线上电商布局。

2018年，线上流量越来越贵已经成为互联网创业者的共识。徐沪生决定将线下实体店打造为流量的另一个入口，布局线下，发力新零售，线上、线下联动，形成"内容—流量—转化"的闭环。2018年9月，"一条"在上海开设3家线下实体店。而在2018年"双十一"期间，开业仅两个月的"一条"实体店营业额突破百万。

"一条"在内容电商领域的优势

"一条"发展至今，成为内容电商领域的领头羊，主要归功于以下优势：

高管们多年内容生产经验与艺术属性。徐沪生创办"一条"前，为高端生活杂志《外滩画报》总编辑，而运营总监范致行也曾担任《新知客》杂志主编，还是公众平台"读首诗再睡觉"创始人。两人多年来的内容生产经历以及诗人气质保证了"一条"的内容产出品质，也为"一条"发力生活美学奠定了基础。

大量有购买能力的中产阶级粉丝。"一条"转型内容电商前，已经积累了1000万对品质生活有所追求且有一定购买力的中产阶级粉丝。"一条"推出品质好物，转型内容电商，可以说是水到渠成。

内容电商行业初现端倪。2016年，传统电商模式发展得火热，但内容电商鲜有尝试。"一条"正是看中了这一市场空白，全心投入内容电商。

二、内容定位：紧盯中产人群，原创短视频传递生活美学

在内容定位方面，"一条"所希望传播的是一种高品质的生活方式，向粉丝传达生活美学观。"一条"长期专注于呈现建筑、摄影、美食等专业性强的高品质行业，经常引发行业内刷屏。

在内容呈现形式方面，"一条"采用的是"短视频+图文"的方式。短视频呈现出电影质感，画面感强，直观呈现高品质生活方式。而且视频整体风格呈现高度一致，给读者的印象强烈且深刻。在短视频下方，"一条"也会将视频内容

以图文结合的方式呈现给读者，以便数据流量较少的读者欣赏阅读。与视频风格类似，"一条"图文的排版也具有强烈的风格，文字简洁爽朗，图片干净舒适。"一条"的排版风格在业内的赞誉度极高，甚至已经成为大多数新媒体排版入门者教科书般的案例。

相比其他生活方式类短视频，"一条"的亮点在于每条视频针对一个人物故事展开。四年时间，"一条"采访了全球1000多位顶尖设计师、建筑师、艺术家、匠人……每一个故事都经过实地探访，代入感较强，拉近读者与人物的关系，近距离感受视频主人公的生活美学。同时，借助受访者的影响力，"一条"的视频经常在各行业内引发刷屏，助力"一条"迅速成长。

三、渠道运营：线上线下联动，打造生活方式新零售

创办初期，手握数千万元天使投资的"一条"用大手笔费用，依托腾讯的精准广告平台——"广点通"进行推广，当时的"广点通"推出不久，前期红利优势明显，这为"一条"带来大量的流量与粉丝，短短15天内，粉丝数超100万。

除了依托微信公众平台外，"一条"在创办之初即与优酷视频等各大视频网站达成合作的方式也值得称赞。早期，"一条"短视频在优酷等视频网站的发布时间比微信公众平台早一个多小时，通过视频的首发权置换粉丝的方式为账号引流。目前优酷、腾讯等各大视频网站也是"一条"重要的分发渠道。

而近年来，随着线上获客成本越来越高，线上线下融合加深，"一条"也开始布局线下。创始人徐沪生认为，"一条"相比传统的广告投放优势在于店铺效果更加稳定，投资效果更加长久，也是稳定的流量获取渠道。徐沪生表示，两年内将开设100家线下店，成为像无印良品一样的商业化的、面向中产阶级的生活空间是"一条"的目标。

四、商业化方式：内容电商

敏锐洞察市场痛点，把握市场先机。在 2016 年初，"一条"在粉丝过千万时，也曾为是否要做电商挣扎了好几个月。最开始"一条"通过广告变现，但长久合作发现，广告视频发布过于烦琐和低效，且当时广告所取得的效益也趋近于极限。当时电商在国内蓬勃发展，但是徐沪生发现，设计师生存得很艰难，大量优质好物销路不畅。而另一方面，国内大批对生活品质有较高追求的中产阶层搜寻好物的成本又特别高。于是，"一条"毅然决定转型，告别广告，走上电商化道路，成了数以亿计的中产阶级与数以万计的良品品牌的连接者。时至今日，"一条"粉丝超 3500 万，旗下电商平台"一条生活馆"的注册用户已经超过了 100 万人，单月营收超 1 亿。2018 年"双十一"期间，单日电商销售超过8813 万。

内容、用户、选品协调统一是"一条"的电商原则。内容是传播和转化的基础，也是"一条"发展壮大的根基。"一条"始终坚持内容为王，靠优质的视频内容吸引用户关注，带动产品转化。正如徐沪生所说："我们不会是仓库最大的电商公司，但是我们会是摄影棚最大的电商公司。"

"一条"的电商用户定位明确，与内容用户定位一致，为有一定消费能力的中产阶级。徐沪生表示"一条"的电商下不碰最低端的大众消费，上不碰最高端的奢侈品消费，只满足中产阶级这个数量巨大的中间人群。

选品严格把关。优质的内容能否带动精准的人群实现转化，最终还是要落到产品上。"一条"选品的标准首先是与生活方式相关的小众、长尾产品，选品时会综合考虑产品设计、价格、性价比、实用性等因素，满足中产阶级提高生活品质的需求。

五、"一条"电商成名作——《S.》特别定制版

"一条"在决定转型内容电商之初，便通过推文卖货的方式试水。最终，这本 168 元的小众图书在 2 天内卖出 2.5 万本，入账 420 多万元。此次推送为"一

条"在内容电商领域的第一次尝试，有许多亮点值得借鉴。

开篇正向暗示。文章开篇通过图文结合的方式表现了产品的热度，给消费者一种正向的心理暗示，如"《S.》是一本神书，它究竟有多火？美国版一经推出，20万册首印，上市即断货；台湾版则占据当年诚品书店全年畅销榜冠军……"

介绍产品细节。随后引入视频，详细介绍产品细节："各种附件多达23个。你可以想象，这本书的印刷有多么复杂！在中文本的印刷中，仅仅其中一封信，就换了四五种纸头，才印出了与美国版一致的质感。"

代入剧情，身临其境。"一条"在简述产品背景后通过场景式描述，将消费者带入小说剧情，让用户有一种身临其境的感觉："一天，大学文学系女生珍，在图书馆书架上偶然找到了这本书，她发现书中有一位热心的读者用铅笔写下的笔记，她被其笔记深深吸引住了。于是她在书中的空白处，给这位做笔记的陌生人写了很多留言。"

在场景描述中，根据小说剧情设置悬念，引发读者好奇心，激起读者阅读欲望。紧随其后，附上购买链接，提高文章转化："当珍和埃里克以为快要接近真相的时候，突然又出现了第三个人的笔迹……"购买链接紧随其后。

产品细节促成二次转化。在第一次悬疑设置后，文章继续介绍产品细节，再次暗示消费者"这本书真的很不错"，而后第二次抛出购买链接，再度促成转化："从用纸、工艺到装帧设计，由著名设计师陆智昌全程把关。封面、函套、附件的制作涉及印专色、压纹、压凹、烫黄白黑、模切、起鼓、铆钉装订等20余种工艺工序，也是多年难得一见的高难度大手笔，极具收藏价值"。

"一条"是传统媒体人转型自媒体的典型，徐沪生预见传统媒体行业大势已去，转投新媒体领域，吸引了大批对高品质生活有所追求的中产阶级粉丝，也成为内容电商领域的领头羊。

"一条"在电商方面的成功，是对内容的最佳肯定。优秀的文笔不仅能吸引同类用户的关注，还能带动产品转化的提升，将线上的影响力延伸至线下。

华映资本：
文化领域头部投资者的投资原则

华映资本成立于 2008 年，是一家 TMT（电信、媒体和科技）领域风险投资机构。其投资阶段以 A 轮为主，重点布局在文化娱乐、消费升级、企业级服务和互联网金融四大领域。通过上下延伸，营造闭环式商业生态体系，有效地打通了四大板块的资源，实现上下游互动合作。

一、投资布局：文化领域全产业链布局

华映资本从成立到 2018 年 6 月，共在文化娱乐、消费升级、企业级服务及金融科技四大领域内投资超 150 家企业，91% 的项目中以当轮融资领投机构的身份出现，并且有近 2/3 的被投企业确认或完成后续轮融资。合计融资金额超 60 亿元，26 家被投企业估值超 5 亿元。

华映资本是投资文化领域最早的代表 VC 机构之一，从 2008 年开始布局，重视全产业链闭环，成立以来共投出 50 多个文娱类项目，投资数量和金额都占到其投资总体的 1/3。凭借对文娱行业敏锐的洞察力，以及对内容行业风口的及时捕捉，华映资本在 IP、MCN 机构、电商及知识付费等领域均有标杆性的案例。

2016—2018 年文娱行业投资代表项目如下：

2016 年 4 月，投资短视频机构罐头视频天使轮融资，金额数千万。

2016 年 4 月，参投香港上市公司天鸽互动 A 轮融资，金额 1 亿元。

2017 年 3 月，投资足球短视频公司乐播足球天使轮融资，金额 500 万元。

2017 年 10 月，参投美妆短视频机构快美妆 B 轮融资，金额 6000 万元。

2017 年 10 月，领投提供阅读和知识服务的"有书"A 轮融资，金额 8000 万元。

2017 年 11 月，投资影视制作公司蓝白红影业天使轮融资，资金过亿。

2017 年 11 月，领投互联网影视的营销平台淘梦 B 轮融资，金额 9000 万元。

2018 年 4 月，参投数字内容提供商幻维数码 A 轮融资，金额 6000 万元。

2018 年 6 月，参投超级 IP 运营商娱跃文化 A 轮融资，金额 3.7 亿元。

二、重点投资：挖掘行业顶尖人才，关注企业真实价值

华映资本在投资文娱板块时，善于挖掘行业顶尖人才并进行赋能，帮助他们成长为行业领导者。除了投资头部内容和团队，华映资本认为，在概念、风口和模式之上，当下文娱投资更加关注企业的"实际效果"和真实价值。文娱领域创业项目必须突破天花板，在生产内容的基础上，增强整合与协同能力，全面提升全产业开发能力与规模化变现能力。华映资本在文娱行业比较出众的投资案例有罐头视频、蓝白红影业、快美妆、有书。

罐头视频：2016 年，出于对创始人刘娅楠的内容实力的认可，华映资本在天使轮投资了罐头视频。截至目前，罐头视频已经在全网拥有 3000 万的粉丝，全网总点击量达 71.8 亿。2018 年 4 月，罐头视频获得腾讯的战略投资，这是自成立以来获得的第五轮投资，热度可见一斑。

蓝白红影业：华映资本认为，蓝白红影业团队在策划创作、精品制作、市场发行等方面都拥有行业顶尖实力和丰富积淀。2017 年，华映资本果断在天使轮进行亿元级规模投资，同时基于内容产业链布局为蓝白红影业提供业务支持与行业资源。其参与电影项目《红海行动》获得口碑和票房双丰收。

快美妆：华映资本在 2017 年投资了短视频机构快美妆。2017 年底，快美妆旗下签约 200 多位红人，全网总粉丝超 5000 万，月播放量超 8 亿。基于内容效率和粉丝获取效率，快美妆在广告和电商方面均有不俗的变现表现。旗下红人"扇子"在淘宝开设红人美妆店，3 个月销售额过千万。

有书：2017 年，华映资本还布局了以社群为入口、围绕读书提供阅读和知识服务的"有书"。有书旗下拥有公众平台＋公众平台矩阵＋有书共读 App＋有书共读社群等立体服务体系。基于布局，有书拓展出知识付费、广告、电商等变现方式。其中，知识付费成为有书最重要的变现板块。

三、投资原则：人群和技术是底层逻辑，流量和内容是投资机会

华映资本合伙人和高层在多次公开采访中分享文娱行业投资的原则。一是掌握人群迭代和技术变迁的底层逻辑，二是抓住流量和内容两方面的投资机会。

底层逻辑是用户需求的迭代与升级和技术的创新与变迁。细分领域需求蓬勃发展，小众文化在主流化过程当中扩散，用户在年龄和地域上双下沉，年轻人和中老年人，一线和二三线人群需求不同。5G即将上线，带宽增加，为短视频、VR、AR等内容带来机会。人工智能和区块链的运用，从内容上降低创作门槛，渠道上提高分发效率，应用上丰富使用场景。

投资机会在于流量和内容。从流量来看，重点关注能高效获取微信、微博、淘宝等平台流量的企业，重视内容即入口，关注围绕内容构筑流量入口的企业；关注利用MCN（头部内容、头部网红）获取大规模、低成本流量的企业。从内容来看，关注拥有IP或能孵化IP，特别是策划能力的企业；关注离钱近，能利用内容快速变现并能提供阶梯式产品的企业；关注能打造服务内容的新兴核心技术平台的企业。

四、投资团队：战略骑兵＋投前分析＋投后管理，组成高战斗力团队

作为一个具有十年资历的投资机构，华映资本建立了完善的投资团队，由战略骑兵、投前分析和投后管理三部分组成。战略骑兵打头阵，及时关注新兴领域，开拓多元投研方向；投前分析团队扎根垂直领域，定期输出行业系统化报告，以研究驱动投资决策和投后管理；投后管理团队及时分析问题，提供各方支持，为被投资者保驾护航。

战略骑兵：先锋战略小组将触角延伸至新兴领域，敏感捕捉外部变化，及时更新、关注行业信息和动态，为投前研究提供方向。

投前分析：投前团队扎根垂直领域，合伙人、中坚力量与"80后""90后"的年轻投资人一同组建成熟梯队，并组成新零售、AI、消费品、知识付费、二次元等多个细分赛道行研小组，定期输出行业系统化报告，以研究驱动投资决策和投后管理。

投后管理：投后方阵提供更加完善和系统的服务，财务、法务、人力资源、PR 传播等团队各司其职，与投前并肩协作。此外，在投资布局的同时，华映资本也进行了有序、有节奏的退出与部分退出。团队会定期梳理项目，制定多元有序退出方案。

五、投后管理与服务：建立全方位投后服务体系，赋能被投企业

除了投资出手精准，在投后服务方面，华映资本建立了包括服务团队和 Moss 系统的全方位的投后服务体系，为投资企业提供数据分析、财务与法务、品牌宣传、日常管理和指导、资源对接和合作助推等方面的支持。

全方位投后服务体系

服务团队：数据分析团队及时、全面分析企业数据，协助企业发现运营中的问题；财务与法务团队为被投企业提供财税法务、资本市场等方面的指导和资源嫁接；PR 团队为企业提供品牌规划服务和传播支持。

Moss 系统：从投前项目发现、上会，到项目投资流程推进，再到投后数据更新与归集，以及后续项目报表出具，Moss 系统实现了投前与投后全流程信息的流通和共享。

日常管理和指导

在被投企业的管理和产品方面，华映资本以企业创始人为主，进行持续跟踪和辅导。通常来说，一般会通过董事会管理的方式来参与管理，更多的是帮助企业协调资金和资源，重点帮助企业解决疑难杂症，帮忙而不添乱。

资源对接助推合作

创立创业者学习社群——斑马学院，通过不定期组织线下 Workshop（工作坊）等方式，聚合华映系企业与创业伙伴，帮助企业彼此了解、追踪行业，进而寻找到全新的合作机会。例如文娱领域的唔哩与追书神器、神马阅读签署小说授

权，推动内容多平台分发；互联网影视娱乐公司大唐星禾与追书神器展开战略合作。

作为中国最早的文化产业基金，华映资本较早地看准了"文化＋消费""科技＋产业"等融合商业模式，并全面开启"内容＋"布局，如今已成长为文化领域的"头部投资厂牌"，管理资产规模超60亿元人民币，携手近150家优质企业，拾级而上，捕捉行业最生动的时代变迁。

腾讯 DreamWriter：
无人编辑室的黑科技

纵观当下媒体转型大潮，技术扮演了极其重要的角色。腾讯新闻不断研发前沿技术，为媒体编辑生产的流程再造与效率提升提供助力。

一、Smart 智能语音平台：实时、丰富的新闻音频输出

Smart 智能语音平台是腾讯新闻自研的、面向智能语音终端的新闻数据服务平台。该平台正努力将自身打造为一个衔接优质有声资源和智能硬件的中枢平台，可以提供实时、丰富的新闻音频输出。

截至 2018 年，Smart 智能语音平台上的新闻已经覆盖了要闻、体育、娱乐、财经、科技等 20 多个新闻品类。与其他同类新闻平台相比，Smart 智能语音平台最独特的点在于，在提供优质新闻的同时，还可以为用户提供真人播报、定制搜索、智能交互、音乐甄选、文语转换等多种服务。

概括来说，Smart 智能语音平台可以让新闻突破文字的限制。基于业内领先的深度神经网络技术，它可以快速实现文本和语音之间的识别和转换。平台拥有专业主播，可提供 24 小时最新及时资讯播报，解放用户双手双眼。如果你觉得单纯将文字转换为语音过于单调，系统还可以使用 AI 算法对文章内容及情感进行深度解析，自动为内容甄别、匹配最恰当的背景音乐，让内容更具感染力。与此同时，平台会通过用户的收听记录来分析用户喜好，向用户智能推荐可能感兴趣的新闻。

除了由系统自动推荐新闻的方式外，用户还可以通过时间、地域、人名、关键词主动搜索感兴趣的新闻。新闻的"交互性"渐渐为人重视，"智能交互"系统就是该平台对交互式新闻做出的尝试。它包含新闻知识问答、新闻资讯对话、闲聊服务等功能，力求形成多位一体的"聊新闻"服务，让用户获取资讯的过程变得简单、直接、有趣。

二、文本处理：智能写作与纠错

智能写作（DreamWriter，以下简称 DW）通过以下流程完成。在写作之前，DW 会将一次写作流程抽象成通用的模板。在此之后，用户可以利用这一写作模板，或者自定义一个写作模板，来生成一篇文章。如果我们需要给文章添加一篇摘要，DW 的智能系统也可以为我们做到。它会根据文章类型、行文结构、段落及语句间语义关系、句子重要程度来建立模型，从而提炼出一篇新闻摘要。如果用户需要一个时间轴来直观、快速地了解事件的发展历程，系统还可以通过机器自动抽取事件发展的重要阶段，搭配事件发生的时间，对事件脉络进行系统性梳理。

人工智能难免会出现错误，因此，文章生成后的审阅纠错必不可少。DW 平台自主研究出了一套智能纠错算法模型，它以权威字典资料作为基础储备，凭借智能分词技术和强大的深度学习能力，对文字进行实时监测。为了高效实现错别字的定位和勘误，系统还可以结合上下文语义解析进行自我修正和迭代。

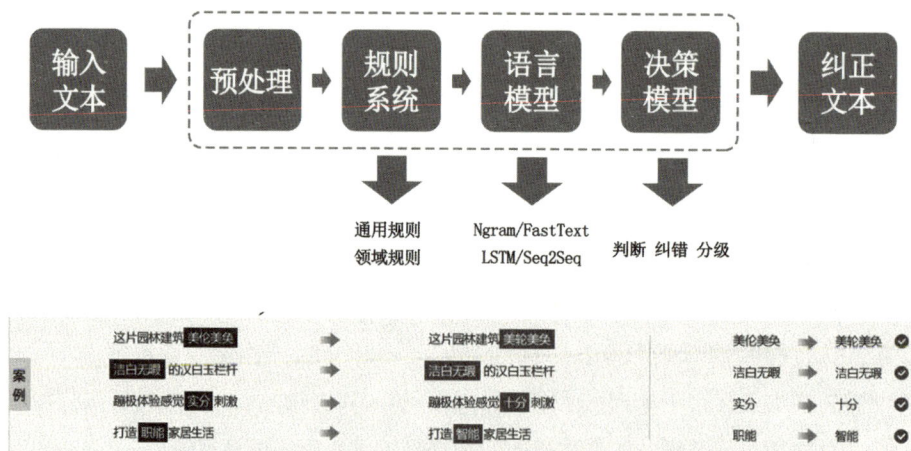

DreamWriter 平台各模型共同决策

三、文本理解：热点追踪及舆论分析

对新闻种类的理解、对新闻事件的归纳记录、对热门话题的挖掘、对文章或评论的情感分析是 DW 对于文本理解的四个方面。

新闻分类

DW 支持基于内容类型的多维度分类，比如一级、二级分类，质量分级，题材分类等，可以满足新闻运营和推荐时需要的多种分类需求。除了这些已经设定好的分类之外，系统还支持用户自定义分类类别。

知识图谱

DW 可以针对新闻场景建设知识图谱，将数据以"实体－关系－事件"的方式记录存储。为了准确绘制出知识图谱，平台的信息库中准备了丰富的实体和属性。在筛选出需要的实体和属性后，系统会用合理的方式将这些实体连接起来。如此一来，用户可以借助知识图谱来阅读新闻，更精准地理解新闻背景和延伸知识。

热门话题

DW 对热门话题的理解能力是指它从互联网海量信息中筛选热门话题的能力。系统会通过信息采集、信息提取、热点话题聚类等功能实时、快速地从大量内容资源中挖掘出热门话题和事件，内容运营者可以借助 DW 来进行热点捕捉，或者利用它对热门话题进行持续跟进。

情感分析

DW 正在努力理解文字中蕴含的人类情感。它有一套深度学习的情感分类算法，这让它通过对新闻文章或者评论进行深度分析，就可以识别新闻的情感基调。利用这一功能，DW 可以对评论进行倾向分析，为舆论分析、话题监控提供服务支持。

四、图像能力：文字与图片的自动适配

针对图片较少或者没有图片的新闻文章，DW 可对它进行自动配图。通过平台研发的深度学习文本图像语义匹配模型，DW 可以做到依据新闻的语义内容，来匹

配最合适的高质量图片，提升文章的丰富性和可读性。配图可能来自腾讯新闻的图片储备，也可能来自系统智能匹配的网络图片。那么平台又是如何做到智能匹配网络图片的呢？通过平台研发的新闻图像质量判别模型，新闻图像的质量会被实时评分，系统可以自动拣选或过滤目标图片，这样便做到了智能配图。

在图文匹配之外，平台还可通过图图匹配来甄选海量图片资源。当用户想要搜索创意、样式相近或相似的图片时，DW平台也可以进行相关推荐。

五、视频创作：视频生产自动化

不仅图文生产可以自动化完成，视频生产也可以。视频创作需要我们导入图文素材，导入后，素材检索系统会根据输入的人物、时间、地点、事件等信息自动产出视频素材。在拥有初步的视频素材后，系统会将输入的图文进行精选、匹配，结合语音和视频素材，在3分钟之内输出动画丰富的短视频。当视频生产出来之后，自然需要一张合适的封面来装点门面，这一工作也可以由系统自动完成。DW基于深度学习模型，结合对视频内容的理解，可以自动从视频中截取一张质量最高、表意最明确的图作为封面，提升视频展现质量，让视频被大众"一眼定情"。

DW视频创作系统通过自动素材检索、编辑、封面图优化，一键式完成多道工序，不仅提升了视频生产的效率和质量，还提升了用户对长图文的消费体验。

腾讯DreamWriter可以根据算法在第一时间自动生成稿件，瞬时输出分析和研判，1分钟内将重要资讯和解读送达用户。此外，该产品的五大功能——语音平台提供、文本处理、文本理解、图像能力、视频创作，可以从整个编辑链条助力编辑的生产能力，这无疑是技术领域对内容生产的又一助力。无人编辑室功能强大、逻辑严谨，为内容生产提供了无限的可能性。

搜狗智能语音:
人工智能的可能性

当人工智能成为科技公司的新共识，各类基于 AI 技术开发的实际应用案例也纷纷出世，智能语音便是其中尤为重要的领域。搜狗在智能语音方面的技术实践可以让我们窥探智能语音为内容生产带来的可能性。

一、智能语音兴起的基本条件

2010 年后，随着人工智能理论研究与技术的进步，人工智能相继在语音识别、计算机视觉领域取得重大进展，围绕语音、图像等人工智能技术的创业大量涌现。随着应用案例的逐渐普及，人工智能逐渐被人们认为是下一个"互联网"类颠覆行业的技术，而其之所以能从一种纯粹的技术猜想变为可实践的产业应用，离不开以下几个基本条件：

需求场景的扩大：智能语音的需求场景丰富，包括智能医疗、智能金融、智能安防、智能家居、智能营销、智能驾驶、电商零售、个人助手、工业机器人、服务机器人、可穿戴设备以及其他垂直场景。

技术路径完善：主要有机器学习、计算机视觉、语音及自然语言处理三大部分，主要进行人工智能的关键技术研究，并基于成果实现商业化构建。

硬件的基础支撑：主要由数据提供能力和计算能力两大部分组成。具体模块分为传感器、芯片、行业数据、数据服务、生物识别和云计算。

资本的青睐投入：从 2010 年开始，科技巨头们纷纷开始探索智能语音产业，其中，智能语音虚拟助手成为重点布局对象。为占据一定的市场先机，苹果、谷歌、微软、亚马逊、百度、腾讯、搜狗等巨头们也陆续开始在智能车载、智能家居、智能医疗、可穿戴设备等诸多细分市场寻求突破。

二、人工智能如何让表达与获取信息更简单

当下中国的输入法行业正在步入 AI 时代，语音输入的价值与日俱增，搜狗的日均语音请求已达 5.34 亿次。

搜狗知音：以语音为核心入口的多模态人机交互平台

那么搜狗的人工智能是如何开展的呢？其中一环便是"搜狗知音"。它具备三个模块的能力。

多模态感知能力：首先是通过语音输入的方式，让机器听懂人说话，然后具备图像识别、手写识别、唇语识别的能力。在内容的识别之外更多的还是要去看人真正的属性，比如语音里面蕴含的情绪或情感是什么，从而实现语种、声纹识别等。

语义理解能力：包括机器翻译与自然语言理解生成。能够通过机器的反馈表达信息。

信息表达能力：实现基于文字生成表情、基于文字生成视频等，打通语音、图像、视频的闭环，实现三者的互相合成。

基于这些能力，搜狗便能够利用 AI 助力内容的生产。在传统的内容生产流程中，AI 能够赋能哪些环节呢？

首先是在内容准备阶段，可以赋能信息的采集，在这一步 AI 能够提高语音识别能力，把语音、文本、图像结合在一起，实现多模态的识别，更好地提升信息采集的效率；其次是在内容生产阶段，AI 能基于中文的内容去做更多跨语言信息的表达，从文本信息的表达升级成音频的表达，再到音频、视频更多富媒体信息的表达；最后在检查阶段，AI 能够帮助内容创作者纠正错误、润色文本，提升生成内容的质量。

作为支撑的语音识别能力，搜狗目前已经能够支持英、日、韩等多语种识别，提供粤语等方言识别，识别能力处行业领先水平；在语音增强方面，具备完整的远场/强噪声场景下的语音识别解决方案，支持实时语音听写和离线语音转写；对于人性化交互，搜狗首创语音修改能力，具备领先业界的智能断句、标点预测、识别结果顺滑等能力。

在语音合成方面，支持离 / 在线、男 / 女、中 / 英数十种功能，使用少量数据在 10 分钟内即可生成该说话人的合成音色。搜狗分身则能够基于少量真实音视频数据，快速迁移生成虚拟的分身模型。使用时输入一段文本，即可生成与真人无异的同步音视频。而业内首创的合成主播能够通过个性化合成语音，驱动生成对应唇语图像数据，进而生成统一的音视频结果。

三、表达的未来趋势

搜狗语音交互技术中心首席科学家陈伟认为，在"表达"这件事上面，会有两个趋势，一个是越来越个性化。从需求上看，增加语音播报合成音色的种类很重要，比如中文、英文、老年人、青年人、小朋友等不同音色，以及不同"范儿"，例如高冷范儿、可爱范儿、成熟范儿等。

除了音色种类的越来越多，其实更多个性化的事情也可以去做，比如在个性化合成能力中做出更多丰富的应用，可能用户只提供了正常讲话的声音，我们可不可以让他去唱歌，可不可以让他去说相声。围绕风格的变化去做风格迁移的工作。

除了个性化的趋势，陈伟还认为未来语音合成的富媒体表达也相当重要，输入一个文本如何能更好地转换成视频，也就是前面所说合成主播的能力。

当前语音市场也面临着一些问题，比如因空间距离、背景噪音、其他人声干扰、回声、方言、口音等因素，识别准确率会大打折扣，远场识别的错误率是近场识别的两倍左右。此外，由于语音智能终端的应用场景有限，主流应用场景和杀手级应用的缺乏，导致目前很难培养用户的使用习惯。

现在的智能语音处于从听清逐渐实现听懂的阶段，对于能够满足用户随心所欲的需要还要不断地训练和试验，而且其本身的识别准确率还受话者自身的口音、讲话方式等多个方面的影响。但不论怎么说，智能语音对我们的日常生活起到的作用是积极的，而且随着行业的发展，这种便捷会越来越深刻地体现到各个行业。正如陈伟所说，在未来一段时间内，行业的发展定会步入一个良性的高速通道，而能够成功的好产品一定能够持续且高效地满足用户正常的需求，它一定要简洁有序，使用方便。

头部内容创业者

六神磊磊：
"一人一派"的原创自媒体

"六神磊磊"本名王晓磊，曾任新华社重庆分社资深时政记者。2014年开设微信公众平台，以独特视角和幽默风格，解读金庸小说有趣细节、唐诗历史文化，成为有影响力的原创自媒体。

传统媒体记者成功转型，"一人一派"单打独斗，王晓磊的成功有偶然性，也有规律可循，本文从内容生产、用户运营、商业化方式三个维度分析其自媒体运营的发展轨迹和方向。

一、"六神磊磊"大事记

2013年12月，新华社重庆分社记者王晓磊注册微信公众平台"六神磊磊读金庸"，发表了《教主最不虔——读〈笑傲江湖〉之一》，第一篇文章阅读量就超过了1万。

2014年7月，公众平台"六神磊磊读金庸"迎来了第一个10万，因为一篇写司马南的文章——《哭董卓》。2015年6月，公众平台"六神磊磊读金庸"的部分文章被收录成册，出版图书《你我皆凡人》。

2015年10月，王晓磊正式从新华社离职，专心公众平台创作，离职时公众平台粉丝达到30万。

2017年5月，新公众平台"六神磊磊读唐诗"上线，推出唐诗文化解读内容。同年7月，出版图书《六神磊磊读唐诗》。

2018年8月，推出线上付费课程"给孩子的唐诗课"，知识付费的商业化路径逐渐明朗。目前，"读金庸"和"读唐诗"双管齐下，收获了大批受众。

二、内容生产：借武侠人物评说社会热点

"六神磊磊读金庸"的文章风格自成一派，带领读者以全新的视角解读金庸笔下的经典人物和经典故事，同时借金庸的武侠江湖评说时事热点、社会现象。创作者王晓磊作为资深金庸迷和新华社时政记者，将这两个原本风马牛不相及的内容领域巧妙地结合在一起。围绕金庸人物展开，观点独到、脑洞清奇，语言通俗、类比精辟，评说热点发人深省，是其文章的四大特点。

内容围绕金庸人物展开。文章围绕金庸人物展开，涉及金庸多个小说中的人物，且不同小说中的人物会在文章中破壁相遇，对于金庸迷来说很有趣。此外，六神磊磊的文章不仅仅关注小说里的主角，对于争议人物如《神雕侠侣》中的尹志平、小人物如《笑傲江湖》中的15个盲人都有专门的解读。

观点独到、脑洞清奇。文章的切入点独特，观点往往超出大众认知，吸引读者的阅读兴趣。如在文章《鸠摩智的原型是康有为？》中，因为两人都有吊唁"骗书"的行为，六神磊磊大开脑洞，觉得或许康有为是鸠摩智的原型，虽然观点存疑，但也体现了六神磊磊知识涉猎之广泛。

语言通俗、类比精辟。用当下社会的语言体系来解读金庸笔下的人物关系和故事情节，语言通俗易懂且类比深刻、精辟。如在文章《"大师，我慕容府想成功关键是什么？""你妹！"》中，将慕容复比为"悲催创业者"，将王语嫣比为"超级数字化辅助工具"，人物特点突出，符合现代社会语境。

评说热点发人深省。借武侠人物评说时事热点、社会现象是六神磊磊的标志性特点，叙述云淡风轻，观点发人深思。如在文章《好人尿毒症，祸害活千年》中，通过金庸小说里反面人物反而好解决的现象，为揭出聂树斌案真凶的警官、原广平县公安局副局长郑成月无辜被"免职"，落得个贫困潦倒抱不平。

2017年5月，六神磊磊推出了"六神磊磊读唐诗"公众平台，文章秉承了六神磊磊一贯的叙事风格，文化解读与社会时评相结合，语言风趣幽默且略带嘲讽。但相比"六神磊磊读金庸"，"六神磊磊读唐诗"公众平台开设时间较晚，且中间经历封号，发文数量较少，更新频率较低。

三、运营原则：优质内容和鲜明人物形象是"吸粉"利器

六神磊磊的运营方法比较朴素，核心是通过持续的优质内容输出聚拢和维护用户，日常互动主要是评论回复，知识付费内容由社群运营。在内容输出和用户互动的时候，六神磊磊始终保持鲜明的人物形象。

回复评论形成直接互动。"六神磊磊读金庸"账号主要是王晓磊个人运营，用户运营方式比较简单，通过回复评论与粉丝形成直接的互动。评论回复既是其文章内容和观点的延伸，也使"六神磊磊"的人物形象更加丰满立体，与粉丝建立更亲近的关系。

社群运营增强用户黏性。"六神磊磊读唐诗"账号及相关知识付费产品是团队运营，主要通过建立社群与用户互动。目前，有三种社群形式：小程序公开社群是基础运营，主要发布信息、回复咨询；深度运营地方用户社群和付费用户社群提供售后服务，增强用户黏性。

四、商业化方式：粉丝打赏与磊式软文

六神磊磊创建了知识经济时代的范例，让用户直接为内容付费。通过知识付费直接变现是六神磊磊的核心商业化方式。六神磊磊凭借自成一派的高辨识度内容，通过开放用户打赏、推出书籍和在线课程，直接实现内容的经济价值。

用户打赏：公众平台原创文章都会附上用户打赏入口，单篇文章打赏数平均能达到100左右，"爆文"打赏数超过500，能够与粉丝形成默契，广告内容不设打赏入口。

书籍出版：2015年出版图书《你我皆凡人》；2017年出版图书《六神磊磊读唐诗》。两本书均为当年文化类畅销书籍。

在线课程：2018年推出在线付费课程"给孩子的唐诗课"，联合北京大学博士、著名学者组建专家团队进行内容打磨。课程定价199元，在微信和喜马拉雅同步推出，销量可观。

"磊氏软文"，品牌乐于买单，用户接受度高。内容营销也是六神磊磊重要的

商业化方式。面对六神磊磊篇篇 10 万＋的战绩，品牌主通过软文推广，能够有效地触达目标用户，使用户乐于买单。用户对于颇具六神磊磊风格的"无痕铺垫""急转弯"等软文津津乐道。截至目前，六神磊磊的软文涉及互联网、电商、手游、楼市、汽车、家居等多个领域。

内容案例：六神磊磊 & 爱驰汽车软文合作《武当派崛起的前夜》

无痕铺垫：文章主题"武当派崛起"与广告内容汽车品牌"爱驰"崛起呼应；文章总结武当派崛起的原因是"技术革新"，为爱驰的电动技术革新的卖点做铺垫。

急转过渡：文章后半部分，正文内容直接过渡到广告，虽然起初猝不及防，但细想又觉得全文步步为营，读者们也能欣然接受。

粉丝热议：粉丝在评论区对广告内容热议，如"成功打动，想入手爱驰汽车""猝不及防，表示佩服""通过前文，正确判断了广告和类别，开心猜中"等评论，既对爱驰汽车进行了二次传播，又表明用户对软文内容没有厌烦，传播效果较好。

六神磊磊是传统媒体人转型自媒体的典型。无聊间一时兴起开设的公众平台，成了许多金庸迷和唐诗爱好者的聚集地，也成为品牌商、广告主竞相追逐的流量宝地。拥有八年新华社时政记者经验，作为资深金庸迷的六神磊磊，同时精通中国诗词文化，这使他的文章自成一派，既有江湖痞气又肩负社会责任，收获了众多忠实的粉丝。六神磊磊的商业化成功，是知识经济崛起的最佳证明。文人的笔杆可以撬动知识经济的杠杆，有影响力的文字更应该发挥社会正能量。

新世相：
如何把握潮水流动的方向

新世相起源于媒体人张伟于 2013 年开办的个人公号，团队以微信公众号起家，目前已经发展成为国内知名的内容创业公司。其主要以社群和品牌为驱动，制作了一系列爆款文章以及事件，通过知识付费的形式实现商业变现，迄今为止已推出了"逃离北上广""丢书大作战""凌晨四点的北京"等活动。本文不仅聚焦其内容生产的方法论，还汇集了新世相打造爆款活动的实战经验。

一、500 万阅读量背后的核心逻辑

三步爆款法则

第一步：选题会头脑风暴。在新世相每周的选题会上，编辑都要讨论最近有哪些流行的现象和词汇，能不能从中发现能够准确概括和描述现代城市人，尤其是年轻人的精神状态的词，能不能找到这个人群里面正在发酵的某种共同情绪。

第二步：迅速拆解选题。首先要进行分析判断，精准定位传播人群。所谓的"90 后"人群正处在自我表达欲的高峰期，是社交网络上最活跃的人群。定位之后，切入具体场景。

第三步：打造金句。其次是要保证文章中有足够的金句。金句可以是凝练的观点，也可以是一针见血的描述，能够瞬间引爆大家的赞同，让用户希望把这篇文章甚至这一句话分享到自己的社交网络中去。

如何持续有目标地发掘"爆款"内容

你要成为那个对大众的、普通人的"俗"的流行非常在意的人，才会不停去寻找发掘话题。

话题要高频。一是长期存在的话题，比如爱、恨、情、仇。二是人们每天都在讨论的，能够不断地撩拨人心的话题，比如说失恋、离婚、身份认同、北上广的压力、求职困难、中年危机等等。

最后要反复强调和生产内容。必须要持续地、有目标地把发掘爆款流程化，要让自己习惯于对潮流、对热门话题保持敏感，在日复一日的高强度训练中锻炼能力。

爆款选题的模型标准

第一，覆盖的人群足够大，并且人群中的每个人都认为与自己相关。第二，切入点足够精准、可讨论性足够强，一定能够引发"话题性"。第三，引起强烈的共鸣，提供独到的观点，独家的信息增量，最重要的是提供实用的解决方案。第四，要有宣言的属性，要让别人可以拿来作为自己喊话的工具。第五，给话题找到一个最准确的时机，才能最大化地发挥它的优势和价值。

二、如何引爆一个活动：极致与规模感

"丢书大作战"是一项图书分享活动，源于英国伦敦的公益组织 Books On The Underground，2016 年 11 月 16 日，新世相正式开启"丢书大作战"活动，在北上广等城市的地铁、航班、公交和顺风车里投放了 10000 本书。并联合黄晓明、徐静蕾、张静初等上百名微博名人，以及各大公众号进行转发宣传，活动很快席卷全国一线城市。

"丢书大作战"背后的六个极致

第一，执行时间短到极致。根据结果倒推原则，在一个星期之内，完成开发、物料准备、BD（商务拓展）合作等一系列复杂的工作，让活动上线。

第二，创意细节的极致。一步步挖掘人们心中的一些情绪，比如孤独感、惊喜感、自我表达的欲望。并开发了一套系统，一个人捡到书后，可以看到这本书的上一个和下一个拥有者，如果这个人上传了他的自拍照，还能看到这个人的长

相，如果这个人留下了自己的联系方式，还可以加他为好友。同时，人们也能够把自己参与这件事情发到朋友圈进行一次自我表达。

第三，覆盖人群和范围的极致。将覆盖人群扩大到北京、上海、广州每一座城市的地铁、航班和滴滴专车，使得这个事情本身的规模感大大地提升了，也保证了它的引爆。

第四，数量的极致。书的数量一定要多，不但通过采购和与出版社合作的方式准备好了 10000 本书，而且在很短的时间内让这些书分别出现在了北京、上海、广州的活动现场。

第五，共同行动人的极致。超过 100 位合作伙伴和有影响力的公众人物参与这次活动，亲自到地铁上丢书，并且把这个消息传播给更多人。

第六，物料的极致。关于活动推送的文章在发出前被反复推演打磨，甚至推翻重写。

利用规模感，打造刷屏级事件

一件事的刷屏或者流行，是一个小概率事件，而增加这个小概率事件出现的方法就是不断给事件中每一个有数字的地方加码。具体有四个方法。

第一是提升空间上的规模感，比如从线上到线下，从一个城市到多个城市。

第二是数字上的规模感。新世相过往活动推送的标题如："逃离北上广第二季：《我准备了一百张免费机票和 10 万次逃离，四小时后又逃离北上广》""丢书大作战：《我准备了一万本书，丢在北上广地铁和你路过的地方》"等等，要考虑所提供的核心的数字是不是足够大？用户第一次看到这个数字的时候是不是会被震撼到？

第三是品牌势能的规模感。要永远相信背书是重要的，要与那些有高价值的合作方互相背书。

第四是冷启动数量的规模感。任何一个传播事件、任何一个活动都是通过一群人传播给另外一些人，最后传遍所有人群。你要找到这一批初始流量，找到用户池与不同圈层的用户。

结合产品逻辑做到精准营销

新世相的产品循环是第一步设定并确定目标，第二步设计路径，第三步一次次地验证路径是否能实现这个目标。以"逃离北上广"为例：

确定活动方案：谁先冲到机场，谁就获得机票，可以到一个你不知道的目的地去旅行。

确定目标：既要实现先到先得，又要避免太多人同时冲到机场。

产品路径：把"去机场"这一个任务拆解成很多个连环的子任务。用户先到公众平台内回复"逃离北京"，然后获得报名的入口。在这个报名链接里，要先上传身份证，验明真身之后才获得出发资格。在去机场的过程中，要再上传一张自己跟交通工具的合影，才能获得具体的集合地点。每一个环节，新世相作为主办方都可以实时控制后果。针对所有在路上的参与者，每位参与者过两分钟就会定时收到一条短信，提示有多少人已经到达机场，现在还剩多少名额。

迭代和验证：做好产品环节之后，新世相一个接近50人的团队在办公室和北上广三地的机场进行了两次全副武装的彩排。彩排的目的有两个：一是让所有的执行人员进行演练，做到权责分明，临阵不乱；二是不断验证产品循环是否可行。

三、内容创业者如何组建团队：选择合伙人和员工

内容创业者该如何挑选合伙人？应选那些愿意加入的人而不只是可以加入的人。哪怕有些人你踮起脚就能够到，但也不如那些本身有强烈的意愿想和你捆在一起的人，能成长的人比成熟的人更合适。最难得的是肯在陌生的领域里不设限地去奋斗，不考虑可不可能，只要拼了命去做。

内容创业者该选择怎样的员工？第一，要有执行力。思考和提出创意一两个人就足够了，其他的人需要把想法和创意尽量完美地执行下去，能扎实地理解并且不在细枝末节上出问题。第二，要具备解决问题的能力。解决问题的能力代表其他各方面能力。首先看你敢不敢独立解决看起来无从下手的问题，还要你有没有广泛地调动身边各种资源，以及能不能想到办法来解决问题。第三，要懂得提建议而不是提意见。表现在两点，一方面看他的积极性是不是很高，另一方面要

看他是否有能力组织一个建议。第四，选择愿意和你共渡难关的员工。要让每一个进来的人，都非常清楚我们要面临的是什么，哪怕有一些困境，也要明确地告诉对方。尽管会流失一部分员工，但这部分员工是原本就留不住的。

四、超强执行力：在夹缝中切入巨头市场

制造流行的团队做事既要快也要稳

下手速度要快。首先，增加工作强度。每次执行突击项目，新世相团队基本牺牲了睡觉时间，从早上9点到凌晨3点，每个人都在从内对外协调。其次，明确自己的核心目标和核心逻辑，可以解决工作速度快带来的不完整的问题。

得手后要稳。越是激烈的需要高强度长期作战的项目，越需要把KPI（绩效考核指标）拆得非常细。给每个人尽可能设定每天、每半天、每小时的短期KPI，这样才能保证项目朝着良性方向坚决地前进。

执行力的重要实现手段是搭建科学的组织结构。新世相开始一个新的项目时，会从每个职能部门里抽调人手，组成一个临时的、专门的项目小组。让团队获得连续的正向反馈。每天要给自己和团队建立相对容易实现的目标，可以以完成80%为标准，形成正向反馈，让团队保持在游击队的状态。应对不确定性的高强度的作战，还需要随时准备好备案。

团队执行力检查表：

为了时刻使团队保持活力和高效的执行力，新世相制定了一个团队执行力检查表，通过6个问题来进行自查。

1. 你与公司高层、所有的项目组成员，就项目的核心目标和优先级，是否达成一致？

2. 你是否设定流程进度表，并按照匀速原则，细化好每一天待办事项？

3. 你是否合理细化每个参与者的单一目标？

4. 你是否解决了影响部门沟通效率的协同问题？

5. 你和你的队员是否做好了打持久游击战的准备？

6.你是否在每个环节都准备好了应急机制？

五、营销的关键"套路"：制造流行

有恒定的、坚信的信念，在这个基础上一次又一次发自内心渴望参与的行动，以及被一次又一次行动塑造的共同体，这三个步骤是让你获得长久地制造流行能力的方法。

首先，你要传递某种共同的信念。在这个过程里，你是不是长期坚持你的价值观非常重要。一个信念犹豫的人，是不可能说服一个人群的。其次是唤起行动。行动并不只是多少个转发、多少个点赞，功利的行动倡导无法达到真正稳固的流行。你要换取的行动是人们真正发自内心渴望参与的，能够使他们在其中获得充分的收获感和满足感。最后，在一个长期的信念下面，一次又一次唤起的行动最终会导致共同体的出现。这个共同体的构成者，将是一群完全认同和信奉这个信念的人，也是一群愿意为了这个信念不断行动、不断愿意参与和制造流行的人。真正的制造流行是有某种信念和一群共同前行的人。

新世相的现象级热度有很大一部分来自它抓住了都市生活中人们最关注、最敏感、最流行的那个部分，同时基于此来通过一整套的内容生产核心逻辑"制造"和引领某种话题和信念。这是自媒体狂欢时代的一个典型案例，也是内容生产者在创业过程中的挖掘过程。可以说，除了优质内容的生产外，新世相的落地活动执行方法、团队的组建法则与超强的执行力要求也为之后的内容创业者提供了新的思路。

末那大叔：
不断成长的 IP 人格化之路

作为连续创业者，"末那大叔"杨楷在 2017 年 3 月正式进军内容创业，一年半的时间，公众平台积累了 300 多万用户，文章打开率始终保持在 10% 左右。2018 年以公众平台为大本营，用流量带动跨界营销，啃下新流量阵地"抖音"，真正实现 IP 人格化，建立了内容竞争的护城河，摆脱对单一平台的依赖。跨界转型，不断突破舒适区，从线下到线上、从美食到内容、从情感到时尚、从微信公众平台到抖音短视频，末那大叔在内容创业领域的持续探索值得创业者关注。

一、末那大叔跨界记：从线下到线上，从图文到短视频

2014—2017 年，从"网红"餐厅到情感自媒体。2014—2016 年，杨楷创立 7senses "网红"餐厅，在这一阶段定下"美食与爱"的内容基调，通过 3 家西餐厅引流和裂变，对用户黏性带来很大提升，积累了 10 万原始粉丝。2016 年 1 月，杨楷创立情感自媒体"末那识"。2017 年 3 月，"末那识"更名"末那大叔"，全情投入公众平台，建立温情大叔 IP，正式进军内容创业。2017 年 7 月，末那大叔获得"视觉志"400 万天使轮融资，估值 2000 万元。

2018 年至今，全方面立体末那大叔形象。2018 年 2 月，末那大叔公众平台粉丝数突破 200 万，团队把 70% 的时间都用于回复留言，维系和粉丝的关系，增加粉丝黏性。2018 年 4 月，末那大叔与电影《后来的我们》合作，找了十几对情侣讲述他们从认识到分手的过程，发布文章《朋友圈版后来的我们》，阅读数超过 1000 万。2018 年 6 月，末那大叔开设抖音号，携手父亲"北海爷爷"，打造时尚父子档，使末那大叔的形象从一个纸片人立体起来，并摸索出一套适合抖音的打法。截至 2018 年 11 月，末那大叔抖音号已有 400 万粉丝。

二、内容定位：温情大叔治愈不开心，时尚父子演绎品质生活

杨楷创业 13 次，拥有完整的创业团队和丰富的创业经验，对行业变化应对自如。杨楷自带模特、IT 人、餐饮品牌创始人等多重标签，使其 IP 内容发展方向多样化。于是在公众平台流量增长乏力和抖音流量红利的客观因素下，末那大叔坚持以"情"为核心，传递爱，传递温暖，传递美好的生活，在内容产业激流勇进。

内容定位不断升级：在经营线下网红西餐厅时，定下"美食与爱"的内容基调；运营公众平台时，建立情感博主形象，治愈不开心；运营抖音时，从情感博主升级为时尚生活家，真正实现 IP 人格化。

内容升级内核不变：末那大叔的内容核心是传递温情与爱，用情感链接用户。公众平台内容扎根女性情感方向，大叔形象温暖人心；抖音短视频打造时尚父子档，爱生活更爱父子情。

三、微信内容生产：团队协作精细化生产，"4-2-1"法则保证内容质量

末那大叔线上和线下团队有五六十人，其中末那大叔公众平台配备了 20 人，有内容、客服、运营、商务、电商等部门，每一篇文章背后都是一个公众平台把每个部门职能细分的结果。策划部负责找到选题、策划活动的要点；编辑部采访加工；数据部分析文章在市场的大数据认可度。

稳定的内容产出能力是内容创业团队最基本也是最重要的竞争力。末那大叔拥有完善的团队建设，保证了文章产出质量、调性、稳定性，其团队总结的"4-2-1"通用法则获得了行业认可。

4：常规操作，满足四种群体需求——单身、甜蜜恋爱、婚姻不幸、人生励志，实现"定向狙击"。

2：创新，视觉、创意、题材等都是尝试方向。

1：热点，扩大曝光，刺激涨粉。

为规避一些文章在创作追热点中出现言语过激的行为，末那大叔团队成立了专门的价值观疏导部，这个部门引领大家主动学习相关部门的规定和要求，保持正向价值观的输出。

四、抖音内容生产：做真实的短视频，IP 人格化、立体化

末那大叔在 2018 年 6 月正式运营抖音短视频，内容主打时尚父子的高品质生活，以真实的视频镜头传递高品质生活的仪式感，展现新时代的父子情。运营抖音对于末那大叔团队意义重大，"北海爷爷"的加入让末那大叔 IP 的受众突破了女性群体的束缚，有了更多的想象空间，摆脱对单一平台的依赖，让不同的粉丝和品牌认识到末那大叔是一个真实的人，产生区别于别的情感博主的竞争力，建立了品牌"护城河"。

感情延续：从微信到抖音，末那大叔的内容生产核心依然是围绕情感，像朋友般的父子交流引起用户的向往与共鸣。

标新立异："北海爷爷"时尚优雅的形象与社会对老年人的刻板印象反差大，同时区别于抖音上的大众化娱乐内容，IP 竞争力暴增。

抖音主义：竖屏内容、快速的场景转换、背景音乐的设置、字幕匹配和"网红"内容的植入……内容生产逻辑符合抖音传播的特点，适合抖音视觉化、娱乐化的传播环境。

五、运营原则：与粉丝交朋友，打破信任壁垒

只有人格化 IP 才能真正被用户记住。末那大叔把公众平台的博主和粉丝关系，变成更亲密的朋友关系，可以打破信任壁垒，与用户建立更紧密的关系。

运营私人微信账号：末那大叔有 20 个私人微信，每个微信号好友达到 5000 人，每天精心维护。这些好友里，有深入交流的读者、电商顾客，也有西餐厅粉丝等用户，他们既有精神需求，也有物质需求，有效保证了文章的转发和电商的转化。

重视用户留言反馈：艺术来自生活，自媒体来自用户。末那大叔公众平台后台每天的留言消息的回复率保持在95%以上，充分地与粉丝沟通，拉近距离，建立更紧密的关系，让大叔成为倾诉的伙伴。

矩阵化经营：末那大叔全平台分发渠道有近10个，并且推出了"末那大叔说电影"等新内容，使人物形象更加立体，有效扩大IP影响力。

六、商业化方式：内容营销与内容电商双管齐下

末那大叔和"末那大叔说电影"已经与电影《前任3：再见前任》《后来的我们》《一出好戏》等完成了多次高质量的传播造势，其中，在与《一出好戏》合作宣发时，末那大叔合作媒体矩阵发布100多篇电影相关文章，覆盖全国粉丝7000万余人。

末那大叔拥有成熟的线上和线下团队，以微信公众平台为大本营产出优质内容，搭建和运营种草社群增强粉丝黏性、培养消费用户，推出"末那大叔心灵杂货铺"小程序与公众平台、粉丝群联动，直接带动销售转化。

末那大叔创始人杨楷将时尚秀与互联网思维植入餐饮经营，以实体经营建立了信用优势，之后跨界情感自媒体，先后在微信公众平台与抖音短视频平台建立了个人IP。

从微信到抖音，末那大叔IP不断发展，创新内容，但核心始终围绕情感，用情感连接粉丝，成功地为自身品牌发展建立了"护城河"。末那大叔的IP之路值得情感类自媒体去思考，同时也为广大深耕IP之路的自媒体提供了参考的方向，IP的属性是可以不断成长进化的，真实的人格化才能打动人心。

罐头视频：
专注生活方式的移动视频机构

罐头视频是专注生活品质的移动视频品牌，以生活类技能为切入点，凭借用户自发参与的"病毒式"传播，在创办很短的时间就迅速冲进了短视频行业的头部。其在内容、用户、渠道、品牌与商业化方面有自己独特的方法论。

一、融资历史：两年时间冲进行业头部

截至 2018 年，罐头视频在全网有近 3000 万的粉丝，总点击量达 71.8 亿，单片最高播放量超过 3000 万。2018 年 4 月，罐头视频获得来自腾讯的战略投资，这是罐头视频成立以来获得的第五轮投资，而在 2018 年 2 月，其刚刚完成了来自星茵资本和东方风行传媒的 B 轮投资。

二、内容定位：有趣、有用的生活技能

刘娅楠是罐头视频的创始人，中文专业出身的她已经在媒体行业从业 14 年，其间完成了从纸媒到新媒体的完美转型。创业之前，她曾在搜狐工作过 8 年，从媒体记者一路升到主编负责人。长期负责生活、时尚频道的工作经历，培养了刘娅楠很好的"网感"，同时让她深谙用户喜好。在罐头视频创立之前，刘娅楠已经有过一次创业经验。虽然这一次创业结果并不理想，但让她拥有了创业的实际经验。在此之后，华映资本主动找到刘娅楠邀请她再次创业并承诺投资。这也直接成了促使刘娅楠创建罐头视频的契机。

继承了创始团队生活方式类媒体人的基因，罐头视频的核心定位是"有趣+有用"的生活技能类内容。虽然围绕生活这个垂类展开，但是垂而不窄。生活本

身就是包罗万象的，内容的延展性很强。目前罐头视频已经形成了10余档栏目，如《罐头小厨》《工匠实验室》《举起爪儿来》《咔咔就走》《怦怦种草机》《星期五来啦》《无敌来啦》《爱力象星球》和《钱千千的正经生活》等，针对美食、时尚、手作、宠物、旅行、社交等领域。矩阵的产品形式下，内容虽多却泛而不杂，始终围绕生活中大家遇到的问题展开，全方位帮助用户解决生活中的难题。

除了内容类型的明确定位，罐头视频一入局便瞄准了短视频领域，并且坚定不移。2016年是短视频元年，随着智能手机和4G技术的普及，移动化和碎片化的内容消费需求不断增加，短视频作为一种符合新媒体时代特征的大众媒介迅速崛起。罐头视频搭上了短视频飞速发展的顺风车，专注于生产短、平、快的短视频内容，形式上区别于图文类的生活方式内容，质量上完胜彼时泛滥的草根内容，迅速脱颖而出。

三、用户运营：从用户中来，到用户中去

新媒体内容与传统模式内容最大的区别在于用户价值的凸显，用户不再是单纯的信息接收者，而成了信息的参与者、传播者，甚至是创作者。新媒体想要得到长足的发展，用户运营是不可忽视的一环。在多次的公开访谈中，罐头视频团队都表示了对用户运营的重视。罐头视频对用户运营主要体现在三方面。

重视用户的反馈。这种反馈既包括直接的用户评论、观点表达、意见建议，也包括用户的内容消费行为，比如观看短视频的时间、停留的时长、跳出的节点，以及弹幕的节点和内容等。罐头视频通过用户直接和间接的反馈来反哺内容生产，根据用户的喜恶、习惯来优化内容创作。

增强用户的参与感。除了常见的回复评论，罐头视频会通过发起话题、留作业、评奖等方式来推进与用户的互动。2016年12月，罐头视频发布了一期制作柚子茶的短视频，同时在微博发起了#我爱柚子茶#话题，鼓励网友发微博秀出自己做的柚子茶，并且每周评选颜值最高的作业发放奖品。该活动吸引了广大网友，活动进行一周就收到超过300份的作业，截至2018年该短视频全网播放量已经超过3000万，该话题的阅读数高达558万。活动发起了快两年，还陆续有

网友在上传作业参与互动。

　　社群运营创造紧密连接。据了解，罐头视频运营了超过 300 个微信社群，根据节目类型和用户属性进行细致的划分。通过社群，罐头视频不停地创造场景和用户互动，如早餐推荐、萌宠趣事分享等，与用户建立真实可感的关系。除了由罐头视频发起的互动，社群用户之间的自发交流也具有很高的价值，群友在社群中建立亲密关系，会使得社群更加稳固，从而社群对群友的影响力就会更大。

　　用户运营得法，新媒体就可以将用户沉淀为自有渠道，在社交媒体平台进行自发的传播，从而引爆全网，形成热点。此外，随着用户增速放缓、增量触顶，盘活存量用户是新媒体可持续发展并最终实现商业化的关键。

四、渠道运营：线上线下联动，优质内容引官媒翻牌

　　想要产生影响力，前提是要能触达广泛的受众。罐头视频创始人刘娅楠曾表示，"影响范围广"是罐头视频运营的五个关键点之一。截至 2018 年，包括线上和线下平台，罐头视频在超过 300 多个渠道进行内容分发。

　　线上平台分类、分级运营。罐头视频把线上的短视频平台分了八个大类，分别是自媒体平台、传统的短视频平台、视频网站、小视频平台、综合资讯平台、垂直 App、互联网电视以及电商平台。针对不同的平台，有不同的侧重和玩法，满足不同的需求。自媒体平台重用户互动，传统的视频平台重内容细分，视频网站重精品打磨，小视频平台重独特创意，综合资讯平台重贴合热点，垂直 App 重用户沉淀，互联网电视重品牌 PR，电商平台则重场景营销。

　　线下多场景触达用户。在线下被用户看见，实现对用户的多场景触达，是做短视频品牌重要的一环。罐头视频覆盖的线下渠道，包括飞机、地铁、便利店、楼宇等，播放筛选后的优质内容。比如在便利店结账时，排队时间十分短暂，并且是一个偏动态的过程，很多人不会打开手机去看视频，这时候店内屏幕上几分钟的视频就恰到好处。对于粉丝用户，这是一次品牌强化的过程，对于潜在用户，被内容吸引的人会对品牌产生印象甚至拿出手机扫码关注，后者看似是更进一步的要求，但这个动作实际上只要几秒，因此完成度很高。

借势主流媒体。除了主动发力，罐头视频还擅于借助外力。在微博上，可以看到罐头视频的内容经常被《人民日报》、央视新闻等大型媒体转发，这些主流媒体不仅是重要的传播节点，还是有力的品牌背书，为罐头视频带来流量和品牌的双加持。外力虽好，然而短视频做到被官媒等翻牌并非易事，除了需要内容本身正能量且实用、贴合热点，画质、音效等内容质量上也必须要有保障，对选题和制作都有较高的要求。

五、品牌运营：向内挖掘"网红"，向外寻求合作

在品牌运营方面，罐头视频主要有两个发展方向，一是向内挖掘"网红"建立品牌标签，二是向外寻求合作扩大品牌影响。此外，罐头视频还积极在行业内发声打造行业影响力。

向内挖掘"网红"建立品牌标签。罐头视频创业初期出镜的演员都是罐头视频的员工，比如"罐头妹"，最早其实是罐头视频团队的设计师，现在已经成了罐头视频的品牌形象标签之一。员工出演短视频对于罐头视频来说有两大好处，一是人物出镜打破了当时生活技能类短视频内容趋同、抄袭泛滥的局面，罐头视频通过人物的出镜、人设的确立，打造人格化视频，与其他生活技能类短视频区别开来。二是因为都是内部员工，自带罐头视频想要传递的价值观和企业文化，可以让用户通过他们的表演更好地认识罐头团队，从而与罐头视频建立情感连接。目前，罐头视频已经有六七名员工固定出演旗下节目，且都取得了较好的反馈，内部孵化、人设打造对于罐头视频来说已经是驾轻就熟。

向外寻求合作扩大品牌影响。随着规模化发展，罐头视频也开始向外寻求合作，通过签约名人、达人来扩大品牌影响力。近期，罐头视频和知名主持人戴军合作了一档明星美食微综艺节目《等戴一道菜》，通过戴军的影响力，罐头视频的知名度得到进一步扩大。据官方数据，节目上线半年，活跃粉丝已经超过600万，单集平均播放量在800万左右，单条视频平均互动量达到2万。

业内积极发声打造行业影响力。罐头视频还活跃于行业的各大会议、论坛、颁奖、培训等活动，积极寻求对外发声的机会，以提高在行业内的影响力。大会

路演、采访报道和各大奖项背书成为罐头视频获得进一步投资、合作、商业订单的敲门砖。

六、商业化方式：厚积薄发，原生广告赢得双向口碑

原生广告和场景营销是罐头视频商业广告的两大特点。即使是品牌广告，罐头视频的内容依然围绕着有创意的生活技能展开，具有很强的实用性和实操性，产品则作为道具或工具入镜，植入自然。

九阳 One cup 胶囊咖啡机是罐头视频第一个商业合作案例，3 分钟的视频通过制作 3 款快手早餐搭配 3 种豆浆机制作的软饮，将用户的技能需求和客户的传播诉求很巧妙地结合在一起，上线第一天就获得了超过 500 万的播放量，在客户端和粉丝端都收获了较好的口碑。

凭借媒体人的敏锐感和洞察力，刘亚楠和她的创始团队坚定不移地选择了短视频的路线，并从生活技能这个擅长的领域出发，成立了罐头视频。2016 年到 2018 年，两年多的时间，罐头视频从自媒体"萌新"成长为明星机构自媒体，获得粉丝拥护、奖项偏爱和资本追逐。回顾罐头视频的发展——打造原创优质短视频、从零开始启用素人员工、深度运营粉丝群……罐头视频每一步都选择了最繁重复杂的方式，同时也是最稳扎稳打的方法，凭借优质的内容和团队赢得了市场的认可。

"夜听"：
专注情感记录，陪伴千万女性

2015 年 7 月，微信公众平台面向微信认证及原创账号上线语音功能，彼时，正在创业的刘筱也看到了这个机会，打造了一款专注于夜晚陪伴的内容产品——"夜听"公众平台，聚焦女性群体，输出情感解读内容和解答情感困惑。2018 年 10 月，"夜听"微信用户突破 3000 万，音频节目累计播放 3 亿多次。抓住环境风口，成功填补市场空白，收获千万忠实粉丝，"夜听"在情感音频内容领域的探索值得创业者关注。

一、"夜听"大事记：陪伴式音频的崛起之路

2015 年，音频类平台初现。2015 年 6 月，微信公众平台图文消息新增添加音乐功能，让表达更加生动。7 月，微信公众平台面向微信认证及原创账号上线语音功能，为运营者提供更为丰富的创作形式。"夜听"创始人刘筱精准洞察音频发展趋势，进入公众平台音频领域。9 月，"夜听"公众平台发布第一篇音频文章，向用户说晚安。陪伴式音频的崛起之路就此开启。

近一年的深耕运营后，2016 年 7 月，"夜听"出现第一篇阅读量超 10 万的文章——《"夜听" | 如果有一天，我从你的世界消失……》，两个多月后，"夜听"公众平台文章篇篇阅读量超 10 万。增势之猛，放眼行业也罕见。

2017 年 3 月，"夜听"用户数突破 1000 万人。4 月，"夜听"开启广告商业化探索，曾拒绝百万广告的"夜听"，接受首支商业广告——宝马中国互选广告，取得初始承诺曝光量 300 万，实际曝光量却超过 600 万的优异推广数据。

2017 年 10 月，开播两周年之际，"夜听"积累了一定规模的忠实受众，发布音频文章《"夜听" | 路太远》宣布用户突破 2500W，而这篇音频文章，获点赞量超过 10 万。根据新榜日常监测的 70 万 + 活跃公众平台样本库数据显示，2017 年

10月，仅有5篇文章点赞数超过10万，这篇文章就占据一席之地。

随后的两个月，"夜听"的商业潜力受到资本重视。2017年11月，情感类自媒体"夜听"完成Pre-A轮融资，投资方为真格基金和不惑创投。12月，金沙江创投领投，红杉资本中国、愉悦资本跟投，"夜听"完成A轮融资。

2018年6月，"夜听"探索图书出版的商业化模式，首部情感作品集《我想陪你路过所有夜晚》开启发售，创始人刘筱于深圳中心书城举办新书签售会，为作品集造势。截至2018年10月，"夜听"公众平台粉丝数突破3000万，音频累计播放3亿多次。

二、内容定位：有温度、有价值观的情感解读内容

"夜听"作为一款夜晚陪伴的内容产品，聚焦女性群体，以音频形式输出情感解读内容。其品牌口号即为"输出有温度、有价值观的情感解读内容"。

2015年7月，微信公众平台功能上新，面向公众平台运营者提供语音内容展现形式。彼时，正在创业的刘筱也看到了这个机会，他发现相比于其他内容形式，音频内容在一些应用场景如开车、运动、睡前等有明显的优势，于是他开始思考音频创业的场景与类型选择。经过分析，刘筱认为情感类节目适合音频创业，因为这类节目能够非常快速地走入人心，让听众找到共鸣。且音频形式内容更具有私密性，更吸引情感有需求的用户，而情感类音频节目选择睡前场景发布时长不超过10分钟的音频内容，符合用户聆听习惯。同时，刘筱曾拥有情感夜话节目主持人经验，且已过而立之年，人生阅历丰富，分享的内容更容易引发情感共鸣。

于是，"夜听"将目标人群定位在二三线及以下城市有情感表达与抚慰诉求的女性群体，以男性视角为女性提供情感抚慰，填补男性情感博主在情感市场稀缺的空白。而主播刘筱低沉略带沙哑的独特音色得到众多女性受众青睐，此外，"夜听"的内容选材也独具特色，往往能够击中用户情感痛点，引发用户热议。

三、运营原则：重视用户表达，满足社交需求

"夜听"运营平台以微信公众平台为主，网易云音乐、喜马拉雅等音频类平台及微博平台辅助运营。微信运营尤其重视与用户近距离沟通和提供社交互动平台。

与用户保持高频互动和深度沟通。 内容分发后经常与用户进行互动，解答用户情感困惑；频繁与用户进行深度沟通，刘筱曾表示，自己每天至少给一位听友打电话，对"夜听"团队成员的要求也是每天至少打 3 个电话。

为用户设置互动栏目，丰富互动场景。 如《点歌台》栏目，选取文章末尾板块抽取用户留言点歌，以歌抒情；《听你说》栏目，为用户答疑解惑，帮助用户走出情感困境；《听友故事》栏目，分享投稿的听友故事，建立情感讨论话题。

建立"小抱枕"小程序社交社区，满足用户间社交需求。 "夜听"公众平台界面链接"小抱枕"小程序，为同好者提供情感交流平台。官方引导话题和发布内容，用户可在小程序内进行每日心情打卡、热议话题讨论和互动交友。每日心情打卡引导用户每日在听完公众平台音频后进行心情打卡分享，有温度的情感问答解答用户恋爱婚姻疑惑。此外，"小抱枕"小程序社区还设立了互动奖励机制，进行日常任务即可获得"小抱枕"积分，可用于打赏或评论。

四、商业化方式：广告、情感咨询与内容付费

"夜听"的品牌广告通常以结构性故事叙述品牌价值和理念，强化用户场景之后，再在结尾展示品牌，引导用户跳转转化。"夜听"广告主要分为两种，即互选广告和品牌广告。2017 年 4 月，曾拒绝百万广告的"夜听"，接受首支商业广告——宝马中国互选广告，这支广告可以算是"夜听"互选广告的经典案例，初始承诺曝光量 300 万，实际曝光量超过 600 万，优质曝光初现"夜听"商业化潜力。2018 年 9 月，DR 钻戒在"夜听"投放的品牌广告，成功引导粉丝围绕 DR 品牌内涵进行情感表达，达到近 300 万的品牌曝光、14 万人分享转发及超过 10 万的跳转转化，实现品效合一。

为满足用户倾述互动需求，"夜听"开发情感咨询服务小程序"小抱枕倾述+"，与深圳卫视《第一调解》咨询师和多位获得国家心理咨询认证的陪伴师展开战略合作，为用户提供多形式在线付费情感咨询服务，通过链接"夜听"公众平台，为小程序导流，引导用户根据自身情感问题选择擅长该问题的咨询师进行一对一情感咨询，同时鼓励用户加入"小抱枕"团队，用感情和知识温暖他人。

　　除了广告和情感咨询，"夜听"还在尝试其他变现形式。2018年6月，"夜听"首部情感作品集《我想陪你路过所有夜晚》发售，创始人刘筱在深圳举办新书签售会，开启线下"首秀"，为新书宣发造势。而早在2017年7月，刘筱曾进行过付费直播首秀，直播主题为经典情感话题——"那些爱而不能得的时光"。此后，"夜听"可能还会尝试更多的商业化模式，同时，"夜听"庞大的用户群体也能够为多元变现提供更多机会。

　　"夜听"创始人刘筱凭借良好的专业素养和对用户情感需求的精准洞察，聚焦女性情感内容和社交需求，成功使"夜听"成为自媒体领域深受品牌主青睐的大号。创始人凭借多年广播电台主持经验、具有感染力和治愈效果的声音及对用户情感表达和社交需求的重视，使"夜听"成为众多忠实粉丝情感交流表达的"树洞"。

　　"夜听"的成功，是女性情感市场精准触达的结果。"夜听"逐渐向团队规模化、内容专业化和运营精细化方向发展，随着女性的消费能力和经济水平的逐步提高，用户黏性奇高的女性粉丝将会带来意想不到的商业转化。

"吾皇万睡"：
超级动漫 IP 养成记

　　2015 年，漫画猫"吾皇"在互联网爆红，随后吾皇的创造者——漫画师白茶又创作出了八哥犬"巴扎黑"、小黑猫"人中"等形象，与穿着裤衩拖鞋的宅男"少年"和二次元版达康书记"老爹"等，一同组成了整个"吾皇万睡"漫画 IP 形象，收获众多粉丝，成为国内知名 IP 品牌，且影响力在持续扩大。作为新媒体 IP 运营的先行者和佼佼者，"吾皇万睡"有很多方法论值得想向 IP 发展的内容创业者学习和借鉴，其中，商业化方式是本文分析的重点。

一、"吾皇万睡"大事记："名猫"养成记

　　2014 年至 2015 年，从"吾皇"到"吾皇万睡"。 2014 年底，漫画师白茶创作推出"吾皇"形象。2015 年 3 月，新浪微博"吾皇的白茶"开始运营，首周内收获 40 万粉丝。随后创作八哥犬"巴扎黑"，连同穿着裤衩拖鞋的宅男"少年"组成了整个"吾皇万睡"漫画 IP 形象。5 月，《就喜欢你看不惯我又干不掉我的样子》出版，狂销 80 万册。随后，微信公众平台"吾皇万睡"开始运营，官方淘宝店"吾皇万睡工作室"创立。

　　2016 年起，漫画出版与主题巡回展。 2016 年初，白茶和联合创始人味精将工作室从西安搬到北京，成立了"一间宇宙"公司，并相继推出"吾皇万睡"漫画新形象。同年 7 月《就喜欢你看不惯我又干不掉我的样子 2》出版。

　　2017 年 5 月，"吾皇万睡"开始主题巡展，走进了包括朝阳大悦城和静安大悦城在内的多家知名商业地产，至今巡回展持续进行中。同年 12 月，《就喜欢你看不惯我又干不掉我的样子 3》出版，并进行全国签售。

　　"吾皇万睡"成为优质漫画 IP。 2018 年，"吾皇万睡"漫画 IP 形象获得 2018 中国授权业大奖。至 2018 年，"吾皇万睡"作品在自媒体平台累计阅读量超 20

亿，绘本长期位列热销书榜，全网拥有超过700万粉丝，与多个500强品牌建立长期合作。

二、内容生产：把"吾皇"塑造成有长久生命力的经典IP

核心定位与人格化特征

团队把"吾皇"当成明星一样去塑造，而非仅仅是宠物网红，使其成为具有长久生命力和商业价值的经典IP。它具有强烈的人格化特征，"傲娇"属性与生活中大家对猫的认知如出一辙。内容有意放大作为"猫奴""铲屎官"的日常设定，深入爱宠人士内心。中国风画风，没有"00后"的语言压力，有一定哲理的吐槽金句，全年龄层次阅读无压力。

"吾皇万睡"不仅仅是一只猫

随着品牌知名度扩大，吾皇大家庭也不断壮大，以吾皇、巴扎黑为主角的艺术角色日渐丰富，目前已经发展到牛能、人中、翅中等系列形象，每个形象都有显著的性格特征，各形象之间的互动使吾皇大家庭的故事线更加丰满，主要角色性格特征因而从各个侧面被不断勾勒出来，形象也更加鲜明、立体。

吾皇：《就喜欢你看不惯我又干不掉我的样子》中的少年捡到的一只流浪猫并在三部作品中担任主人公。以其"喵星人"与生俱来的傲娇个性，以及治愈系的金句深受"猫奴"们的喜欢。

巴扎黑：《就喜欢你看不惯我又干不掉我的样子》中的少年养的一只巴哥犬。不折不扣的"吃货"，以前经常被吾皇欺负。但时间久了，却和吾皇站到了同一战线。

少年：漫画家白茶以自身为蓝本创作的人物形象，是吾皇与巴扎黑的逗趣主人，自称永远18岁，性格闷骚，单纯中透露一点污气，喜欢小海，但是不知道如何表达。

老爹：少年的父亲，自称年轻时是"厂草"，认死理，贪小财，倔强执着，会跟少年抬杠，自认为是一家之主，偏爱巴扎黑。

爱德华·牛能：隔壁老王家的狗，坚定不移认为自己是哈士奇的柯基，自尊心强，为人浮夸，喜欢撩妹，经常因为性格问题得罪人。

老王：牛能的主人，少年的邻居，比少年大，万能客串龙套的设定。

小海：少年的青梅竹马，外冷内热，对爱情反应十分迟钝，出生于军人家庭，是大家身边"传说中的孩子"。

人中：小海捡到的小黑猫，因为人中比较长被老爹命名为"人中"，乖巧懂事，作为长辈的吾皇经常给他传授道理。

翅中：老爹的宠物鸟，一只单纯乖巧呆呆的小山雀，时常悄无声息地出现在家里各个地方，但又是不可忽略的存在。

三、运营原则：塑造正确的 IP 世界观，深度运营粉丝

"吾皇万睡"的 IP 深层内核为用亲情、治愈系来推动故事的发展。从 2016 年 8 月开始，"吾皇万睡"与公益组织"北京领养日"积极合作，线下活动不仅仅增强品牌曝光度以及市场知名度，还展现其围绕着内容形象塑造积极正能量的价值观。

在粉丝运营方面，"吾皇万睡"重视与粉丝的互动和参与感。"吾皇万睡"通过在微博创建话题、回复评论与私信、组织抽奖活动等方式与粉丝保持日常的高频互动，此外还通过推出 H5 小游戏、抖音原创音乐、主题线下展览等方式创建更多的场景与粉丝建立联系。

四、商业化方式：IP 开发，多方向变现

"吾皇万睡"所属的一间宇宙公司，虽是只有十几个人的团队，但把公司总营收做到了八位数，利润 40%。IP 授权、图书出版、广告、衍生品、线下展览等变现方式都有涉及，尤其是 IP 授权给"吾皇"带来了可观收益。

IP 授权，让 IP 与品牌合作。2017 年至 2018 年，"吾皇万睡"累计合作超过 30 家世界 500 强品牌，产生超过 100 项生动的创意内容和超过 10 亿次的商业合作传播量，授权商品销售额过亿元。

IP 与热门 App 合作。"吾皇万睡"和抖音、美图秀秀、Face U、Keep 等热门应用开展大量的优质内容与流量合作。例如与 Keep 通过联手打造线上跑步项目"燃脂跑·帮巴扎黑减肥"，将燃脂跑课程融入遛狗剧情中，使一节燃脂跑课程变成了一次"云遛狗"。

IP 与影视娱乐合作。"吾皇万睡"与热门影视内容展开跨界合作，为徐峥团队定制了一系列《我不是药神》的宣传海报，以优秀的传播效果为影片的口碑营销助力。

图书出版。2015 年至 2017 年先后出版的《就喜欢你看不惯我又干不掉我的样子》三册，再版 40 多次，2018 年初总累计销量突破 300 万册，版税收入超过千万。

定制广告。广告以流量变现方式为主，围绕吾皇 IP 形象原创漫画，将品牌或产品植入，每条单价几十万元。合作品牌广泛，如立邦、soulgood 营养棒、乐事等。

衍生品。表情、壁纸等虚拟产品：以 IP 形象吾皇和巴扎黑为原型，设计表情包、壁纸、贴纸等，在微信、美图等平台推广。暂无收费，有打赏收入。

周边产品。"吾皇万睡"制作原创周边和合作授权产品（含在开发）共 60 余款，2017 年销售额达到近千万量级。吾皇的淘宝店铺中 90% 是独立设计、生产的产品，手机壳、笔记本等产品颇为畅销。

场景营销。跳出二次元的介质形态，真正让 IP 可感、可知。同时，促进粉丝对吾皇 IP 形象的"接触""购买""分享"的闭环。在"吾皇万睡"的北京展期间，卖出的周边产品约 100 万人民币。

"吾皇万睡"开辟了超级 IP 的新玩法，那就是深化内容，深度运营用户，积极成长为知名的 IP 品牌，并以自身丰富的创意和实践经验为客户提供包括形象、故事或内容和传播在内的整合营销。在营销活动的同时，反哺内容创作，使得 IP 形象不断丰满、立体、真实，形成内容生产、运营到商业化的生态闭环。

"黎贝卡":
如何成为"买买买教主"

在成为"买买买教主"之前，方夷敏曾是《南方都市报》的首席记者，在传统媒体工作多年。当年她被选为年度记者时的评语是"国内娱乐报道的五星上将，于重围中攫取独家是其绝活，亦能领军攻城略地，功绩昭著"。而现在让更多人认识她的是另一个身份——自媒体"黎贝卡的异想世界"创始人。

截至 2018 年，"黎贝卡的异想世界"影响着 500 万名关注它的粉丝，与多家国际品牌建立了长期合作，不仅自建电商品牌，还发展出自有的 MCN 矩阵，一步步地扩大着它的商业版图。

一、发展时间轴："异想"成真之旅

2014 年 10 月 25 日，微信公众平台"黎贝卡的异想世界"正式推送了第一篇文章，分享穿衣搭配之道，被粉丝昵称为"买买买神教"。第三条推送《史上最全林青霞私照大放送，这些款式穿三十年都不会过时》斩获了第一个超 10 万的阅读量。

2015 年 4 月，"黎贝卡的异想世界"创始人方夷敏从报社辞职，全心全意投入公众平台运营。7 个月后，粉丝数已达 26 万。

2016 年初，公众平台运营不到一年半时间，粉丝数突破 60 万大关，姚晨、黄晓明、佟大为等演员都为她转发。

2016 年 8 月，与故宫文化珠宝合作推出联名款首饰"故宫·猫的异想"，发布 20 分钟就宣布售罄，流水近 22 万。后台有上万条留言"求补货"。甚至不久后微博就出现了"加 50% 价转售限量款"的消息。

2017 年 7 月，和宝马合作品牌推广，4 分钟内 100 台售价 28.5 万的 MINI 汽车被全部抢空，50 分钟后，所有订单全部完成付款。

2017 年 12 月，在小程序"黎贝卡 Official"首次推出同名品牌，价值 300 万商品 2 小时售罄。上线的其他 9 个单品也是如此：1 分钟售出 1000 件，7 分钟 100 万交易额，113 分钟全部售罄，交易额近 300 万。

如今，"黎贝卡的异想世界"已经创立近 5 年，拥有自己的电商小程序，在全网拥有超过 500 万粉丝（数据截至 2018 年），旗下还有"每天只种一棵草""异想生活笔记""你的包真好看"三个影响力不俗的小号。

二、创立之始：从首席记者到自媒体人

作为一个素人，方夷敏开号的初衷只是因为对购物和穿衣搭配很有兴趣，从小就爱美、爱打扮的她，不管在哪出差，总能带同行者买到好货并拿到独家折扣。

方夷敏说："平时都会关注时尚新闻，也有收集图片的习惯。时装秀和新品发布会上凡是好看的搭配，我都会存起来。"长期的积累和坚持使她成了朋友圈子里的意见领袖，"买神"这个称号从那个时候就已经在朋友中传开了。

有段时间好多闺蜜都在讨论丝巾的系法，于是黎贝卡决定写一篇攻略，也就是她公众平台的第一篇推送《丝巾怎么系才时髦，简易十招学起来》。写完随手丢给好友，没想到大家都觉得很有用，纷纷转发，后台阅读数一夜过千。

自此，方夷敏在分享购物和搭配心得这件事上，便一发不可收拾。

恰好那段时间，传统媒体人纷纷转型自媒体：《外滩画报》前总编徐沪生创办"一条"、《第一财经日报》前总编的"秦朔朋友圈"、《第一财经周刊》前主编伊险峰创办"好奇心日报"……于是方夷敏也开始了自己的转型之路。

三、内容：保持持续生产力

就定位上来说，方夷敏没有刻意要做内容差异化，每天的内容几乎都是当时想到要写什么就写了。内容基本上都是基于"分享"而做的，无论是"叫醒你的

衣柜""好物清单""包治百病"，还是潮流趋势、明星热点等栏目内容，都是在自己实战的基础上总结出来的经验和教训，希望能给粉丝在购买商品的时候提供一些参考，少走弯路。

"选题会通过看各种资料而来，大部分都是写自己想写的。另外，每周都有报题会，编辑们会一起讨论接下来的选题，粉丝群和后台的留言也会有很多选题灵感。"方夷敏说。总结来说，"黎贝卡的异想世界"内容生产大致可分为以下几点。

从实用角度提供内容价值

在相当长一段时间内，黎贝卡公众平台每天基本只推送两条内容，头条是经验分享，二条则是电商推广，基本上两条阅读量都在 10 万以上。分享的内容包括穿衣搭配、护肤彩妆、穿衣榜样、好物、小心机，所有内容黎贝卡都做了详细的整理，贴心地放在菜单栏中。

除了常规内容之外，黎贝卡还开设了"叫醒你的衣柜""好物清单""除草机""包治百病""开箱记"等栏目，结合自己的日常分享购物话题。

相比其他时尚号经常谈及娱乐八卦类的话题，黎贝卡的内容明显实用很多，八卦娱乐、热点事件等在这里出现的频率很低。内容的实用价值从一两篇文章中或许体现不出，但是关注时间久了，粉丝跟着这些干货去实践了，体会到效果，就会真正去信任和依赖。

周末，黎贝卡则会推送一些粉丝征集活动、原创漫画、开奖公布，或是自己的小小近况，塑造亲切人格的同时，也增加了互动性和内容的丰富性。

人格化输出

人格化输出包括写作的方式——怎么跟人沟通。时尚领域以前比较主流的方式是用一种比较犀利的方式，用很强烈的态度去输出观点，很少有像方夷敏这样温和表达的博主。不了解的人可能会觉得她不太像一个时尚博主，不理解她的时尚观点或者觉得她的穿着也没有很强的视觉冲击。她作为一个训练有素的写作者，怎么会不知道怎么刺激读者的痛点，或者不知道现在最流行的单品是什么，怎么穿别人会觉得很厉害，但她选择不这样做。她认为：一直做这样的人格化输出，你会汇聚到你最想聚拢的一批人，你的读者会找到你。

时刻保持对话题的敏感度

为了保持自己对时尚话题的敏感度，体会粉丝对内容的各种需求，黎贝卡一直奔波于各大秀场，接触第一手资料，跟品牌的设计师交流。同时她也会亲自去拜访工坊，深入了解时尚行业背后的工业流程，保持那种触角全打开的状态。

热爱才是持久驱动力

而凌驾于这三点之上的内容准则，则是发自内心的热爱。方夷敏曾这样形容自己："很多人觉得我总是满世界飞，不是拍广告，就是看秀，参加活动，看起来又风光又好玩。但是，和看起来很光鲜的'博主生活'并存的是频繁的舟车劳顿、是孤独的码字时光、是倒不过来的时差……方夷敏认为，把一件事做好，不是拼苦力，也不能只靠运气，它一定是天时、地利、人和。但前提一定是：你要足够热爱这件事。"

四、运营：尊重读者，坚持原则

与"热爱"一脉相承的是"黎贝卡的异想世界"对于读者的尊重，这让公众平台和粉丝能够成为亲密无间的朋友。"黎贝卡的异想世界"VP（副总裁）崔斯坦曾讲述过这种亲密关系给他们带来的益处。

读者是内容生产的动力和导向

第一，写作太苦了，与读者交流是一种很大的动力来源，你会在读者的后台那里得到很多爱的供养，这种爱的供养会给你能量，让你一直坚持下去。

第二，读者的反馈会让你明白选题该如何调整，这里面有几个不同的层面，比如你做了一个选题读者不喜欢，他们会先说辛苦了，接着用很长的留言告诉你他们觉得问题在哪。

另一方面，个人化的选题始终会有限制。这时你在后台会发现很多素材和灵感，可以为他们定制这个类型的推送。通过你与读者的交流能够看到更多可能，考虑到他们的感受。

在此关系上，"黎贝卡的异想世界"在运营模式上诞生了很多和用户互动的环节以及读者群。比如定期会有一些读者征集的栏目，主要是为了丰富内容，加上后台每天都有大量晒物晒搭配的照片，就通过类似"读者分享"的栏目集中展示一下大家的"战果"，慢慢就变成一个相对固定的栏目。一方面能让很多读者看到别人的生活和改变，一方面也增强了互动性。

坚持原则，明确植入和推广

对于广告，崔斯坦认为："推广就是广告，我明确在栏头告诉你这是一条广告。我们一开始这样做的时候心里也是打鼓的，当时想了很久，作为一个运营，我其实有点担心这会影响打开率。但黎贝卡却认为读者点开之后发现是广告更会觉得自己受骗了。她想让用户第一时间就知道这是一个广告，所以我们第一条产品推广就注明了'推广'，一直到现在。"

其次是拒绝软植入的诱惑。很多人都想买黎贝卡的头条广告，但是至今他们的头条是不接任何商业推广的。特别是对于时尚号来说，你总会去写包，写那些大牌，很容易就顺手接篇广告，粉丝也很难察觉。

五、品牌联名：契合度高，目标一致

崔斯坦曾在腾讯媒体研究院举办的专项课程上分享了他们对于品牌联名的取舍：第一，合作品牌契合度要高。契合度高这件事情很重要，一是品牌在挑黎贝卡，二是他们也在挑品牌。黎贝卡的想法是，广告主在选择投放的时候，其实就是在找精准的用户圈层。契合度高，很容易让品牌的圈层重叠度更高，交集更大。

同等重要的是目标一致，目标一致会让双方在做联名合作的时候都不惜力。联名款对于黎贝卡来说，应该是有两个品牌印记的。这两个品牌不仅是联名，还要发生互动。黎贝卡有遇到过比宝马更大的品牌找来要做一个联名款，但是它没有什么互动的空间。这样的合作黎贝卡拒绝了很多，因为它不会有化学反应。

以文章开头提到的宝马 MINI 合作为例，活动具体分为以下几个步骤。

前期双方的目标沟通。双方目标一致，品牌契合度比较高是合作前提。经过漫长的前期沟通，达成品牌的独家合作。MINI 车第一次曝光（首发）就在"黎贝卡的异想世界"，预定的链接也必须通过黎贝卡平台，MINI 官方网站则号召用户在黎贝卡完成预售和购买。双方的目标一致很重要。

悬念海报预热。4 分钟卖 100 辆车不是一个瞬间发生的事情，它的发酵期有两周。预热海报经过几百次的修改调整于当年 7 月 9 日发出。后台出现 5000 多条互动，大家都在猜这是卖什么。

发布预定信息与公开发售。活动预热期，黎贝卡发了一条关于 MINI 的故事，阅读量迅速突破 20 万。那天已经可以进预售页面，在报名链接发出去的第一天，预定就达到 1500 多个。大概一周之后，黎贝卡公号发出正式发售的信息。4 分钟后，全部售空。

据新榜统计，"黎贝卡的异想世界"一共有 159 个广告主，品类很广，其中占比最大的三个品类是个护化妆、服饰鞋包和珠宝品牌，其次是百货日用、3C 产品、金融产品、汽车和互联网电商。

六、商业探索：自建电商品牌

推出品牌之前，"黎贝卡的异想世界"主要做了三件事：建立团队、设计产品、搭建商城。

在黎贝卡看来，小程序有四大优势：比 H5 更强、更好的用户体验；小程序在微信上有固定的落地入口，能提升用户回访；小程序在公众平台内有非常灵活的露出方式，能提升页面的访问率；小程序对现有电商体系是一个很大的补充，甚至会是革新性的应用。

在上线小程序前，黎贝卡通过粉丝群、内部 VIP 用户进行内测，提前准备技术以及电商各个环节。除了保证小程序的前端、后端畅通，还要使运营、仓储、物流达到最佳的"临战"状态。

需要说明的是，为了满足用户们更加个性化的需求，黎贝卡在 2017 年 6 月份正式布局矩阵号。不到一年时间，小而美的好物清单"每天只种一棵草"收获了 30 万读者；偏重生活方式的"异想生活笔记"拥有了 15 万读者；专注在包包分享上面的"你的包真好看"也有 10 万读者。

小小包麻麻：
头部母婴电商的进化

　　小小包麻麻成立于 2014 年下半年，初期载体为微信公众平台，目前公众平台粉丝发展到 550 万以上（数据截至 2018 年）。小小包麻麻在 15 个月完成了三轮融资，在 2017 年底正式上线了"百宝新媒体"项目。"百宝新媒体"由单一的母婴微信公众平台小小包麻麻拓展为新媒体矩阵，矩阵内涵盖了母婴、女性领域的十多个顶级自媒体公众平台。目前整体粉丝数在千万左右，每月的电商收入额大约 7000 万（数据截至 2018 年）。

一、小小包麻麻的发展时间线

　　2014 年下半年公司成立，成为中国最早的母婴自媒体。2014 年底，公众平台粉丝突破 20 万时，小小包麻麻启动内容电商计划。

　　2015 年 2 月，小小包麻麻便上线商品团购功能，并自建商城。2015 年 11 月，自建仓储物流，把控供应链与产品品质。

　　2016 年 4 月，小小包麻麻获得数千万元 A 轮融资。据悉此轮资方为龙腾资本，其创始和管理合伙人杨小雯女士（Shirley Yeung）是腾讯早前的 A 轮投资人。

　　2016 年 12 月，获得 3500 万元 A+ 轮融资，头头是道基金领投，龙腾资本和拉芳易简基金跟投。2016 年公众平台粉丝总数达 250 万以上。

　　2017 年 10 月，获得 1.4 亿元 B 轮融资。由 A 股主板上市公司、女性领域知名品牌拉芳家化与美股纽交所上市教育公司新东方集团（600811，股吧）共同投资。年末，小小包麻麻宣布将整体品牌形象升级为"百宝新媒体"，由单一的母婴微信公众平台小小包麻麻拓展为新媒体矩阵。

二、自媒体电商头部运营法则

尊重用户是所有一切的基础

小小包麻麻CMO邵英曾在接受腾讯媒体研究院采访时说道，小小包麻麻最核心、最基础的价值观就是尊重用户——"把用户当成姐妹看待"。"所有的用户提出的需求，或者选择的产品，只有在这个产品我愿意推荐给我的姐姐或者妹妹的时候，我才会推荐给我的用户。"

价格方面，不打价格战，低价是最简单的，也是最低级的，要通过服务来竞争确保行业的正向循环。

如果企业真正地去尊重每一个用户，这时候用户就会对这个品牌有非常深刻的印象。用户能够信任这个品牌并认为它有温度、有担当，这时候就会去传播它，也会自觉地不断复购。在这样的情况下，一定要保持初心，不要因为很多人追随就做一些超越道德底线的事情。保持尊重，这样就会得到很多的反馈和回报。

通过动人的文案实现销售

目前小小包麻麻的内容团队有60多人，其中负责常规内容制作的占1/3，产品内容策划占2/3。内部设有妈妈组和爸爸团，妈妈组负责内容较多，爸爸团负责产品评测较多。妈妈组都是由孩子妈妈组成，有些已经有两个孩子了，她们对做妈妈的痛点把握得比较清晰。一部分妈妈对情感把握得很到位，一些妈妈则对产品把握得很到位。

对于热点内容来说，现在大环境留给媒体人的缝隙比较狭窄。因此除了一些零星的热点，能追的点确实不多。这时，与明星相关的内容则是一个好的切入点，妈妈们对这块也都比较关注。这类题材虽然老生常谈，但是有用，关键在于价值观的输出。

而销售文案则需要你从一个故事出发，真诚地告诉用户你自己觉得产品好在哪里，比如讲一瓶茶，你需要先从这个瓶子的起源讲起，是哪里生产的瓶子，哪里的瓶子质量最好，然后这个水是产自哪里，茶叶产自哪里，然后是哪个公司做的，它之前做过什么公司，水通过什么滤芯过滤出来的……把这些东西都讲清楚后，用户自然会认同。

更深层次的挖掘是描绘一个场景，这个场景可能是对更好生活的向往，也有可能是对一些具体问题的恐惧。描绘完场景后，再通过一个具体的产品把这个场景解决掉，把情绪抚平，这就是好的文案，转化率会更高。

举例来说，小小包麻麻曾经卖过一个防滑拖鞋，主要面向中老年用户。考虑到央视曾经播过一个新闻："在中国中老年人致死的诱因40%是跌倒"——中老年人跌倒后大部分就要卧床，卧床后运动的减少直接会导致身体机能的快速下降。因此小小包麻麻就把这则新闻利用起来，在文案的前边把整个的视频、截图罗列出来，这时候任何一个有孝心的孩子都会想这个东西很危险，要避免这件事发生在自己的父母身上。

接着，再讲产品的专利及效果。小小包麻麻拍了一个视频，把洗涤剂放在光滑的瓷砖上面，然后站上去一个100多斤的小伙子，安排两个人去拉他，结果发现即使在有洗涤剂和泡沫的情况下，它的摩擦力依然非常强，这个时候用户会认可这款鞋的质量。

最后，小小包麻麻在说明产品的价格时，会提到团购和优惠，击溃用户最后的心理防线，提高产品的转化率。

高选品标准的运行流程

母婴产品评测的维度比较复杂，一款产品首先必须经得起爸爸团的测评，同时还要小小包麻麻等团队内的妈妈们喜欢。目前小小包麻麻产品的来源一是采购员去国外选品，二是基于已有的供应商后台。经过这三年的沉淀，全球所有母婴用品公司每次上新都会通知小小包麻麻。

具体到产品的甄别也有一套流程。首先，小小包麻麻的采购从国外带回来很多产品，但采购所谓的"采来"不是直接拿来上架，而是从接触产品到上架的整个过程都要不断地测试。每周，小小包麻麻大概会有200个左右的产品被推荐上来，之后采购员会把产品的优点、竞品的对比报告做成PPT，也会有专门的选品委员会，类似于答辩一样，把这个产品为什么值得选择列出来。

在初选后，小小包麻麻会淘汰90%的产品，留下20多个产品，会有专门的测试小组对产品进行详细的测试，测试过程至少一周。

售后服务是建立信任的基础

母婴产品领域有其特殊性，其用户本身的复购率非常高，但信任成本也很高。所以售后环节要做到极致，把让用户满意作为第一要义，不考虑退货率。大量用户在经过一次售后服务后，会发现小小包麻麻所提供的服务超出预期。这个时候用户若要复购，其心理门槛就大幅降低了。

小小包麻麻极端售后服务模式是什么？老顾客甚至使用一年也能退货。这背后是把售后成本看作营销推广成本，兼顾成本控制。

三、品牌合作：小程序、矩阵联动赋能品牌主

品牌冷启动：Little Freddie 小皮系列有机辅食

与有机辅食产品合作的案例。小小包麻麻通过一些评测对比、视频展示，比如国外的农场、捕鱼的过程等，把它们与其他标准产品不一样的地方凸显出来。在这个过程中赢得了大量的用户，用户第一次购买产品后，发现产品的口感、包装等确实能达到其要求，便会复购。

线上线下体验式营销：沃尔玛山姆

通过微信公众平台文案推广，将"小小包麻麻"小程序与"山姆会员商店"小程序连接，打通线上线下办卡流程，实现用户拉新、刺激复购。线上线下结合，线下实体店能真实感受到高品质产品和服务，再通过线上活动在山姆旗舰店便捷购买，实现用户自主流动回归。

国外知名品牌冷启动：德国 BWT 净水壶

通过小小包麻麻微信公众平台进行品牌宣传和小程序活动，发掘 BWT 净水壶的产品特点，比如市场地位、发展历史、技术专利等，通过好文案让用户信服，引爆 BWT 在中国的品牌知名度，两天内销售额达 200 万，实现国外成熟品牌在中国的冷启动。

用户体验升级 + 小程序活动：阳澄湖大闸蟹

在"小小包麻麻"小程序上推出"阳澄湖大闸蟹包妈请你免费吃"团购分享活动。同时，在北京地铁车厢进行广告宣传，形成线上线下联动。小程序作为线上线下的结合无疑是目前最高效的方式，解决产品非标化问题，解决用户信任问题，创造销售佳绩。

四、拥抱小程序，玩转电商

小程序的优势和玩法

小小包麻麻 CEO 贾万兴认为，小程序从客观上来讲对整个内容电商行业会起到非常积极的作用。小程序具有高效友好的用户体验，交易过程顺畅，比 H5 的流程性成功率更高，是电商的完美选择。

同时，小程序能够通过其强大的交互属性下发通知，唤醒用户：每一个用户在成交之后，小程序可以向他发三条消息通知；另外，在小程序中用户有任何点击的操作，平台都可以获得一个给用户发信息的机会。

小程序还是非常强大的服务号，在一定程度上小程序可以实现服务号的功能，能够使线上、线下高效结合，变现的路径更短。

策划一场推动销量的小程序活动

贾万兴总结了策划一场小程序活动的步骤。

第一步，让你的活动有社交属性：获取新用户，让活动热度持续。最主要的是在已有存量的用户基础上，通过抽奖、砍价、拼团等活动，不断地去吸收新人，把参与活动的人基数做大，把气氛和活跃程度做起来。

第二步，让用户觉得实惠的活动：活动不能是虚的，要真的有实惠。按照品类做不同的促销活动，母婴、美妆、图书等等。在这些专门为其准备的活动日里面，产品一定要有竞争力，这是最核心且不能丢掉的。

第三步，让用户主动进行传播。还是以实惠活动为基础，但还要加上一些小程序的能力，包括拼团、砍价等，让老用户新用户不断地传播，从而让受众的体量不断扩大。

第四步，让用户保持持续的热度。不同时间段有不同的召回用户的方式，比如抢券、秒杀等，保证每天都有吸引点，一天设置多次用户回流的吸睛活动。

五、进化：面临的挑战与市场中的机会

面临的挑战：贾万兴认为，就整个自媒体环境来说，微信公众平台推文的打开率下降意味着对用户唤醒能力降低，这会进一步影响产品销量。其次，用户分享意愿变弱会导致内容的传播效果变差，新增粉丝涨幅受限，获客出现瓶颈。微信订阅号改版之后，内容展现形式变成信息流的形式，多条内容的展现被压缩，内容流量玩法变动。最后，行业出现劣质卖家，对生态造成负面影响。

市场中的机会：第一，拥抱小程序，迎接新的红利。小程序虽然与H5在制作页面方面毫无差别，但小程序入口多（下拉菜单、微信群等）且便捷，对用户新增或运营有帮助。第二，从内容电商转变为社交电商。从广播式卖货到用户的口碑传播，社交电商在未来会有比较大的增长。第三，建立自己的私域，多维度运营用户。建立自己的用户池，通过公众平台、小程序等渠道多维度运营用户。第四，深入供应链顶端，寻找更多的"尖货"。用户需要独家的、优质的"好货"。第五，尊重用户，服务用户，获取信任，这是永远不变的运营原则。

在众多商业模式中，内容电商是一个绕不开的话题，很多头部玩家加入电商赛道，像小小包麻麻这样先人一步入局的已取得骄人成绩，创造了15个月内完成三轮融资的壮举，矩阵粉丝量突破千万，遍布多个母婴相关的垂直领域。

小小包麻麻的成功与其采取的内容和产品策略是分不开的，专注于科学育儿知识分享和专业母婴用品测评的公众平台在相关垂直领域积攒了名气，接着横向

扩展，打造一个沟通交流无界限的讨论社区，增强用户依赖。

消费离不开社交，小小包麻麻创始人说："我们要把用户的情绪撩动起来，跟用户产生共鸣，去给他制造社交货币。"深刻理解用户，满足用户需求，才能在内容电商的道路上走得更快、更远。

媒体融合探索者

人民日报"中央厨房":

媒体融合大脑工程的诞生与探索

一、人民日报全媒体新闻平台建设背景

信息社会的不断发展,带来媒体格局的深刻调整和舆论生态的重大变化。受众在信息获取方面的主动性越来越强,信息需求也越来越个性化,微博、微信等社交媒体平台的发展也在不断影响着用户的阅读方式、消费场景以及对"优质"内容的需求。推动媒体融合发展、建设全媒体成为一项紧迫课题。

2014年8月18日,中央全面深化改革领导小组第四次会议审议通过了《关于推动传统媒体和新兴媒体融合发展的指导意见》。2016年2月19日,习近平总书记主持召开党的新闻舆论工作座谈会,并发表重要讲话。习近平总书记指出,随着形势发展,党的新闻舆论工作必须创新理念、内容、体裁、形式、方法、手段、业态、体制、机制,增强针对性和实效性。要适应分众化、差异化传播趋势,加快构建舆论引导新格局。要推动融合发展,主动借助新媒体传播优势。要抓住时机、把握节奏、讲究策略,从时度效着力,体现时度效要求。

伴随着《人民日报社加快传统媒体与新兴媒体融合发展工作方案》的出台,人民日报社决定建设一批重点项目,人民日报社全媒体新闻平台正式成为其中的基础项目和战略引擎。

二、人民日报全媒体新闻平台发展时间线

2014年8(10)月规划立项。2014年10月,人民日报全媒体新闻平台(中央厨房)正式在中宣部立项并确定建设方案。同时,人民日报媒体技术股份有限公司组建的技术和业务团队正式入场,开始项目建设的前期准备工作。

2015年至2017年初,边建设边"试运行"。2015年全国两会期间,人民

日报全媒体新闻平台开始了首次试运行。此后，每逢重大主题新闻报道或重大事件，人民日报全媒体新闻平台都会启动试运行。在领导人出国访问、博鳌亚洲论坛、"9·3"阅兵、G20杭州峰会等重大战役性报道中，全媒体新闻平台有效提升了人民日报的融新闻生产能力、传播能力和国际影响力，逐步探索出一整套运行机制和规则，为全媒体新闻平台的建设提供了实际参考。

2016年，"人民日报全媒体新闻平台1.0"上线。2016年2月19日，"人民日报全媒体新闻平台1.0"正式上线运营。从技术系统上看，"人民日报全媒体新闻平台1.0"版本由6个功能模块组成：内部用户管理系统、互联网用户管理系统、传播效果评估系统、可视化产品制作工具、新媒体内容发布管理系统、报纸版面智能化设计系统，可以为融媒体产品的策、采、编、发提供基础的技术支持和保障。

2016年10月，融媒体工作室建设启动。2016年10月，人民日报全媒体新闻平台启动融媒体工作室机制，这也是全媒体新闻平台从重大事件报道迈入常态化运行的全新尝试。

融媒体工作室机制，简而言之就是鼓励报社优秀采编人员组合起来成立工作室，围绕某个特定的领域进行融媒体产品的策划、生产。作为各个融媒体工作室的"孵化器"，人民日报全媒体新闻平台为工作室提供技术、资金、推广运营等多方面的支持。报社报、网、端、微等部门的采编人员按兴趣组合、项目制施工，实现资源嫁接、跨界生产，充分释放融媒体内容生产力，极大激发了采编人员的积极性，很好地将人民日报的内容生产能力转投到新媒体战场。

2017年1月，全媒体新闻平台大厅建成。2017年1月5日，在推进媒体深度融合工作座谈会举办期间，与会代表观摩了人民日报全媒体新闻大厅、新媒体中心和人民网建设情况，充分肯定了人民日报全媒体新闻平台的建设成绩。在投入使用后，大厅全力支持、配合报社的融合新闻报道需求，发挥了预计的作用。

通过对试运行和建设成果的总结，人民日报社建立了以总编调度中心、采编联动平台为核心的全媒体新闻平台运行方案，重新建构了相应的组织架构和业务流程，随着相关配套文件陆续出台，人民日报全媒体新闻平台迈入常态化运行。

2019年1月，中央政治局第十二次集体学习走进人民日报社。2019年1月

25日，围绕全媒体时代和媒体融合发展，中共中央政治局在人民日报社新媒体大厦举行第十二次集体学习。在习近平总书记的带领下，中央政治局全体同志来到人民日报全媒体新闻平台，了解全媒体新闻平台的组织架构、运行情况。习近平总书记同正在河北滦平采访的记者和扶贫驻村第一书记连线交流，并同"麻辣财经""一本政经""侠客岛""学习大国"等工作室采编人员亲切交谈，他在勉励编辑记者时强调，党报、党刊、党台、党网等主流媒体必须紧跟时代，大胆运用新技术、新机制、新模式，加快融合发展步伐，实现宣传效果的最大化和最优化。

三、人民日报全媒体新闻平台的三大平台：业务平台、技术平台、空间平台

业务平台：总编调度中心和采编联动平台运转下，形成成熟、完善的内容生产、协作、分发的业务模式

人民日报全媒体新闻平台重新确立了生产运营模式的组织架构和业务流程。以内容生产传播为主线，全流程打通的媒体融合体系，实现"一体策划、一次采集；多种生成、多元传播；全天滚动、全球覆盖"，以及新兴媒体与传统媒体、网上与网下、母媒与子媒、国内媒体与国外媒体的四个"联动"。

在业务层面，人民日报全媒体新闻平台摸索出一套成熟、完善的内容生产、协作、分发模式。

总编调度中心是全媒体新闻平台的指挥中枢，是策、采、编、发网络的核心层，在统筹报道策划、整合新闻资源、调度采访力量、协调技术支持方面发挥核心作用，其运行机制如下。

建立总编协调会制度：由报社总编辑主持，部署重要宣传任务，会商重大报道选题，评点传播效果，协调采编对接联动。

建立采前会制度：由白班副总编辑主持，每日召开，报、网、端、微全媒体参加，汇报选题策划，通报新闻线索，研究当日舆情，确定重点稿件，布置采编对接。

采编联动平台下设全媒体编辑中心、采访中心、技术中心，推动采访、编辑、技术力量联席办公、随时会商，实现全天候值守、全领域覆盖、全链条打通、全流程协作。

编辑中心根据上级报道要求和总编调度中心布置的任务，策划版面安排、设计页面呈现、联系记者、组约稿件、落实采前会布置的任务；采访中心根据上级报道要求和总编调度中心布置的任务，组织调度记者落实采访任务、审核记者稿件，并及时向总编调度中心反馈采访中遇到的问题；技术中心根据前方采访需求，及时调度采访设备，为前方记者提供技术支持和技术解决方案，同时根据各编辑中心需求，落实多媒体呈现的个性化方案。

各中心根据需要随时召开协调会、碰头会等，沟通情况、会商选题、交流观点、讨论问题，协调解决采编流程和前后方协作中遇到的问题。

技术平台：以技术支撑业务平台的有效运行，通过数据化、移动化、智能化的系列工具向媒体工作者赋能

通过数据化、移动化、智能化的一系列工具，人民日报全媒体新闻平台的技术系统帮助媒体工作者更好挖掘、展现新闻价值。该技术系统覆盖了新闻线索的采集、素材制作、产品加工、投放、效果评估等整个闭环，包括热点发现和追踪系统、融媒 H5 制作系统、人民视云、传播效果评估系统、运营分析与推荐系统等。

目前，利用人民日报全媒体新闻平台的技术平台，可以实现全网抓取实时数据，全国各地发生的热点事件即时地图式呈现；新闻线索不再只是记者报题，也可以通过网络抓取、分析；通过传播效果评估、新媒体运营、新媒体追踪和用户画像分析，每篇稿件有了实实在在的效果评估与反馈；通过数据分析，可深度了解用户阅读习惯和行为特征。

空间平台：人民日报全媒体新闻平台的物理呈现与主要载体

人民日报全媒体新闻大厅位于人民日报社新媒体大厦 10 层，建筑面积 3200多平方米，是全媒体新闻平台的物理呈现与主要载体，于 2017 年 1 月建成并投入使用。

该平台分为核心指挥区、自由工位区和技术支持区，是整个人民日报社媒体矩阵策、采、编、发的指挥中枢和中控平台，可以在此调控、指挥旗下所有媒

体，传统媒体和新兴媒体的工作人员协同作业，实现全媒体产品的高效采集、制作与发布。

四、人民日报全媒体新闻平台运营实例：全国两会报道

为了更好地报道全国两会，人民日报会在报社内整合各部门和单位的采编力量、技术力量，组成全媒体新闻平台运营团队，紧跟会议议程，紧盯核心议题。团队坚持正确舆论导向，把握时效，组织多波次、多品类的报道。

围绕导向，首发定调。全国两会期间，中央政治局常委重要活动报道，备受国内外关注。人民日报全媒体新闻平台会为上会记者配备先进采访设备和通信工具，确保做好中央领导活动的报道。例如，2015 年全国两会期间，围绕 3 月 4 日下午习近平总书记下团组的活动，人民日报全媒体新闻平台连发 5 条快讯，首发效应引发各媒体热载。对于 3 月 6 日、7 日中央政治局常委下团组活动，人民日报全媒体新闻平台再次抢先推出，并在半小时内连续制作出资料链接、新闻背景、专家视点和深度解读等新闻产品，既实现信息的快，又突出内容的全和解读的深。

紧扣热点，展现创意。除了"文字 + 图片"的常规报道形式，人民日报全媒体新闻平台制作团队还尝试运用新技术新形式，推出耳目一新的融媒体产品，助力新闻内容的有效传播。例如，2015 年全国两会期间，推出的 H5 互动产品《人大新闻发布群，傅莹邀请您加入群聊》，将全国人大新闻发言人傅莹答记者问的现场用微信群聊的形式生动地展现出来，交互式的对答场景，使用户犹如亲临会场，"引爆"微信朋友圈，24 小时点击量超过 300 万次。2017 年全国两会期间，一本政经工作室推送了《当民法总则遇上哪吒》，动画寓教于乐、贴近地气，24 小时多渠道播放量超过 500 万。2019 年全国两会期间，融媒体工作室共创作推出图文、音频、视频、图解等 118 款融媒体产品。截至 3 月 13 日，这些融产品浏览量达 5 亿，被 500 余家媒体转载，多款产品被全网推送。

聚焦关切，果断发声。借助报道全国两会之机，人民日报全媒体新闻平台主动回应国际、国内关切，迎着难题上，带着疑问写，有的放矢，解疑释惑。2016 年推出的《〈政府工作报告〉回应外媒哪些关切？》《创历史新高的财政赤字怎么

看》等文章，回应海外媒体关切，对《政府工作报告》进行针对性解读，多家国际主流媒体纷纷转载。

定制推送，国际传播。人民日报全媒体新闻平台结合报社驻外记者众多、新媒体传播技术领先、与国际主流媒体有广泛协作关系的优势，内宣、外宣一体统筹，国际、国内双线作战。一是主动征询国际主流媒体的报道需求，订单生产、专人制作，既解决了西方媒体人手少、信息渠道不畅的难题，又打通了国内主流声音的出海通道；二是将海外社交媒体账号作为直接面向西方受众的阵地，加大加快在"脸书""推特"等海外社交媒体平台的推送数量、品种、频次。

五、人民日报全媒体新闻平台新闻生产模式的优势

新闻采集方面

改变单兵作战的信息采集方式，在总编调度中心统一指挥下，可根据情况派出最合适的记者进行信息采集，更加高效集中。

多渠道汇聚新闻线索，共享资源，避免重复劳动。利用大数据进行新闻策划能有效扩充新闻来源。

全媒体记者集多种能力于一身，能够广采多收，一次性供应新闻所需原材料给报、网、端、微等多个媒介。

新闻生产方面

素材的二次加工立足精准，更适应相应媒介受众的阅读习惯，有助于提高内容产品的传播力、影响力。通过全媒体新闻平台的智能化工具与全媒体记者相配合，可提升融媒体产品可视化程度，文字、图片、视频、H5 等形式充分满足受众需求。

新闻分发方面

在新闻产品的权威性、时效性、互动性上下功夫，通过技术实现多渠道的统

一推送，第一时间发布短讯，随后进行全面报道，最后进行深度及周边的评论解析，并根据不同媒体形态进行差异化表达，满足用户各个层面的信息需求。矩阵传播，统一口径。各终端联合立体化报道使传播效果得到大幅提升。

总的来看，人民日报全媒体新闻平台整合了报社资源，初步建起适应全媒体环境的业务体系、管理体系、组织体系，改变了人民日报社的新闻生产模式和生产方式，催生了组织机制的调整和改革，促进了人民日报媒体阵营的全面融合；围绕内容生产、传播、运营等核心环节，形成了以大数据和协同生产为核心的技术体系，具备了优质内容的智能化生产、精准化分发和推送的能力，提升人民日报的新闻生产力；在全媒体新闻平台上，编辑记者的积极性和创造力被激发，围绕主流价值不断创新表达，生产出一大批精品力作，促进传统媒体人转型。

人民日报全媒体新闻平台机制不仅仅针对人民日报旗下各个媒体，更是为整个传媒行业搭建的公共平台，聚拢各方资源，形成融合合力，带动行业发展，服务于整个传媒行业。

六、从"全媒体新闻平台"到"全国党媒信息公共平台"

2017年初，人民日报在"全媒体新闻平台"建设取得阶段性成果和经验的基础上，提出打造一个行业融合的全新平台，这一设想也得到中央有关部门的支持。

2017年8月19日，"全国党媒信息公共平台"在深圳启动。这个平台的建设，将把人民日报社的融合发展经验分享给全国党媒，在内容、技术、渠道、运营等层面实现共建、共享和共赢的融合发展。

全国党媒信息公共平台的建设内容可以简单地概括为"百端千室一后台"，即以人民日报全媒体新闻平台为基础，连接人民日报系各类新媒体终端，与全国各类中央媒体、地方媒体、行业媒体以及党政机关、企事业单位的新闻宣传部门携手合作，联通数百个客户端，孵化上千个融媒体工作室，在保持各类端口后台独立的前提下，打造一个共享的技术后台，从而构建起面向全国党媒的人才共享、内容共享、技术共享、渠道共享、盈利模式紧密协作的公共平台。

人才共享，壮大内容团队，孵化"千室"。全国党媒信息公共平台将复制"人民日报全媒体新闻平台""融媒体工作室"的成功经验，面向全国党媒孵化上千个融媒体工作室，激发党媒人才队伍创新活力，协助全国党媒增强全媒体内容生产能力和报道传播影响力。

　　内容共享，丰富地方党媒内容供给。全国党媒信息公共平台通过联合中央媒体和地方党媒分享内容，互相授权使用，共同打造拥有海量信息的"内容池"，向合作媒体端口提供来源可靠、内容安全、供应稳定、质量上乘的优质内容源，改变以往党媒终端人工编辑"四处找内容"的现象，缓解人工编辑压力。

　　技术共享，"零基础"也能变身"十八般武艺"。全国党媒信息公共平台免费为合作伙伴提供内容的智能分发技术，依托后台的运营分析与推荐系统，采取"机器算法＋人工筛选"方式，把平台海量内容池的内容个性化地分发到党端的每个用户，改善党媒传播矩阵的用户体验。平台还为合作伙伴提供 H5 制作工具、VR/AR、无人机、人工智能等全方位技术支撑，大幅降低驾驭新技术的门槛，让"零基础"也能变身成为"十八般武艺"。

　　渠道共享，保障优质内容覆盖"百端"。全国党媒信息公共平台的合作单位除各类媒体端口外，将逐步扩展到党政机关、大型企事业单位的客户端，统筹党媒渠道资源，建立党媒传播矩阵，提升全国范围协同推广能力，确保优质内容的全渠道推广落地，轻松实现亿级用户的全面覆盖，降低对互联网巨头有限端口的依赖。

　　盈利模式紧密协作，促进业务创新，提升盈利能力。全国党媒信息公共平台以"百端千室一后台"为基础，将建立广告联盟、电商联盟和活动运营联盟等，积极鼓励成员媒体利用平台优势，探索新型党媒商业合作模式，与其他成员共享经营红利，提升党媒可持续发展能力。

封面新闻：
《华西都市报》的深度融合转型实录

封面新闻是面向全国的综合性互联网新闻产品，由四川日报报业集团与阿里巴巴集团联合投资、华西都市报实施运营的封面传媒出品。它面向全体网民，重点服务网络原住民，致力突出年轻用户的差异化选择权利与个性化兴趣表达，从而让年轻态、个性化成为独树一帜的风格。同时，它也是中国第一张都市报《华西都市报》的媒体融合实践尝试，是打造融媒时代的报网融合案例。

一、《华西都市报》的转型时间线

1995 年 1 月 1 日，中国第一张都市报——《华西都市报》创刊。一纸风行，一路引领，开启了波澜壮阔的中国报业"都市报时代"。

2014 年 12 月 18 日，即将迎来 20 岁生日的《华西都市报》正式发布媒体融合发展"i"战略，致力打造互联网产品链条与开放生态系统，开始进军互联网的深度转型。

2015 年 10 月 28 日，"封面传媒"正式成立，致力于打造一流的新型主流媒体。当日即发起项目筹备，全球范围内广纳人才；11 月 18 日，第一个员工招募到位。

2016 年 5 月 4 日，封面新闻客户端与封面新闻网"青春"上线并于 6 月 12 日进行第一次迭代。6 月 14 日获得中央网信办颁发的一类互联网新闻信息服务资质。8 月 25 日，旗下 UGC 平台"封面号"正式上线。10 月 28 日，提出打造智媒体。

2017 年，华西－封面深度融合"1.0 版"实施，双品牌、双引擎，实现"移动优先、一体策划、一体运行、一体呈现、一体考核"。同年 5 月，封面新闻 3.0 版本发布，用户数突破 600 万人次。

2018 年，华西－封面深度融合"2.0 版"实施，以"互联网＋"的思路推动《华西都市报》与封面新闻深度融合、整体转型。5 月 4 日，封面新闻 4.0 版本上线，重在突出"视、听、读、聊"的全息智能产品体验。小封机器人的每日发稿量超过 120 条。10 月 26 日，用户量超过 1300 万。11 月 22 日，发布 2019 年战略为视频传播、数据驱动、社群营销。

二、一个战略："i 战略"下的报网深度融合

从产品形态上看，"i 战略"是指全面拥抱互联网，在资讯、社交、电商、金融四个方面打造相互补充、相互联动、相互支持的移动新媒体产品链条。

"i 战略"的发起背景

经济减速：2015 年，我国 GDP 增速进一步放缓，拉动 GDP 的"三驾马车"——消费、投资、出口增速都有放缓迹象，经济向以服务业为主导转变，媒体赖以生存的传统支柱行业受到进一步冲击。

传媒重塑：国外最后一个既有报业资产又有电视资产的大型媒体集团——今日美国报正式解体，重塑传媒市场格局和传媒价值功能不可阻挡。

广告颠覆：新媒体渠道海量增加且无限分散，传播媒介渠道和平台不断涌现，分流传统企业市场营销的传统渠道广告投入。随着电商兴起，传统媒体广告格局突变。

组织陈旧：经营模式老套、人员思维固化、平台不够多元、路径不够宽广，组织形态面临变革端口，需要付出更多智慧和精力进行新旧媒体融合。

实施"i 战略"需要厘清的 3 个误区

第一，"i 战略"绝不只是报纸端的内容搬运，还需要在运营上洞察用户需求，生产出合适的内容产品。第二，"i 战略"绝不只是卖没有含金量、可读性、趣味性的广告软文，更要提升营销水平，顺应移动互联网时代的品牌传播形态。第三，绝不能忽略主业深耕，要继续强化《华西都市报》内容产品的打造和深

耕，做强报道影响、经营创新和资源积累。

融合驱动包括一体化传播、一体化运营和一体化发展。完善"一次采集，N次发布"的融合传播体系，将新闻报道的全时播报、深度展现、差异呈现纳入一体化统筹，推动各平台在线索生成、内容生产、终端发布上的同频共振。完善"一个链条，N次销售"的整合营销体系，结合新媒体营销规律和特点，实现重大活动、重大节点、重大项目营销的共同推进，形成经营合力，做大经营增量。树立传统媒体和新媒体一体化发展理念，推动传统媒体、新兴媒体和产业拓展协同融合，优化资源配置，避免内容通知、功能重复。

内容驱动。办好"精报"是要推动报道由"发生了什么"向"意味着什么"转变，力争让见报的每一篇报道都成为精品力作。办好"融报"是要推动报道融合，推动名专栏互联网化，探索将报纸作为移动互联网接入端口，打造"开放式新闻"。

改革驱动。进行组织机构变革，变一台大机器为多台"小机组"，推动组织扁平化、管理简单化。动刀机制症结，为建立小单位作战机制配套管理激励制度，激发组织活力。激发考核效能，树立更注重利润的考核导向，引导各部门加强成本节约，改革与考核机制始终配套。

三、一次蝶变："封面新闻"客户端引领人工智能时代的泛内容生态平台

"封面新闻" App 的定位

用户定位：网络原住民。以"85后""90后"这类年轻人为主要用户，围绕他们打造新生代的互联网资讯产品。

价值观定位：正能量、年轻态、视频化。传播美好、向上、向善、积极的信息，构建生态良好的互联网传播平台，为广大网民营造风清气正的网络空间。

战略空间定位："一带一路"和长江经济带。着眼于抢抓"一带一路"和长江经济带建设的国家战略机遇，全球化定位、国际化视野，重新连接世界。

发展愿景定位：打造引领人工智能时代的泛内容生态平台。以新型内容为内核，重新定义人与信息、人与商品、人与服务以及人与人的连接方式，打造一个跨媒体、电商和文娱的生态平台。

平台构建流程

平台构建的计划途径主要有四步。第一，实现技术引领，解决长期以来媒体的短板，不遗余力地提升自主技术开发能力，并且面向人工智能时代开发 AI+ 媒体的产品。第二，抓住内容生产优势。因为内容是祖祖辈辈传下来的基因，所以要从内容这个最长的长板出发。第三，资本支撑，融资发展，加强资本运作，瞄准上市努力。第四，从媒体、电商、IT 这三个圈层进行外延的构建，通过内容自建、资源联盟的方式构建生态。

实际操作方式

产品方面：内容与技术互动。在产品升级方面，保证良好的用户体验，追求极致的用户体验；功能全面，兼顾直播等功能；技术层面要根据兴趣爱好和地理位置进行"千人千面"的推送；加强数据收集、整理能力，做到用户精确画像，洞察用户需求。

在内容升级方面实现价值阅读和价值观引领；内容要正能量、年轻态、视频化；拿到一类互联网新闻信息服务资质；借助技术生产内容，实现内容与技术的互动。

生态方面：产品矩阵初步成型。上线封面号，解决机构、企业与个人之间的连接，签约机构入驻。与省内三大通信运营商展开 App 预装、联合推广等合作，实现用户数的提升。打造有较强市场竞争力的舆情服务产品，为党政机关提供舆情服务。继续提升智库"小而美"的价值形象，实现"高端发生、决策见效"。在细分领域打造内容电商平台，实现消费闭环。

人才方面：自建团队，完善管理机制。建设一支独立自主、水平过硬的技术人才队伍，队伍成员来自 BAT 和华为、微软等知名互联网或科技企业。重视发挥年轻人在媒体融合发展中的骨干作用，"85 后"占 58%，"90 后"占 38%。建立并打通管理、业务双通道的成长机制，职级与职位相对应。完善激励机制，与平时考核挂钩，建立淘汰机制。通过制度、考核、激励、团队建设等构建文化体系，塑造"信念坚定、敢于创新、永争第一"的封面铁军。

四、一次转型：坚持"互联网+"，以新媒体为主平台深度融合、整体转型

从宏观环境看，报业发展形势更加严峻，报业经营规模和经营效益已经连续三年以两位数下滑，且这一趋势正在进一步加剧。从微观环境看，都市报面临着"渠道失灵"和"渠道中断"的窘境和危机，持续进入下行通道，急需通过系统、全面的转型拓宽发展路径、再造发展动力。

观念方面：破除传统思维

破除报纸思维：建立用户思维，破除传统纸媒思维，树立"互联网思维"，以服务用户为中心，以内容创新为基础，以产品迭代为支撑，以技术驱动为核心，以资本运营为支撑，打破内部不同媒介间的界限，实现内容与渠道的融合。

破除本位意识：实行"双品牌"战略，推动《华西都市报》与封面新闻深度融合、共同发展，推动所有员工为了构建新型主流媒体这个目标更加协同、无缝连接。

破除融合壁垒：推动两个团队在内容、销售、运营、技术、产品等各个环节的深度融合，实现信息内容、经营链条、技术应用、平台终端、人才队伍的共享通融，形成一体化的组织结构、传播体系和管理体制。

内容方面：打造原创精品内容矩阵

强调内容的重要性、原创的独特性、独家的唯一性，以内容优势赢得发展优势，以内容支撑做强融合支撑。例如，重庆公交坠江的报道在全网传播超过了7亿次。

此外，在浩如烟海的网络信息中，没有特色就没有传播，要把封面直播和封面短视频作为特色产品打造。直播强调专业，视频强调精品，突出AI技术支撑。

在持续创新迭代"封面新闻"App 的同时，以内容为核心，先后推出封面号、封面舆情、封面智库、封面云等建设生态化产品矩阵。

技术方面：抓趋势，重合作

把技术作为融合发展的核心驱动，瞄准人工智能时代的前沿科技发力，以此推动产品迭代和升级。利用数据挖掘、机器学习、兴趣推荐算法等让资讯传播"千人千面"。开发封面云、CMS 系统、数据 BI 分析系统、"小封"机器人，为运营提供支持。

引入外部成熟互联网或科技公司的资源来推动新闻生产变革，在合作中学习和提升。与阿里云合作创建封面舆情、封面云等产品；与微软合作，引入小冰机器人入驻封面新闻等。

组织方面："121"战略

"121"战略指的是一支队伍、两个平台、一体运营，推动《华西都市报》团队整体迁移至封面传媒公司，实现以新媒体为中心的深度融合、整体转型。

五、一次变革：融媒体到智媒体，AI 带来的生产力变革

未来媒体是什么样的？未来媒体首先是智媒体。智媒体即"智能 + 智慧 + 智库"。AI 将持续改变信息传播，从传播者、传播内容、传播渠道、传播对象到传播效果等各环节，再从素材收集、筛选、分析、成文到最后的内容分发，都在经历 AI+ 带来的变化。

人机协同是未来潮流。未来，让人做人擅长的事，机器做机器擅长的事，媒体人的专业主义优势和 AI 的高效智能生产将会更为完美地结合。

媒体还将演变，第六、第七媒介将会诞生。手机肯定不是最终形态和最终载体，媒介即信息，变化是最大的机会。谁走得更早，谁走得更快，谁就走得更远。

进军智媒体的 5 个应用

AI+ 写作：2016 年 12 月 20 日，首条机器写作稿件面世，内容是当日成都打折资讯。2017 年 9 月 30 日，四川青川发生 5.4 级地震，晓峰机器人仅用时 8.09 秒就完成写作，产生稿件信息包括速报参数、震中地形、周边村镇、周边县区、历史地震等，近 1300 字并配有相关图片。

AI+ 互动：引入微软小冰开展人机交互应用。用户可以与小冰聊新闻、聊天逗乐，小冰也可以在新闻之后跟发评论。

AI+ 场景应用：将 AI 常态化地应用到各个生活场景，更好地为用户服务。比如在 AI 与高考的结合上，推出"高考志愿小助手"；在 AI 与相亲的结合上，推出"AI 人工智能相亲会"等。

AI+ 流程重构：开发并升级"封巢"智媒体生产系统，涵盖"智能技术平台 + 智慧内容平台 + 智识管理平台"。一是机器写作、人机交互、智能"三屏合一"等 AI+ 媒体的应用探索；二是价值主导与驱动的内容生产流程再造，如热点监控、全网采集、内容管理等；三是数据驱动下的传播效果智能化监测、版权追踪追溯、考核建模与自动化等。

AI+ 未来媒体：与微软、北京师范大学共同成立"人工智能与未来媒体实验室"，普及 AI+ 媒体、开展讲座研讨、打造学术刊物、开展人工智能新产品研发。

六、一种文化：铁军精神和文化

不断强化"坚定信念、敢于创新、永争第一"的铁军精神，努力营造"快乐向上、充满力量"的铁军文化。

坚守平台愿景不动摇。在引领人工智能时代的泛内容生态平台里，媒体、电商、文娱等始终是重要组成部分，这个初心不能改变。

实现更扁平、高效的人员管理模式。OKR（目标与关键成果法）的出现预示着组织管理方式的到来，小团队更要防止出现大公司病，如层级太多。因此，信息沟通、管理架构要更扁平，行政序列只有三层：高管层、主管层和一般层。但从信息传递角度最多只需要两层：管理层和员工层。信息需要更多源自市场，让员工内心诉求的表达通畅起来。

坚持结果导向与创新驱动。每个岗位都必须对这个岗位的结果负责，结果要以数据说话。没有量化的考核制度，团队不可能走很远。

协同力是成功的关键因素。协同力是为了一个目标互相尊重、互相沟通，然后产生聚合效应。一个产品的诞生需要各方的参与，各个环节的部门要有一致性。员工要把自己放在整个公司的层面上进行思考，站在公司的层面上考虑问题。

保持开放的心态和合作的姿态。放低姿态，在与别人合作的过程中强化学习、提高技能、开阔视野，追求双赢和多赢。摆正心态，不要自我封闭、自以为是。

从融媒体到智媒体，《华西都市报》显然不希望融媒实践仅仅局限于完善线上平台的内容生产，而是更希望其在"智能媒体"的发展浪潮中起到促进甚至是引领的作用。技术的变革带来媒介的深度融合与发展，未来媒体的走向正在逐渐清晰和明朗。华西都市报的深度融合、整体转型以及 AI 智媒体引领走向都为这一阶段的传统媒体转型发展提供了有益思路。

"荔枝新闻"：
广电媒体融合的六次迭代

2018 年，内容生产进入"下半场"。而江苏广播电视总台较早地感知到了移动互联浪潮冲击及信息传播方式的新一轮巨变，从渠道建设、平台建设、机制建设等全面发力，努力推动传统的新闻生产模式向一体化的融合生产模式转型。

特别是在新媒体领域，江苏广播电视总台集全台之力打造新媒体产品，新媒体工作一直是"一把手"工程，关键环节都是由卜宇台长亲自过问、统筹协调、全力支持。"荔枝新闻"App 即是其为了顺应移动互联网发展要求及新闻传播渠道的变化开辟的移动互联网新战场。自 2013 年上线至今，"荔枝新闻"App 发布共 6 个版本，下载用户突破 2000 万人，关注度和影响力不断攀升，成为全国省级广电新闻客户端中的佼佼者。"荔枝新闻"App 的成功与其说是洞察到移动互联网的红利，倒不如说是其背后融媒转型策略的深谋远虑。

一、"荔枝新闻"的发展时间线

2013 年 8 月 20 日，"荔枝新闻"客户端上线，500 名记者上岗，时时刻刻在现场；2013 年 12 月，"荔枝新闻"改版，"荔枝电台"上线。

2014 年 1 月，艾瑞权威发布的全国新闻客户端排行榜中，"荔枝新闻"进入前 10，月度覆盖人数达 550 万；2014 年 2 月，直播功能升级，第一时间见证时刻；独创"秒报"，开启新闻"秒抢"时代。2014 年 7 月，日浏览量突破 1000 万人次；9 月，"荔枝新闻"客户端上线"荔枝锐评"栏目，约稿新华社、央视等国内知名媒体资深评论人及各领域专家点评社会热点。

2015 年，"荔枝新闻"客户端推出 3.0 版本，发布"江苏卫视"频道，让用户和热门综艺零距离；上线"我的荔枝树"用户系统，看新闻还能换大礼。2016年，"荔枝新闻"客户端 4.0 版上线，客户端激活用户达 620 万人，为用户提供图文资讯与视听新闻多场景阅读体验，同时聚合生活服务、趣味活动等板块。

2017 年 8 月 20 日，"荔枝新闻"新闻客户端下载用户突破 1400 万人，成为集广播、电视、网站、报纸、UGC 等多样态内容于一体的融媒体聚合平台。2018 年，"荔枝新闻"总用户数突破 2000 万人。

二、融媒转型兴起背景：媒体环境与用户需求

媒体环境：互联网的发展使传播媒介、环境及形式发生了改变，传统媒体的陈旧体制难以跟上时代的步伐，随之导致广告营收的持续缩水，自我造血功能逐步丧失。

用户需求：传统媒体对受众的需求、喜好反馈较慢，内容本身的吸引力提不上来，而单一的信息发布渠道无法留住迁入互联网的受众们。

政策要求：响应习近平总书记关于"媒体融合发展"的号召，实现在内容、渠道、平台、经营、管理等方面的深度融合。

自身发展：传媒组织的自身发展存在问题，体现在机构重叠、管理人员浪费等方面，改革迫在眉睫。

三、技术赋能，打造"荔枝云"融媒体中心

总体而言，"荔枝云"采用"租用公有云＋自建私有云"的混合云架构进行融合媒体云平台建设。整合全台新闻资源，面向广播、电视、报刊、新媒体融合业务，提供"多来源内容汇聚、多媒体制作生产、多渠道内容发布"的全新生产模式。拥有海量的内容资源汇聚、智能化的内容处理、丰富的融合生产、高效的互动发布、便捷的移动业务。

江苏广电通过整合广播、电视和新媒体等原有全台网架构下的技术系统，实现了多个内容板块的内容汇聚、生产和发布等业务在同一平台的"云"化生产。

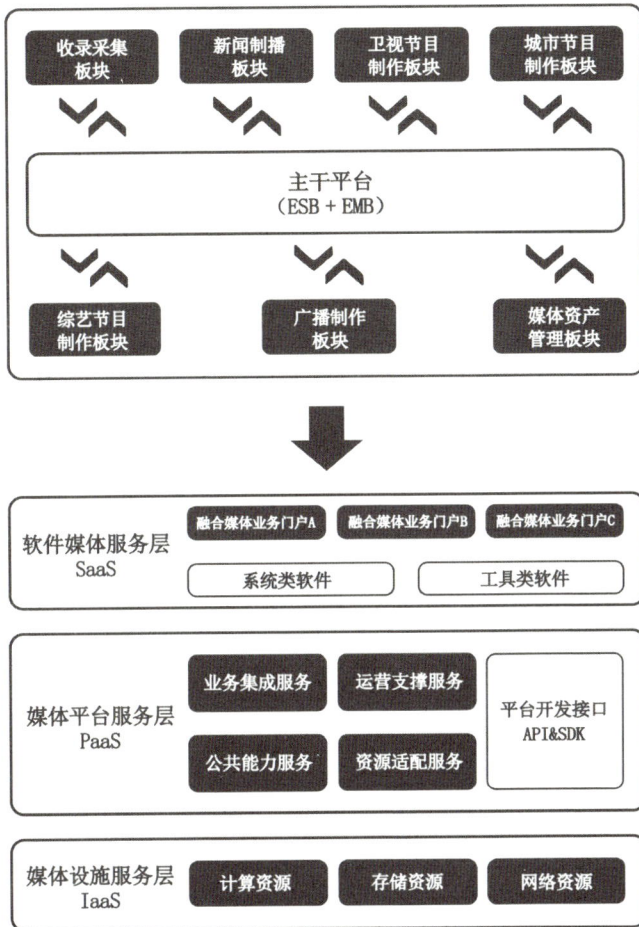

"荔枝云"整体技术架构布局

四、"荔枝新闻"App 背后的内容生产

内容生产模式：原创 + 分发

传统媒体融媒转型产生的新闻 App 在内容表现上基本有两个特点。

第一是严肃性报道、舆论引导与宣传、娱乐化的市民新闻等阅听情境存在极大差别的内容被汇聚在同一个媒体平台之上。

第二是内容生产的数量陡增，光靠本媒体生成的新闻远远跟不上用户的需求，因此通过转载其他媒体内容的方式填补版面空缺成为现有新闻客户端中常见的选择，编排和转发的内容远多于原创和制作的内容。

于是，"荔枝新闻"App从纯粹的内容生产模式变为原创＋分发模式。

由江苏省广播电视总台开发的新媒体产品和下属融媒体新闻中心提供的原创内容，一类是以"荔枝时评""荔枝娱评""荔枝派"等为代表的原创新媒体文章，另一类就是由江苏广播电视融媒体新闻中心各新闻板块自主采写，体现地方一级传统媒体舆论引导功能的新闻报道。

"荔枝新闻"App中"视频"和"随身听（电台）"中的内容分别来自江苏省广播电视总台旗下卫视频道和各个地面频道的电视节目，以及中央人民广播电台与江苏地方一级广播电台的直播和点播内容，还有与蜻蜓FM合作的内容引入。

根据点击量等相关数据自动抓取内容库中的内容（其他地方和中央一级新媒体平台），结合"荔枝新闻"常规的内容板块设置当天的新闻热点，筛选出一部分在客户端平台上进行发布。

内容生产流程的再造

多来源内容汇聚：利用荔枝云的互联网数据采集、荔枝快传、荔枝云盘、线索热线等功能，"荔枝新闻"能够获取线上线下各个渠道的新闻资源，筛选之后为内容生产快速提供新闻选题及线索。

多媒体制作生产：荔枝云不仅能够实现云审片等各类云上服务，还兼具融合新闻、现场新闻的生产功能，并整合了大量的生产工具，保障多媒体内容的多元化制作。

多渠道内容发布：荔枝云将旗下的电视、广播、报纸、门户网站等渠道一并打通，实现自动化分发，并进行用户评论管理及互动。

平台管理侧：荔枝云后台包括对上述三个板块的内容管理及业务管理，可实现内容的媒体数据分析、全媒体内容库搜索等功能，也可在业务侧进行新闻调度指挥、流程管理等工作。

内容生产的实际操作流程

· 每天早上各部门代表一起参加编前会；

· 对当天的选题进行罗列，选择各平台各自感兴趣的选题；

· 进行选题任务的分配，如果个别部门有特殊要求也可以提前预订；

· 下午或晚上，各选题材料通过荔枝云上传，各平台再进行编辑和取用。

实例：《融两会》交通相关报道

在《融两会》交通相关报道的生产过程中，主要涉及以下几个步骤。

首先，开展前期联席策划。然后，由总台全媒体记者出发一路跟拍人大代表上实地调研的过程。最后，江苏新闻广播根据拍回的第一手素材，推出了音频报道《这是今后 5 年影响江苏人出行最重要的事儿》，以声音表达优势，展现热烈讨论议案的场景；江苏卫视播放视频报道《共叙高铁梦 让远方不再远》，用音画生动阐释高速铁路网建设合理性；"荔枝新闻"则推出《羡慕"任意门"江苏高铁给你穿越新技能》，将代表调研重点与江苏打造 1.5 小时高铁交通圈大背景巧妙设计成"微信对话"形式。

报道中穿插了漫画、长图、动图等多种可视化表达方式，并在文中分别嵌入广播版、电视版超链接。

一条稿件涵盖所有媒介形式，既有短、平、快的信息传递，又能满足不同终端、场景用户延伸阅读的需求。网络点击量一天之内超过 23 万人次，被省宣传部选中在全网进行转载并获得代表委员转发。

助推地方媒体融合

目前，江苏广电依托荔枝云，已为南京报业、苏州日报、宜兴广电、金坛广电等传统报社与广电媒体开发打造了一系列融媒体产品，建立了一套符合市县媒体融合转型、流程再造的系统性方案。以江苏淮安市洪泽区为例，其已具备独立新闻客户端与洪泽融媒体中心。

五、融媒转型中的人员及组织文化变革

支持员工的转型。对工作要求的提高，让组织中的人需要掌握新技能去适应融合后的生产流程，原本只负责外采的记者还需要负责素材上传、剪辑成片以及现场直播等工作。因此，集团从总台、事业部、部门三个层面为员工开展培训，涵盖媒体融合的国内、国际相关技术及动态，并鼓励员工尝试其他部门的其他职位，鼓励年轻人为产品出谋划策，大胆创新。

提升人才结构。大力吸收懂新媒体业务的经营人才，积极补充大数据、云计算方面的技术人才，进一步扩大对有创意的新媒体人才的招募。

营造变革氛围。在组织建设上，通过开会、领导讲话、培训、文件等形式，普及媒体融合的概念，形成良好的变革氛围。在内容制作上，将"创新"定为硬性指标，从内容的把关审核上引导人们产生融媒体思维。在激励制度上，实行内部评奖，通过激励方式让融媒体氛围影响更深远持久。

正如江苏省广播电视总台网络传播部总监何可一所说，"媒体融合是媒体内部的融合，是媒体与媒体的融合，更是媒体与一切产业的融合"。"内容+"时代，也是媒体融合的第四阶段，媒体应该与一切可以连接的产业携手，做服务、拓市场、提技术，赋予优质的内容更大的价值。

看看新闻：
媒体组织的进化与新闻生产流程的重塑

随着互联网和移动互联网的勃兴，电视媒体受众严重分流，并不断受到新媒体的冲击。在电视新闻收视率和到达率不断下降的情况下，电视新闻栏目只有牢固树立品牌意识，改变语态、视角、传播思路，坚守社会责任，才能从容应对挑战，实现成功转型。

看看新闻（Knews）是由东方卫视新闻团队和上海电视台新闻团队联合出品的新闻品牌，其体系下有看看新闻网、看看新闻 App 等多款产品。它同时也是背靠 SMG 融媒体中心作为呼应"短视频风口"应运而生的新型业务。从 2010 年成立到如今转变为新闻资讯短视频聚合平台，经历成功融媒转型后的看看新闻使组织获得了进化，生产流程得到了重塑。其媒体影响力也一直排名在全国媒体机构前列。

一、看看新闻的发展时间线

2010 年，互联网冲击传统媒体，公司成立，主打互联网新闻产品。

2011 年 5 月 25 日，看看新闻网上线。

2011 年至 2014 年，看看新闻进入独立发展阶段，融入互联网基因。

2016 年 6 月 16 日，在中央政策指导下，融媒体中心成立，启动双平台战略。

经过近年来的发展，如今的看看新闻已经从专业的内容生产者转变为新闻资讯短视频聚合平台。

二、内容生产：迅速转型，建立新型生产方法论

看看新闻的转型背景

技术发展：网速和带宽的提升使媒体运营迎来视频时代。

自我定位：明确看看新闻的自身定位，筑高竞争壁垒。

用户需求：以"新闻"为灵魂，洞察网络用户的阅读习惯。

看看新闻网记者的新闻生产流程

第一步，获取新闻源、出发去现场，核实后发出第一条新闻；

第二步，尽快到达现场拍好核心的照片、视频素材，并通过手机进行回传；

第三步，在电视播出之前写出一篇综合性的稿件，其中包括视频、文字、图片等。

看看新闻的内容生产准则

在报道题材的选择上，看看新闻的内容主要分为四类：

国内要闻：主要报道国内近期主要的政策规划，方针路线，立足之本；

国际新闻：以特朗普为代表的国际新闻事件及周边，捕捉群众喜闻乐见的新闻细节；

民生监督：发现问题，进一步监督机关调查情况，说明出现了什么问题，报道调查结果并对被检察的对象表态；

突发新闻：最适合用短视频表达，要甄别所有内容、发挥媒体优势、舍得购买设备。

而在新闻领域的生产准则方面，看看新闻主要有以下六个要求：

快速：设立社交媒体监看专岗以快速反应，设立媒资专岗第一时间推出相关视频；

准确：编辑反复学习并掌握如何快速甄别消息、图片和视频片段真伪的技能；

优质：最先进的设备、最专业的队伍，全方位提高作品质量；

平实：有趣、有情、有心，坚持放平视线、转变语态，让新闻更接地气；

责任：坚守社会责任，通过议题的严格把关挖掘向善的内容，通过视频的直观呈现传递正能量；

创新：从横屏到竖屏，从 H5 到 VR，兼顾创意与交互，不断创新。

三、渠道运营：以优质内容激活多屏运营能力

在渠道运营方面，看看新闻主要按两个层面分步进行，首先是渠道开辟层面，看看新闻有四个维度的考量：

第一，要"借船出海"。在平台上开辟专属阵地，将作品有效传递到最广泛的用户群中。

第二，聚焦"全屏"。电视大屏仍有其不可取代的地位，除众多上星频道、地面频道外，看看新闻还覆盖了 IPTV、OIT，以及上海公交、地铁等大流量人群的移动电视。

第三，发力国外渠道，深耕海外渠道，其中 YouTube 每年为公司带来 1000 万元人民币盈利。

第四，实现技术赋能。通过创新策划去穿透"屏"界的内容供给层和用户层，打造能覆盖、联通各种视频展示渠道的新型视频资讯聚合平台。

而渠道运营的另外一个重要层面，就是渠道合作，在这一方面，看看新闻有以下的做法：

多方开展渠道合作是重要一环。看看新闻与微软合作，将人工智能虚拟机器人小冰引入 App，用充满趣味的"萌言萌语"吸引年轻群体；与科大讯飞合作，在视频直播过程中运用语音技术配合同传字幕，提升直播的观看体验，成立智能媒体实验室，共同参与、推动媒体在智能时代的技术应用和发展。

四、融媒转型：媒体组织的进化与新闻生产流程的重塑

对于看看新闻来说，融媒转型具备以下的必要性：

从行业角度看，传统电视面临三个困境。其一是电视时效性不强，传统电视新闻从生产到播出流程烦琐，在时效性上大打折扣。其二是传统的电视新闻内容无法满足受众多样化需求。传统电视新闻播出时间、播出平台相对固定，且互动有限，无法满足受众碎片化的阅读需求。其三是传统电视新闻的生产制作缺乏互联网思维，应对新媒体的挑战只是停留在将传统的新闻复制粘贴到新媒体平台上，"互联网＋"模式无法有效脱困。

传统媒体的组织机制在多年的发展过程中也存在弊病。第一，组织对环境变化反应迟缓。传统广电媒体传播方式的单向性，使各新闻生产部门对于受众信息需求的变化不敏感，对传播环境发生的变化也不敏感，各媒介新闻生产方式机械化、单一化，生产出的新闻信息产品同质化现象显得尤为突出，新闻报道质量难以提高。

第二，组织生产方式创新困难。传统广电媒体的科层制组织结构和运行机制，组织内部沟通成本较高，通信交流不畅，协同合作较难形成。加之分工过细，组织机构人员冗余，使得组织调整自身生产方式的难度大大增加，稳定有余、动力不足。生产部门整体面临组织臃肿、创造力弱的发展困境。

在此背景下，看看新闻将电视新闻中心、综合新闻网、外语频道合并，实现资源共通。

看看新闻的融媒体中心人员分布

截至 2018 年，看看新闻整个融媒体中心共 930 人，主要分为三支队伍。电视端负责每天的播控及电视新闻的制作；互联网端负责互联网端系列产品的运营，包括编辑、技术、市场团队；媒体融合端则包括深度记者、本地记者以及国内国际的资源部门，兼顾传统电视与互联网两个方向。

看看新闻的融媒转型成果

资源共享，提高生产效率。在内容方面，SMG 拥有 CPTN 大量新闻素材资

源，且在上海乃至全国各地区拥有广泛的受众基础；在技术方面，SMG电视新闻中心拥有大量先进的编播设备；而在品牌资源方面，面向上海观众，覆盖长三角、华东等经济发达地区，节目贴近民生，新闻具有国际视野。通过内部资源系统的技术改造，实现新闻资源共享，做到一次采集，多端分发，大大提高了看看新闻网的新闻生产量和生产效率。

用户反馈促进融媒中心迭代。为了洞察用户需求，看看新闻网将电视新闻中心的所有新闻报道及节目切分制作成适合网络传播的短视频，扩大优质新闻资源的传播覆盖面。以互联网化的手段，为电视新闻中心各档节目制作专题页面，方便网友浏览回顾。同时，把看看新闻网作为受众互动、交流、反馈平台，接受网友的"爆料"作为其新闻来源的一部分。

实现广播节目视频化。把3G摄像机架设到广播节目的直播间中，使网友不仅能听其声，还能观其人。

形成融媒体报道体系。设置编前会和编后会，同步当天所有选题，内容池共享。设置当值主编，统一指挥不同渠道的内容生产，以及不同渠道分发的不同内容。编辑承担突发事件第一时间的报道（获取信息、甄别信息），调查记者承担新闻第二落点的挖掘。针对突发事件开辟讨论直播间，各方不断补充同步信息，形成相互协作的工作机制。

具体的操作流程是，网站各频道的编辑团队都会由当值主编发起，在公司内部的即时通信工具上建一个工作交流群，方便同一部门或同一小组成员的及时信息沟通。主编首先在工作群中发布当时网上的一些热点事件供大家参考，随后编辑们根据各自的判断或采用主编推荐的事件开始收集资料、制作视频或图文新闻，或自己挖掘新闻并开始编辑。

看看新闻转型的关键困难及应对措施

在内容层面上，传统媒体的组织僵化，思维陈旧，已经无法适应新时代内容产品生产和传播的需要。针对这类问题，看看新闻进行频道整合，精简组织，便于集中精力打造精品节目，整合分散的用户资源。同时，将内容思维向产品思维转变，精准把握用户的需求与内容策划的定位，推出多个有影响力的互联网产品。

在技术层面上，融媒体业务运营与传统媒体有所不同，技术团队需要有更优秀的创新研发能力。于是，看看新闻在转型过程中专门成立技术研发团队，采用市场化方式管理，专职技术创新和产品研发。打造融媒系统，实现多媒体的移动采集、上传、编辑等功能，大大提高记者的生产效率。

人员层面上，记者工作量加大，技能要求更加全面，同时会面临更大工作上的不确定性。针对这个问题，要制定奖惩措施，对于积极适应、卓越贡献的记者有明确奖励机制；设立转岗机制，第一年必须到看看新闻网的网端产品部工作。做好思想动员，保证记者在思想上要积极起来；关注用户反馈，用户的反馈鼓励记者进一步鞭策自己。

对于看看新闻的融媒转型之路的必要性，看看新闻的首席运营官宋菁菁认为，每一个媒介都有它自己要承担的责任和属性，电视的版面非常有限，要用最精准、精练、权威的语言表达新闻。

"我们作为传统媒体的新媒体来说要做的事情就是想方设法让它在电视和互联网用户当中形成一个衔接，让大家会对这些内容感兴趣。"她表示看看新闻会继续坚持其本身的品质及优势，当然也包括社会责任。看看新闻会不断地向整个新媒体市场努力。看看新闻有一句口号，或许只有它才最能表达看看新闻的价值观：坚信专业的力量，用短视频温和地说出有力量的话。

"我们视频":
《新京报》如何把握传统媒体转型的"最后机会"

作为新闻的基本表现形式，文字、图片和视频早已有之。但是，视频，特别是短视频，成为时下的一种趋势，是和视频新闻的特质、新闻传播的方式密切相关的。随着摄像工具的更迭与成熟，5G技术的推广与普及，新闻视频将进一步提升用户的阅读体验，成为移动互联时代的"偏好"、资本追逐的"风口"。

对于传统媒体来说，如何结合自身的资源继续扩大优势进而取得转型升级的胜利成了传统媒体最为关心的问题。纵观整个行业，《新京报》无疑是最合适不过的例子，作为一份日均发行量40多万份的报纸，不仅有数字报、新闻客户端，还有2700万粉丝的微博，30多个微信公众号平台的微信内容矩阵，日均阅读量达5000万以上。

在转型过程中，最值得关注的案例是《新京报》与腾讯视频合作推出的视频新闻项目"我们视频"。它专注于新闻，集中移动端新闻视频的报道。内容形式包括直播、短视频和长片。上线一个月"我们视频"在腾讯视频累计播放量超过5000万，这个数字在两年后翻了十几倍。截至2018年8月，"我们视频"在腾讯平台上的单月播放量超过10亿，秒拍数据超过34亿，月生产量达2500条，几乎覆盖了全部社会热点新闻，在微博媒体视频和秒拍克劳锐风云榜等多榜上排名常年居单月第一。对于视频这一新兴的内容表达方式，前新京报社社长戴自更曾说道："视频是新闻的终极表达，这是传统媒体转型的最后机会。"

一、《新京报》视频转型的发展时间线

2015年1月，《新京报》主打动画新闻短视频的"动新闻"工作室横空出世，率先以动画和二次元的表达模式，推出适合移动端传播的动画新闻短视频产品。同月，在上海外滩踩踏事故中，"动新闻"发出了第一条3D动画新闻，以此还原

踩踏现场。8月，天津港爆炸事件中，"动新闻"发出国内首条核心现场短视频和首条 3D 解读爆炸威力动画，连续 7 天发布了 47 条动新闻，累计点击量 1.7 亿。

2016 年，在媒体转型风口的激荡下，《新京报》坚持"先网后报"，移动端优先，大力向视频倾斜扶持力度，坚信视频化是移动端内容发展的大势，传统媒体转型的良机，致力生产全媒体原创优质内容。

2016 年 7 月，《新京报》正式组建视频报道部，汇聚专业团队以应对市场对于短视频和新闻直播更急切的需求。两个月后，"我们视频"正式上线，并在 4 个月后，凭借连续 65.5 小时直播河北保定 6 岁男童坠井救援，直播流量超过 1200 万，22 条短新闻视频，累积总播放量 6000 万的数据，在竞品中杀出重围，崭露头角。

二、如今的《新京报》视频内容体系

从三年前的"动新闻"试水 3D 动画新闻，再到两年前"我们视频"上线，融媒体形态下的新京报已经完成了视频端内容的供给基本需求，实现了热点突发全覆盖，搭建起了形态不同的内部产品层级框架，凭借"视频 + 文图"双核驱动长船出海，束发之年风华正茂。悬崖村直播、榆林产妇坠楼独家视频、普吉岛沉船事件视频和泰国洞穴救援事件视频、滴滴顺风车乘客遇难事件视频等，在新闻短视频领域占领一席之地。

如今，新京报社社长宋甘澍又提出了移动优先、视频优先，指出了新京报社主要的努力方向：《新京报》将进一步加大对视频的支持与投入，力争让视频新闻占报社新闻内容的一半以上。一是报道内容的全领域化，从现在主要聚焦时政、突发事件，向经济、文化、娱乐、教育、民生等领域拓展；二是报道团队的全覆盖，全员参与，让新闻视频化，成为报社每一个报道团队的标准配备；三是报道记者的全能化，推动记者向融媒体人转型，每一名记者，不仅要擅长文字表达，还要会拍照、会摄像，让每一名记者都成为优质内容的多样化、立体式提供者。

"金字塔"式的产品结构，填补多元需求空白

传统的新闻媒体更侧重于社会重大事件的报道，而新兴的短视频平台则显然以轻松娱乐的资讯分享为主，两方看似互不干扰，实际上都对另一半的受众需求有所忽视。单一品类的媒体平台有局限，也缺乏竞争力。

立足新闻体裁，"我们视频"在栏目上搭建起"金字塔"式的产品结构。除了传统的国内、国际快讯，在时效上满足用户快速消费型的社会热点信息需求外，还在新闻性的上下游延伸，内容更加丰富，形态更加多样，吸引的受众群体也相应扩大。

"我们视频"的金字塔式产品结构

塔基："有料"为代表的泛资讯栏目

"有料"栏目的视频产品生产周期短、产量大、新闻性一般，可借助云剪辑快速、海量生产，这一新开辟的栏目主打有趣的短视频，满足受众放松和打发时间的信息需求。据"我们视频"副总经理彭远文介绍："这些有趣但内容健康向上的视频素材以前不在我们的选题范围内，但现在因为市场有需求，我们也进行了生产。"

在《新京报》视频报道部主编刘刚看来，从强资讯到泛资讯，从刚需的硬新闻到快速消费的一般性新闻，从严肃到有趣，从长视频到短视频，同时强调区域

性和接近性——这是"我们视频"希望"有料"带来的改变。

"我们视频"团队还有一部分成员报道快速消费型的社会热点信息，首先从时效性上满足公众对信息的需求。

除了快速的"告知性"信息，在深度内容的挖掘上，"我们视频"更没有放弃，刘刚说："既要做'有料'这类视频，同时更要做值得做的深度内容。作为一个媒体机构，我们需要深度介入这种选题，这样受众才能更深刻地理解事件本身以及背后的原因。二者是互补的。"

中层：快讯和原创视频

栏目"金字塔"中，在泛资讯类视频的上一层是国内和国际快讯，这是发挥《新京报》优势的新闻操作项目。这类栏目强调新闻热点的跟进，讲求时效性，但人力成本会更高；再往上一层是原创视频栏目，包括"紧急呼叫""直播"等栏目。

塔尖：《局面》等精品栏目

居于"金字塔"最顶端的是类似于《局面》这样的精品栏目，其生产周期更长，投入更多，不过一旦发布，几乎总能刷屏社交网络。

目前，"我们视频"已经形成了《世面》《暖心闻》《有料》《陈迪说》《局面》《紧急呼叫》《背面》《面孔》等 MCN 矩阵，内容更加丰富，形态多样化，吸引的受众群体也在不断扩大。除了这些之外，刘刚还透露，"我们视频"下一步还打算继续细分每个栏目，在每个栏目下面设置不同组别，例如原创的第一现场、暗访调查、纪实人物、紧急呼叫和直播等栏目。

三、内容生产准则：把新闻中的"人"作为最高价值

具体到内容的制作，"我们视频"和任何一家传统媒体或者普通工厂的做法并无较大差异，不外乎分工和确定流程，比较而言，新闻生产的流程相对简单：报选题、采访求证获取素材、形成文稿、后期视频编辑、审核发布、渠道推广。

传统电视台把每天 24 小时划分成不同栏目、不同时长，这一点跟报纸很相似，先划分然后填版面，但现在不一样，随时可以发，对时长也没有要求，长短随意，这给新闻生产带来极大的自由度，所以移动互联网时代的新闻视频生产，比以前更快更灵活。而对短视频而言，快速迭代已经成为非常重要的特征，不断补充新增信息。

比如说一个重要新闻事件发生之后，"我们视频"会同时安排前后方记者和拍客跟进：①最快发布的可能只是一条只有基本信息的快讯，与此同时记者已经在去现场的路上；②拍客到达现场传回素材，后方记者求证核实继续发布短视频；③记者到达现场，根据情况可以直接发起不间断地直播，重要信息通过直播云剪制作成短视频发布；④后续持续跟进做深度报道，具体到"我们视频"的不同部门，其内容生产的侧重点也会有所不同。

"我们视频"原创组：做新闻要不计成本

新媒体时代阅读的时空障碍不断被打破，阅读的仪式感也被逐渐削弱，这就使得内容生产者需要生产在任何环境下都适合阅读的内容，以扩大其影响力。不同于文字的长篇大论，新闻视频长于形象而短于说理，共同面临的问题，就是时长不能过长，这也大大增加了难度系数。"我们视频"一条看起来 10 分钟左右的片子背后常常是付出了两周甚至更长时间的心血，视频的叙事逻辑、画面表现都非常复杂。

据"我们视频"原创组总监陆晖介绍，"我们视频"暗访女性求职陷整容贷骗局这一事件，战线就长达五个月之久。记者从前期资料收集和案例甄别、对相关人员的采访，到梳理出复杂的关系网，再由编辑对叙事情节和逻辑的反复修改，在后期与包装上打开脑洞设计，最终以 14 分钟的视频向大家揭开事实真相，这些时间成本是非常高的。

原创组记者出差一两周都是家常便饭。陆晖认为"我们视频"是在不计成本地做新闻。有时他也会纠结，因为有时投入了很大的人力但点击量并不高。这时候大家的意识变得很重要，一致认为做新闻，不靠流量赚钱，要看它是否能反映出一些社会弊病，是否能帮助解决一些问题，是否能推动时代进步，这才是媒体的价值所在，《新京报》一贯秉承的也就是这样的价值。

除了热点事件与重大突发，原创组还关注具有典型性、公共意义，或能引发受众共鸣的个案或故事。希望通过镜头，直击人物内心世界和情感表现，呈现人物命运。陆晖说这是一个裂变的时代。旧的观念与旧的生活方式，正在受新观念与新生活方式的严重冲击，各种各样独特的人与事层出不穷，但缺少的，就是我们怎样去拍好它，讲好这个故事。

"我们视频"快讯组：第一时间迅速响应

在"我们视频"的架构中，最快投入热点事件的往往是国内快讯组的记者。快讯强调时效，记者们需保持紧张，在受众需要快速获取信息的时候，提供最及时和准确的内容。如今，"我们视频"正以工作日日均百条的速度在新闻类视频市场上"攻城略地"。其中，近一半数量的新闻视频由快讯组的记者生产。

吴荣奎是"我们视频"的快讯组记者，因采访高效、突破能力强和发稿量多而被同事称为"稿王"。吴荣奎的微信有3000多名好友，其中一半是因工作结识的"线人"。他说这是一个良性循环：自己不停找题，不停找人，不停地认识各种线口，这些积累下的人脉与资源让他在寻找采访对象时特别快，因为很多采访对象就是他的微信好友。吴荣奎的个人风格是快讯组"高产"和"高质"的缩影。在他看来，采访要突破，其实就是怎么找人和如何与对方沟通的问题。答案也很简单："想办法"和"真诚"。

"再小的线索都不敢忽略，抽丝剥茧才能触碰真相"，除了日常采访，吴荣奎常常从线人、同行，甚至官方拿到关键信息。做新闻追求"快"，有时为了赶时间，他可以在呼叫电话的同时给知情人发私信求证信息，但"质"一定要保证，要对受众负责，传递给他们的内容一定要真实、准确和有较高的可读性。

"我们视频"直播组：关于新闻时效和受众体验的革命

直播作为一种新闻报道形式，报道发出的时刻即是新闻发生的此刻，并且几乎最能真实呈现新闻现场。虽然有时会存在信息密度弱的缺点，但它在新闻时效和受众体验上产生的影响是革命性的。

从摸索起步至2017年底，"我们视频"的直播选题几乎涵盖了突发现场、热点事件、奇闻趣事、人物故事、节日纪念日、重大工程等多个方面，没有做不到只有想不到。用一场场实践生生磨出了一支队伍，也让我们的直播在移动新闻直播领域迅速占据了第一梯队的位置。

据直播组负责人刘畅介绍："随着直播的风口逐渐消散，我们也沉淀下来去思考直播的属性和功能到底是什么。"经历了大约三个月的转型和磨合，从2018年4月开始，直播内容开始变得少而精。去掉为了直播而直播的选题内容，回归强新闻的属性，火力集中在了突发现场和热点事件两个板块，也是在这短短的几个月，他们先后做出了山东潍坊坠井男童救援、泰国清莱少年足球队被困洞穴救援、泰国普吉沉船、台风玛莉亚登陆、庆阳女生跳楼事件发布会、昆山花臂男被反杀案等一系列超级热点直播。其中，7月7日的"直击普吉沉船救援现场"直播，总PV（单页点阅率）达到1500万，是"我们视频"直播的最高PV纪录。

为了提升画面质量和传输稳定性，2018年他们还添置了TVU背包。TVU+摄像机直播成为优选标配。办公室内也搭建了小型演播室，给访谈类直播提供了空间和设施支持。在"我们视频"的直播后台，有后方图文编辑不断整合背景资料、挖掘直播中的关键细节，帮助随时进入直播间的网友迅速理解直播主题和内容；有平台和新媒体运营负责更新标题、封面图、关键词标签等内容，为直播争取更多的推荐位和曝光度。

当然，还有一位大管家——导播，来统筹前后方各个工种及环节，写得了方案、拟得了标题、切得了机位、剪得了片子，为直播创造更多的呈现手段。像泰国普吉沉船事件这样的大型系列直播，项目群最多能有86个人，在移动直播领域，这样的配置也不得不说是大阵仗了。

除了追求一手的新闻现场，"我们视频"还希望能在内容上增加更多深度与创新。比如之前直播完被困洞穴的泰国清莱少年足球队成员救援后，"我们视频"的记者返京，邀请中方救援队队员来到演播室，详细复盘了现场无法呈现的救援细节。

"我们视频"《有料》组：让你莞尔一笑

2018年5月，互联网数据分析与研究机构"企鹅智库"一份《2018中国媒体消费趋势报告》显示：受众对"好内容"的需求分流。有80%用户认为"好内容"的标准应该足够有深度和专业性，但也有接近50%的用户认为，好的内容需要足够幽默和有趣。

"我们之所以要做《有料》，跟这份报告有很大关系，""我们视频"副总经理彭远文介绍。他认为对"好内容"的判断偏向重大事件的深度专业报道没有错，但仅此是不够的。

在《有料》小组负责人丁雪健看来，重大突发报道与热点新闻对于记者来说，更像是要把破碎的花瓶修缮还原，用碎片去还原花瓶的原貌，一条新闻必须前因后果、多方说法等要素齐全。而《有料》要做的，是在确保真实性的基础上，寻觅一个个花瓶的碎片，一个感人的细节和瞬间，可能就能做出一条新闻。

除了生活细节外，《有料》也密切与警方、消防等系统合作，尝试在常规的政务类选题中找到"接地气"的方向。此外，大量来自微博、抖音、快手等社交媒体的趣闻奇闻，也为《有料》提供了主要的新闻素材。

作为泛资讯栏目，《有料》相比其他视频产品，生产周期短，产量大。为了让《有料》在生产方式上提升效率，"我们视频"引入了云剪辑技术，这使得一则新闻的操作时长能控制在半小时以内，甚至更快。记者也转型成为可以一人独立完成找题、采访、拍摄、云剪和归档的全媒体型记者。在"求快求简"的同时，"有料"仍把"核实"作为重心。在互联网这样繁杂庞大的信息库里，"有料"希望为受众提供最准确的内容。

"我们视频"团队：能吃苦、热爱新闻、学习能力强

传统媒体转型的时候会存在一个误区，那就是觉得要充分利用现有人手的剩余价值，但实际上这往往是行不通的。要做视频项目，一定要用专职的团队。

"我们视频"内部主要分为前期（记者）和后期（编辑和编导），比例大概是2∶1。其中前期分为快讯记者、外拍记者、直播记者，后期分为视频编辑和直播导播。团队以90后为主，充满活力，但这支队伍也有像陆晖、谭人玮这样的新闻老兵。

彭远文介绍，陆晖是纸媒"黄金时代"《南方都市报》深度部的主任，谭人玮也是中国最早的网络热点栏目《南方都市报》"网眼"的记者，他们辗转多个媒体（包括互联网门户）之后，先后来到了"我们视频"。

在接受腾讯媒体研究院采访时，彭远文认为管理者应该把至少三分之一的精

力用在招人上面，招对人，然后放手让他／她去做。一个好的视频团队，团队氛围是非常重要的。如果说整个团队里面所有人都是拼命干活的工作状态，团队成员自然而然就养成了好的工作习惯。长此以往，人才就培养出来了。

在提升业务和素养方面，"我们视频"还会要求团队成员扩大阅读和视野，向优秀前辈取经。刘刚推荐了一些书籍和视频的典范，"比如说讲述著名电视人陈虻的《不要因为走得太远而忘记为什么出发：陈虻，我们听你讲》、宋晓阳的《现场报道记者出镜指南》、央视资深媒体人张鸥的《直播幕后》等，我还会推荐新记者看水门事件的电影和相关书籍、国际和国内优秀媒体的纪录片、短视频，包括早前央视的《新闻调查》《社会记录》等。"

为了树立标杆，"我们视频"团队通过设置奖项起到激励的作用，包括设置"每周好稿奖""每月流量奖""每月运营奖"，通过这种方式告诉团队成员什么是值得提倡、鼓励的。在这种培养机制之下，"我们视频"团队成员成长迅速。能吃苦、热爱新闻、学习能力强，这三项品质是"我们视频"团队最看重的，也是招聘中强调的重要标准。

除了以上品质，刘刚还提出了三方面的能力要求，"首先要有互联网思维能力，要认识到'我们视频'做的是移动端产品，也就是要认识到它的即时性、互动性；其次要具备新闻操作能力，我们重视新闻从业经验，包括新闻敏感、新闻激情以及采访突破等能力；最后是要有最基本的视频表现能力，包括视频的拍摄、剪辑、制作、影像叙事的能力等。"

四、新闻短视频生产方法论

判断一个新闻短视频的好坏

对强资讯类来说，以下几点决定短视频的成败：

新闻价值：新闻要有令人期待的感觉，同时具备悬念，提供现场最新鲜的画面。

核心人物：新闻中的核心焦点人物，必须要完整地呈现出来，满足人们的新闻需求。

抽象信息可视化空间：在掌握了相关信息但缺少现场核心画面时，用实拍＋虚拟视频结合的方式能让观众更直观、清晰地了解到新闻背后的故事。

对非资讯类来说，以下几点决定选题是否值得做：

信息价值：是否解决了公众关心的信息盲点。

核心故事：是否具有足够打动人的故事。

视觉价值：是否提供了奇观奇景的观赏通道。

热点价值：是否为引发人们共鸣的热点话题。

新闻短视频生产环节要点

内容价值角度：时长方面，视频要短促有力、快速切入正题；素材方面，掌握核心画面、核心现场；短视频需要用文字代替旁白，把很拖拉、影响短视频节奏的东西全部剪掉。

画面价值角度：动态画面体现核心现场、重要进程，真实呈现人物的演讲、访谈，全部或大篇幅使用动画更清晰地展现新闻事件，各类现场监控视频，具备较高艺术、审美价值的视频内容，重要的历史资料文献画面汇总。

时效性角度：速度要快，短视频控制在两分钟以内，60秒了解真相，3秒进入高潮；实拍新闻拿料要快、核实要快、剪辑要快、上线更要快。

准确性角度：准确才能权威，不能证实的画面坚决不用，坚守新闻业的职业操守，专业性在接下来的短新闻视频和直播中将越来越重要。

新闻深度角度：将故事化因素巧妙植入新闻报道中，更容易与读者形成情感互动、达到情感共鸣。一是要注意用形象的事实说话，注重情节、细节；二是要把人作为故事的主体。好的故事，要有明显的矛盾冲突，要时刻保持故事的现场感和紧张感。

新闻短视频的拍摄

第一，要拍核心、拍重点，避免一镜到底。新闻事件不像搞艺术创作要拍得全面、拍得炫丽，拍新闻需要多元素、多景别表达，要传递更大的信息量。

第二，要拍个人而不是拍群体。就算剪辑也要以清晰度为代价换取核心画面，需要拍到核心的人，通过不同角度来展现他。

第三，要捕捉细节和情节。很多人在生活中不经意流露出的真情、幽默、搞笑都会成为镜头中最闪亮的那一部分，捕捉到这些就是一个非常好的短视频。

新表达时代的 7 条准则

准则一：内容优势不等于内容迁移，短视频不等于分段切条。

准则二：找准定位，垂直化是最好的定位策略之一，把它们做深、做扎实，建立比较高的竞争壁垒。

准则三：学会搜集、核验、整合网络素材。微博、微信、快手、抖音都是不错的寻找网络素材的平台。

准则四：短视频也要高质量，高清画质及信息量决定"第一印象"，平台也倾向于对高清视频进行更大权重的推荐。

准则五：在尽可能短的"闭环"内讲好故事，视频起始 5 秒必须抓住观众的"眼球"，把最精彩的放在最前面，或是反复一个核心画面放 2 次甚至 3 次。

准则六：片子的亮点是什么？有没有笑点？有没有泪点？在做编辑和运营的时候需要找到片子的亮点。

准则七：不断创新，打破形式和叙事规则，弹幕、竖屏、10 秒小视频、H5等等，如何融合在一起，同步发出形成声量？要有互联网思维、脑洞要大、要未雨绸缪。新媒体手段极多，合理的运用会给内容加分。

五、"我们视频"的成功经验

新京报社副总编辑、"我们视频"总经理王爱军曾总结"我们视频"在新闻视频领域继续快速成长的原因，他认为主要依靠的就是资本、品牌和人才三个方面的优势。

首先，《新京报》在"我们视频"上的发力，和寻求传统媒体转型发展之路密不可分。传统媒体转型基本上就是新媒体转型。放眼全国，都市类媒体是最有迫切需求进行转型的媒体。因为他们的黄金时代早已经过去了，但问题就在于资本，大部分都市报处在经营困难时期，没法拿出很多资金来实现转型。"我们视频"除了自有资金，同时通过和平台进行版权合作，解决了这个问题。

其次，《新京报》的品牌效应帮助"我们视频"快速成长。"新京报"这三个字在全国的知名度很高，公信力较强，大家把它当作一个主流媒体，而且是面向全国的媒体，所以我们记者在进行采访的时候，采访对象不会怀疑他们的公信力，这十分有利于采访的进行。《新京报》的专业性、公信力，增加了采访对象的信任感，他们愿意接受记者的采访，拿到了不少独家信息。

最后就是人才。目前，"我们视频"团队有超过 100 名工作人员，他们的待遇超过传统媒体的平均值。在传统媒体，尤其是都市类报纸中，投入这么多人力做新闻视频的，还没有第二家。

总之，在新闻视频上，品牌、资本、人才三个方面的优势，相当于"天时地利人和"，"我们视频"都基本具备。其他机构媒体面临的挑战，要不资金不到位，要不就是缺乏品牌影响力，要不机构本身动力不足。王爱军还指出："以前我们说的是移动端优先、视频优先，现在《新京报》的视频和文字可以说是齐头并进。"

为了实现内容互通，解决融媒体生产体系"融"的难题，每天早晨早报题会，视频与时政、社会、深度、经济、摄影等部门均需要同步报告重点选题。每逢重大热点事件发生，从选题确定后，各部门都能在一个项目群内互通有无，各部门多向同步选题和进度，最后实现同步发稿，打出融媒体组合拳。媒体融合，除了内容融合，机构本身也在融合。

移动端新闻视频集采、拍、编、剪、文字、照片、视频于一体，"我们视频"作为《新京报》实现转型探索的一个重要环节，很重要的一点就是要打通报社内部资源，实现信息资源共享。所以"我们视频"和报社其他部门之间实现了跨部门的合作。在对热点事件进行报道时，我们能够实现部门间的及时联动与资源共享。媒体融合不仅仅指产品发布的融合，更是一种前端融合，从采购"原料"开始，就已经进入融合的生产过程。

此外，刘刚还指出"我们视频"从报社到部门呈扁平化的趋势，鼓励效率优先，依赖"线上加线下、短视频加直播、连线加直拍、采访加探访、跨组跨部门加上内部协作"，使"我们视频"制作流程更加优化，分工更加细致。

正如新京报社社长宋甘澍所说："对于传统纸媒来说，新闻视频化的尝试才刚刚开始，未来不仅视频报道部要做视频，新京报的其他各部门也要努力生产视频，使得'新闻视频化'成为报社的共同目标——能够视频化的新闻都要努力视频化呈现。"

"数可视"：
从海量数据中挖掘故事的数据新闻法则

数据新闻，又叫数据驱动新闻，是指基于数据的抓取、挖掘、统计、分析和可视化呈现的新型新闻报道方式。历史上第一个利用数据进行的新闻报道可追溯到 1821 年 5 月 5 日英国《卫报》对曼彻斯特在校小学生人数及消费的报道。

与传统新闻相比，数据新闻在信息呈现的效率、说服力、理解成本等方面都具有明显的优势。国内也出现过不少影响力深远的数据新闻报道案例，比如《楼市十年》《青岛中石化管道爆炸》等。

从趋势上看，数据新闻将在未来的新闻业中占据越来越重要的地位。本文结合国内顶尖数据新闻生产机构"数可视"的生产流程进行分析，并通过数可视 CEO 黄志敏的诉说，一起从中探寻数据新闻的奥妙。

一、数据新闻兴起的背景

数据新闻的土壤：海量数据、处理工具、用户需求

海量数据的产生：自 20 世纪中叶开始，专业记者就开始通过访问和梳理政府统计数据来进行深度调查报道。迈入互联网时代后，各国开放数据，企业也认识到用户数据的重要性，海量数据时代随之到来。

数据处理技术作为基础：数据处理软件如"谷歌融合表"等帮助记者迅速而便捷地进行数据收集、处理、分析和可视化。

公众对信息真实性的怀疑：社交媒体时代，更多的信息获取渠道带来的是更多虚假信息的产生，参差不齐的信息质量令人们对新闻的可信度产生了怀疑，讲求科学、实证的数据新闻成为具有说服力的新闻形式。

发展历程：从数字新闻到数据新闻

带数字的统计新闻雏形早在唐朝就已出现，1876 年王韬在《申报》中首次利用数字和统计原理刊登新闻图画，报道战争进程。

随后，数字新闻持续发展，直到精确新闻的提出，人们开始运用抽样调查、内容分析等定量社会科学研究方法对社会现象进行分析，提升新闻报道的准确性。

进入信息时代，数据新闻源自互联网的普及。通过对海量数据及背后关系的深度挖掘，为公众还原真相，提供更清晰明了的新闻报道。

数据新闻的意义：第一，打破时空限制，增加报道广度、深度，使新闻报道更具科学性和真实性。第二，改变新闻生产方式，取代传统新闻生产的用眼看、用嘴采、用笔写。第三，改变新闻生产要素，程序员和视觉设计师进驻编辑部，与调查记者共同成为采编过程中的重要力量。第四，改变新闻的呈现方式。动态与静态的数据可视化呈现让新闻一目了然、更具可读性，满足用户碎片化阅读的习惯。

数据新闻经过过滤与视觉化后形成故事，而在这一过程中，于公众而言数据的价值也提升了。

二、"数可视"黄志敏：数据新闻的 5 步生产法则

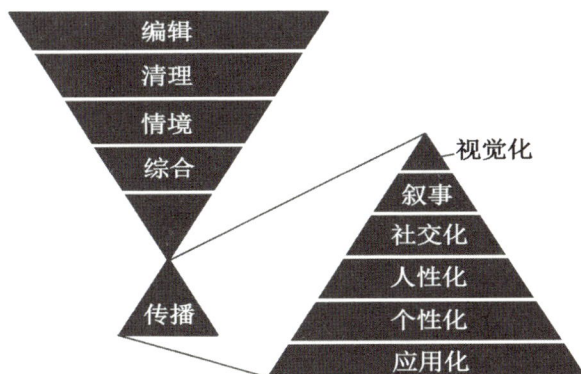

数据新闻的倒金字塔结构

国外研究人员保罗·布拉德肖（Paul Bradshaw）提出数据新闻的双金字塔结构。倒金字塔的自上而下是编辑、清理、情境、综合，而通过传播连接的是一个正金字塔，自上而下是视觉化、叙事、社交化、人性化、个性化、应用化。与国外理论不一样的是，"数可视"首席执行官黄志敏讲述了他理解的数据新闻生产方法。

找选题、找角度。数据新闻首先是新闻，必须基于一个好的新闻文案。选题要有数据性，时政、民生、社会相对容易做成数据新闻。具有庞大的用户基础，与公众的生活密切相关，才能产生社会影响力。

数据搜集与清洗。数据来源可以是政府、企业及社会组织等官方公开的数据，也可以是社交媒体平台等第三方平台的数据，来源可以有很多，但需要注意的是因数据收集错漏而造成的"数据无用"。数据清洗主要有四步，分别是将信息转化为数据、清理错误数据、统一数据格式及合并。

在数据清洗过程中需要注意以下几点：第一，统一时间标记；第二，异常值需要排查处理；第三，空白的记录和没有反馈是两个概念；第四，无法补充修改的记录，应删除。

数据分析。数据分析可从以下几点入手。①数据维度：以每个人的特征为例，除了姓名之外还可以有身高、性别、籍贯、学校等其他属性的数据，每一个这样的数据属性就可以被称为一个数据维度。②数据类型：包括数值型、有序型和类别型。了解数据分类，对于图形、数值和颜色的运用都有很重要的作用。数值型数据可以分为无固定零点（如日期、经纬度）和有固定零点（如长度、质量、温度）；有序型数据分为有明显序列（如优、良、中、可、差）和无明显序列（如黑、白、灰）；类别型数据分为有明显类别（名字）和无明显类别（职位）。

数据分析方法有4个。①假设检验：动手前分析头脑中的预想和假设，一方面避免因此形成偏见、误读数据；另一方面应该重视灵感，从假设出发去证实或证伪。②关注异常值：异常值既包括最大、最小之类的极值，也包括不寻常的项目和数值，从异常中发现问题。③联系对比：在数据间建立逻辑联系并分析，可通过多种分类方法进行数据归类。④数据素养：做到全面客观，避免因为数据的不全面而导致结论的偏颇，尽量保持数据的完整度，对于任何不可靠的数据都必须要剔除。

在数据分析之后，便要选择合适的图形去将数据表达出来。第一类是基于坐标的图形，比如散点图、折线图、柱形图、面积图、饼图、地理图、雷达图等。第二类是多维平行坐标，它们不基于坐标的图形（拓扑图形），有关系图、力导向图（利用点之间的连线和距离来表现关系以及关系的强弱）等。

制图方面要以数字为主定量分析，可以选择以坐标系为基准的框架；以呈现强弱、远近关系为主的定性分析，可使用不基于坐标系的框架。制图没有标准答案，只有最佳答案，不断地改进，让图形更简洁、更优美、更准确地充实作品，可以进一步丰富图形的内涵和维度。

最后是用代码呈现图形。注意作品预期的投放平台，根据网页端和手机端不同的特性，选择最佳的呈现载体，进行相应的呈现。避免画蛇添足。对于同一个类型的数据而言，不要纯粹为了外观或设计上的考虑为其使用不同的色彩或添加其他不同元素，因为这样反而很可能会扰乱数据，误导读者。为了让图表更好地表现数据，方便用户准确理解其中内涵，并为数据挖掘提供便利，还可以加入动画、交互等元素。

三、数据新闻团队的构成与能力要求

团队角色分工

数据分析师：数据挖掘，从数据中得出真相；记者编辑：文案校稿，对叙事方式及表现予以监督；设计师：负责数据新闻产品整体的审美及设计；程序员：通过代码实现各种需求。

以《纽约时报》为例，其旗下有多个数据新闻团队，每个团队 5~10 人，包括开发者、设计师和记者编辑三个岗位。他们在整个新闻生产过程中协同工作，不断碰撞，呈现出色的数据新闻产品。

从事数据新闻应该具备的素质

能策划：选题是数据新闻制作的关键一步，要对社会热点敏感，了解民生。**会分析**：对获取的数据进行分析、挖掘决定了新闻内容的深度，要具备能将数据结构化、知识化分解的能力。**善表达**：懂得用户的阅读习惯，能通过直观的信息可视化呈现让受众简单明了地读懂新闻内容。**有原则**：对数据真伪的溯源及鉴别，对信息的可靠性负责。

黄志敏认为，国内数据新闻的发展有其特殊性，与国外媒体呈现出不同的生态。国外媒体侧重主题选取，国内媒体侧重数据呈现。单纯的数据制图已显劣势，需要添入更多的展现形式与互动技术。数据新闻读者群体会随时间推移不断扩大，数据新闻的发展前景乐观。做数据新闻需要文科生和理科生合作，可以打破原来部门的界限，实现跨部门的协同，也能够极大地减少部门资源的浪费，是媒体转型的抓手。

以上案例由腾讯媒体研究院井婷婷、陈玉立执笔

内容行业创变者

樊登读书：
知识付费的价值验证与一种增长模式

在"知识付费"的创业浪潮中，樊登和他所创立的樊登读书可能是一个独特的现象。樊登具备着与罗振宇、吴晓波这两位头部人物相似的知名度和个人 IP。罗振宇和吴晓波在产品和商业举措上的不断尝试备受关注，然而与他们相比，在相当长的一段时间内，樊登和樊登读书在商业上则是低调的，偶尔传出的消息却似乎显示樊登读书有着稳定的业务和惊人的收入。犹如房间中被忽视的大象，这是一个值得研究的标本。

一、验证知识付费

2013 年，微信公众平台上线一年，《罗辑思维》也上线一年，自媒体已经成为一个热门的概念。同年 11 月，樊登开始试水微信。樊登彼时为公众熟知的身份是前央视主持人，而在商界，他则是知名的领导力专家，为很多职场经理和企业开展领导力培训。樊登切入微信的角度一开始就与自媒体公众号不同，他通过微信群，拿着两个手机同时录制口播给粉丝们解读书籍。由于微信的限制，两个微信群名额一共只有 1000 个，粉丝们每周都要进群占座，每次语音 60 秒，一节课 50 分钟，就要录 50 次语音。就是依靠这种简单的手段，樊登将他的课堂拓展到了微信上。

彼时，樊登已经发现了一个内容领域的机会。樊登自述，在他长期给企业家培训时，发现企业家会让他推荐一个书单，然而他们买了之后却不看，因为没时间或看不懂。樊登相信这是一个普遍的社会问题。于是，他把读过的书提炼出精华，写成一个 PPT，通过电子邮件的方式发给学生，一年发 50 本书的精华，收费 300 块钱。樊登说，他很快就收到了钱，但是一问企业家，发现他们很多人收到 PPT 后还是没有看。

对于樊登而言，这却验证了价值假设，有人愿意为这件事付费，说明人们需要这项服务，只是 PPT 和电子邮件的手段存在问题。于是当他组建微信群讲书广受欢迎时，他就找到了连接用户的钥匙。所以樊登说，"知识付费"是他最早验证出来的，并不是虚言。

2013 年左右还是互联网思维流行的时代，典型商业模式就是用免费产品或服务获取用户和流量，然后再采取广告、电商或其他方式变现。我们知道后来很多公众号走的是这一路径。然而，樊登甫一开始采取的便是付费模式，并且价格并不低廉。

由于微信群的技术限制，此后樊登逐渐推出了微信公众号、服务号，并于 2015 年获得联通创投的天使轮投资，开发并正式上线了自有产品"樊登读书会"App，进入知识付费代表性模式的快速迭代。

二、代理模式实现指数级增长

300 元的收费，可能一开始受樊登魅力人格的带动，较为容易地实现冷启动，但是使知识付费成为一门规模化、倍速增长的生意，2018 年达到 1300 万用户，年收入突破 2 亿，却是一个惊人的飞跃。如同拼多多在人们以为线上流量近乎枯竭的状态下，一下子冒出来成为电商巨兽一般，当达到巨大的规模后，人们才意识到樊登在内容行业开创了一种独特的增长模式。

2013 年，西安的一位生意人王永军邀请樊登到西安交通大学为在职 MBA 和 EMBA 班学员授课，两人偶然间萌发出一个线下读书分享会的想法。然后樊登和他的合伙人开始做小圈子的会员制读书沙龙，据说第一场会员活动现场来了 70 多人，其中 40 多人成为樊登读书会的初始会员。2014 年樊登读书会开始全面铺开分会模式，陕西、广东、山西、福建、四川、湖北等分会相继成立，并且召开了第一次全国招商加盟大会。

值得注意的是，樊登读书会一开始就诞生于线下，具有很强的线下基因，相当长的一段时期内，线上的流量和运营并不突出，主要还是依赖线下组织和线下活动。线下组织具有三个突出优点：第一，成为樊登读书强大的私有流量池，并且和线上流量是并行的状态，使樊登不受互联网流量生态和成本变化的影响；第二，线下活动的形式感强、黏性强，付费转化率高；第三，可以充分挖掘中国社会的圈子、人际资源，在全国范围内下沉，形成裂变。

快速地、规模化地发展付费会员实际上具备相当大的难度。樊登从商业第一性的角度思考，传统经济中，例如宝洁销售洗衣粉，即使利润空间那么薄，也能发展代理商。而知识付费作为信息产品，边际成本是趋近于零的，那么更应该有空间采取代理模式。

于是，樊登读书会设立了一套代理分销体系，在全国各地建立读书会分会。读书分会主要是城市代理，还有行业、企业代理。城市代理分为多级，包括省级代理、市级代理和县级代理。这些代理商负责组织活动和销售会员卡，会员卡销售后的收益，由各级代理渠道和总部进行分成。

这套代理分销体系的裂变效应非常强大，让读书会更接地气，尤其是在下线市场成为很好的创业项目，每售出一张会员卡，代理商能拿到 100～200 元。最初一批的代理商主要是樊登讲课的学生，在实体经济最糟糕的时候，这些人都在寻找新的生意。于是，一些地方上的生意人、在家的妈妈们都纷纷做樊登读书会的代理。樊登曾透露在黑龙江宝清县的一个人口只有 5 万的边境小县城，樊登读书会的会员就有 3000 人，并且第二年的续费率高达 80% 以上。

樊登在验证了价值假设后，通过这种模式，进一步验证了增长假设，通过会员制度和代理体系，可以实现指数级的增长。此外，代理缴纳的购卡费、代理费还一定程度为樊登解决了融资的需求，从事知识付费，销售的是讲书的内容和会员，边际成本趋近于零，两者结合大幅度降低了知识付费创业的风险。

2018 年，为了拓展业务，同时规避风险，樊登读书会更名为樊登读书。樊登读书会的分会也以授权点的形式出现，樊登读书与各地有独立法人资质的公司签订代理合同。截至 2018 年底，樊登读书在全球范围内已有 3400 多个授权点，年线下读书活动超过 40000 场。

三、阅读的痛点和产品运营

会员付费模式和代理模式是樊登读书成功的两大法宝。抛开模式层面的创新，樊登在产品、运营和推广上也有很多值得研究和借鉴的经验。

樊登读书与阅读这件事之间是一种值得玩味的关系。樊登读书提出一个MTP（Massive Transformative Purpose，一个崇高而热切的目标），推广全民阅读，"帮助3亿国人养成阅读习惯"。提出这样的企业使命，能够帮助樊登读书得到社会和公众的认同。比如，授权点在发展会员和进入地方时，会提出"区县级是最需要提高阅读量的地方，樊登读书要积极地、主动地去做一些线下的读书活动，用实际行动去带动更多的人加入阅读"。

另一方面，樊登也深刻地意识到推广阅读的问题，不是直接给人们书籍，而是要帮助他们阅读，书籍选择、产品形态和交付方式非常重要。所以樊登读书并没有设定一个高难度的阅读量，而是主张每周阅读一本书，一年阅读50本书，这是一个有着清晰目标、并可完成的用户任务。这也使得樊登读书可以主打精品内容，2018年底上线的书籍解读一共有207本，SKU数量远远低于其他知识付费平台。

在营销学理论中，欲求（wants）和需要（needs）是不同的。比如，消费者购买一把电钻，购买的不是电钻，本质上是一个洞。读书只是用户的表层需求，樊登从他当年的培训经历中明白，他的会员通过读书，是希望解决生活和工作中的问题，以实现人生的提升。樊登读书曾经主打过两个口号，一个是"一起读书、一起成长"，一个是"读书点亮生活"。

与罗振宇选书的标准不同，樊登选书的标准偏重于实用性，樊登认为这能很快吸引用户的注意，让读者知道读书是有用的，比如怎么领导好自己的公司，怎么创业；怎么跟老公相处，怎么找对象，怎么管好孩子；怎么让心灵安静。樊登读书一上线就只讲三类书：事业、家庭和心灵。比如事业类的《非暴力沟通》《可复制的领导力》《沃顿商学院最受欢迎的谈判课》等；家庭类的《亲密关系》《正面管教》《幸福的婚姻》等；心灵类的《宽恕》《正念的奇迹》《少有人走的路》等。这使得樊登读书与得到、知乎等知识平台的用户群形成了显著差异，用户地域分布比较下沉，女性用户占比高于男性。

樊登读书找到用户阅读的痛点是选书能力弱、阅读能力弱、主动性差，然后在产品设置上有针对性地满足：

·不知道读什么书。樊登会每周挑一本书讲解，用户只需要听就好，免去了选择的问题。

·读不进去书。樊登用通俗的语言和生动的案例加上自己的理解来帮用户了解书，用户听完后就会有收获。

·读书主动性差。当用户成为樊登读书的会员后，会员所在地的樊登读书会就会主动联系用户加入社群，参与线下活动，社群成员共同激励彼此、打卡学习。

在产品运营增长上，樊登读书的基础机制还是围绕会员去做裂变。樊登读书75%的销售是通过朋友线上邀请、线下分会各种渠道的人际推荐带来的。产品端的衔接和拉新也做得非常自然，当用户付费成为会员后，鼓励他向好友去做邀请，好友扫码进入后可以直接免费试听精选出来的三本讲书音频。由于分享阅读是一种具有良好形象和社交资本的行为，所以用户的分享意愿很强。一旦被分享者加入会员，分享双方都会延长会员期限。

除了日常的社交裂变拉新外，樊登读书在增长的过程中，也有两类非常重要的爆点。发展初期，樊登还是很依赖IP效应，樊登读书2016年和2018年分别有两次增长峰值，是因为樊登上了《罗辑思维》和《奇葩大会》节目。另外，樊登读书非常重视节日营销，目前每年会固定主打两个时段，一个是4月份的"世界读书日"，一个是11月份的"双11"，会开展诸如买一年送一年的活动，对于增长的拉动非常显著。

四、生态型组织和业务

樊登在讲述创业经历时，有着出乎常人的自信，在他身上看不到有些创业者焦虑的状态。樊登对于国人阅读情况的理解是非常清醒的，他和罗振宇、吴晓波有着根本性的不同，他切入的是一个更加广阔而不甚挑剔的市场，他占领这个市场的方式是近乎降维打击的思想体系和又非常接地气的商业形态的奇怪的混合体。

这个奇怪的混合体生长的土壤就是樊登的培训班、读书会以及他的创业团队，这个土壤本身就成了一个自适应、无边界的创业组织和商业生态体。

一年超过 40000 场的线下读书活动，绝大多数樊登本人是无法亲临的，从场地、主题、组织到拉新都由分会甚至会员自己去做。只有这个模式下的自组织性，才可能使河北邢台隆尧县隆尧镇也出现樊登读书的广告。从这个角度，不同于"得到"和"罗辑思维"对于罗振宇个人 IP 的依赖，樊登读书今天更重要的已经不是樊登本人的 IP 了，而是这个生态型组织。

2018 年樊登读书会更名为樊登读书，代表着樊登读书向更多元的业务挺进。在樊登的读书会体系和创业团队中，相继孵化出针对企业级市场的"一书一课"、针对儿童群体的"樊登小读者"、针对老人群体的"年轮学堂"，此外还有线下书店"樊登书店"、探索无人零售的"核桃书店"、文化节目《我是讲书人》，甚至拓展到阅读之外，例如商城"樊登心选"、围绕创业社群的"十万个创始人"、服务企业招商的"渠道云"等等。樊登说："我们孵化的这十几个新的方向，哪个会成为未来的方向，不知道，得让公司像大自然一样成长。"

在樊登的讲述中出现了很多理论概念，比如"第一性""反脆弱""价值假设""增长假设"等等。商业是一个复杂的行为，没法通过简单模仿他人而重复别人的成功。笔者也认为，具体的商业模式无法复制，但是我们理解了樊登的判断思路以及樊登读书的进化逻辑，如同读那些经典的书籍，一定会帮助创业者实现认知升级。我们一起思考。

中国传媒大学广告学院　马澈

十点读书：
以书为媒，通向文化生活

内容创业是看专业所长还是兴趣所在？原始流量的抢夺基本结束，生意难做，平台流量能否为我所用？如何拓展内容变现的可能性，升级内容产品的价值空间？互联网战场正从时间转向空间，内容创业怎样应对逐渐模糊的线上线下边界？十点读书的案例或许能够解答以上疑问。

十点读书得到全网 5000 万用户的青睐，一步一步地打造女性用户占比超过70% 的文化城堡，并从福建辐射全国市场，获得千万融资，平台估值 4 亿。从推荐一本好书到分享一篇美文，从叙述一段音频故事到开设一堂知识课程，从拍摄一个视频到倡导一种生活方式……十点读书用文化的力量，用十年如一日的陪伴，用温暖与美好抚慰着观众，治愈都市人的精神生活。

一、十点的成长经历：起步于微博，生长于微信

十点读书创始人林少最初是因为个人兴趣和热爱进行网络推荐分享，却在不经意间与中国互联网社交媒体的发展同频共振。十点读书的创立先后经历了从微博转战微信，从微信公众平台拓展到全平台的过程，这一发展历程看似顺利平稳，实则每一步都需要精心筹备、精准踏点。

林少原本是一名工程师，虽为理工出身，却热爱文学喜欢写作。2010 年，林少开设微博账号"每日好书推荐"，推荐好书、分享美文。然而这个原本工作之外的兴趣爱好反倒成为林少日后创业的起点。作为"十点读书"的前身，"每日好书推荐"坚持每天更新发文，微博账号历时两年的运营发展为十点读书的正式出道积累了 20 万粉丝。

2012 年 8 月，微信公众号横空出世，林少迅速抓住机会和发挥自己专长，同年 11 月运营"十点读书"公众号，成为图文内容创业第一批"尝鲜者"，不到两

个月，用户数过万，此后粉丝一直呈上升态势。时隔六年，林少在 2018 年底接受媒体访谈中提到："要在正确的时间做正确的事情。十点读书如果没有离开微博，转战微信，可能现在仅仅就是一个微博号。从微博到微信可算作是公司发展的转折点。"事实的确如此，传播渠道的变化，带来大规模的流量迁移，进而引发内容形态和用户连接方式的巨大变革。

新渠道的出现，会产生新的流量红利机会，同时会要求内容形式做出改变，以适应新渠道的传播。2013 年底，觉察到音频内容消费的用户行为变化，十点读书在第一时间开通了音频电台，一年后，十点读书完成了在喜马拉雅 FM、荔枝 FM 的网络电台布局；2015 年，短视频市场还在拓荒阶段，林少就开始酝酿规划上线视频；2017 年，微信小程序上线时，十点读书便早早入局，成为第一批打造小程序矩阵的头部大号。

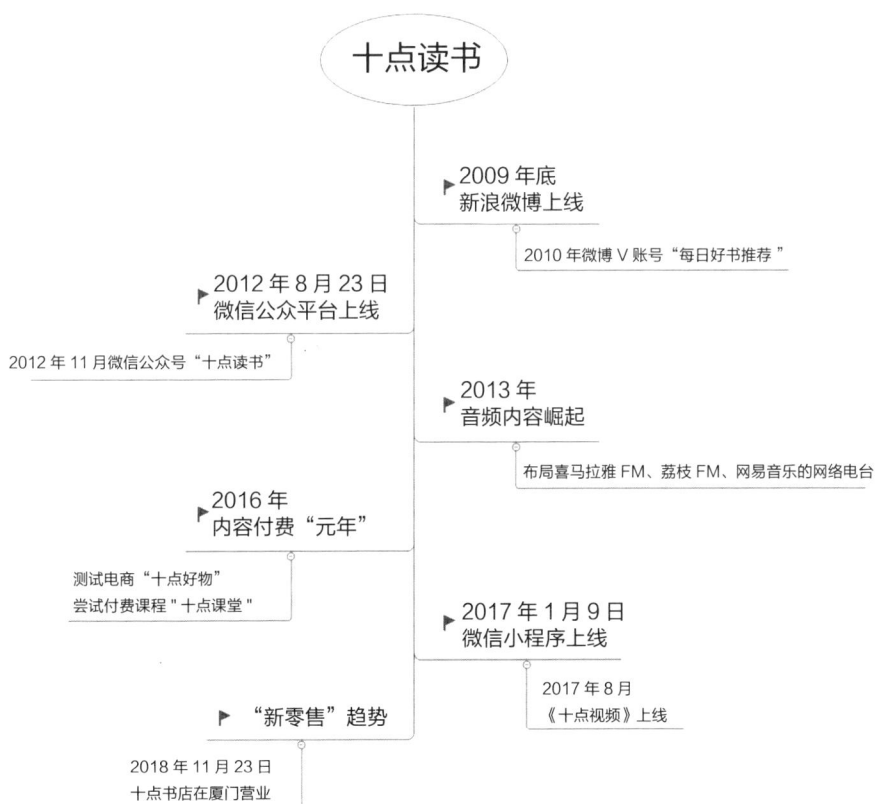

十点读书

- ► 2009 年底
  新浪微博上线
  - 2010 年微博 V 账号"每日好书推荐"
- ► 2012 年 8 月 23 日
  微信公众平台上线
  - 2012 年 11 月微信公众号"十点读书"
- ► 2013 年
  音频内容崛起
  - 布局喜马拉雅 FM、荔枝 FM、网易音乐的网络电台
- ► 2016 年
  内容付费"元年"
  - 测试电商"十点好物"
    尝试付费课程"十点课堂"
- ► 2017 年 1 月 9 日
  微信小程序上线
  - 2017 年 8 月
    《十点视频》上线
- ► "新零售"趋势
  - 2018 年 11 月 23 日
    十点书店在厦门营业

十点读书成长历程一览图

从微博、微信公众号，到网络电台、短视频、小程序……十点读书润物细无声地扩张渠道布局，在各平台搭建"十点"矩阵。如今当我们在谈论十点读书的时候，已经不再是一个单一形态的微信公众号，而是有着多元矩阵和多元业务的不断迭代的文化品牌，这构建了"十点"的自有生态。

作为第一批进入内容市场的创业项目，十点读书的起步发展有三个要点值得关注：一是时机准确。十点团队对于传播渠道变化、用户流量迁移的感知非常敏锐，能恰到好处地"先人一步"，攫取用户早期注意力，抢占内容平台的流量高地。二是定位大众。十点读书由阅读而起，内容定位在文化传播，这个赛道是非常广阔的，同时天然拥有庞大的用户规模作为基础。三是名字优势。十点读书的名字相较于之前的"每日好书推荐"而言更为精准到位，"十点"传递出时间效应，达成与用户的约定感，"读书"则更具暖心的场景感。

二、十点的运营心法：用户增长第一位

当互联网流量高度聚集 BAT（中国互联网公司三大巨头，即百度、阿里巴巴、腾讯），内容创业该如何切入？十点读书的答案是始终把用户增长放在运营第一位。截至 2018 年底，十点读书旗下 10 个矩阵号全网粉丝合计已达 5000 万有余。据林少介绍，每天会有超过 500 万用户在使用十点读书的公众号，每月十点的矩阵媒体会服务上亿人。

这一旁人难以企及的用户规模是十点读书对微博、微信公众号、小程序等跨平台跨渠道的深度运营的成果。林少在接受媒体采访时坦言："可能因为我不是内容出身，并非很擅长做内容，反而更投入精力去做用户或者说做流量。"事实的确如此，从 0 到 5000 万用户，连续多年的快速增长，一方面反映出作为创始人的林少及其团队对流量机会的高度敏感，也验证了这支队伍对于传播分发的规律探索和流量运营的思路方法。

借力平台，快速迭代，获取流量

对于互联网产品来说流量至关重要，有了流量才能够以此为基础构建商业模

式。"流量"意味着用户规模、用户的注意力和时间投入。然而现实是 BAT 等巨头公司合力垄断流量，创业者如何突围？要想成为互联网的弄潮儿，就要从"大运河"里收拢流量，借大平台构建自己的流量生态圈，尽可能把 BAT 流量"据为己有"。在林少看来，在一开始零用户的情况下，借助微信、微博等这样的大平台的力量，能更快速地寻找积淀自己的用户。

除了借力平台，小步快跑、快读迭代也适用于早期获取流量。林少曾提出"60 分"的运营理念：要顺势而为地给用户提供足够多的产品选择，即使目前产品不完善，只有 60 分，也可以先上线推广，先行获取用户，再不断迭代、更新产品。产品是逐渐迭代的，一家公司也是逐渐迭代的。

深度用户运营，管理流量

流量运营的思维不仅体现在战略层面，十点对于用户增长的预期目标与相关运营工作也已成为日常状态。林少会定期与内容编辑团队沟通用户增长计划，并且细化为年终目标、月度目标、单周目标。

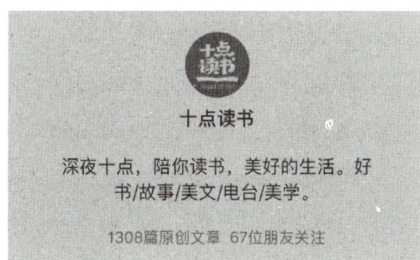

每日精选

十点读书App

世界读书日活动

0~3岁宝妈必读

中小学生必读

已购订单查询

取消

十点读书微信公众号主菜单"客服咨询"内容翔实

不仅要考虑如何引领用户，还需考虑如何去迎合用户。在线上层面，十点发力用户互动，提高用户参与感。早期在运营微博时，常让用户参与到转发赠书的活动中来，在获得福利的同时获得了新书资讯。在微信平台，单从留言回复来看，用户在后台留言发问，都可在半天内收到回复，十点读书通过即时性互动赢得用户好感。线下层面则开展社群运营，在交流中保持连接。十点读书的线下社群读书会开办一年即覆盖30个一二线城市的用户群体。这其中少不了林少亲力亲为地在一线参与社群交流，还有十点招募组织的社群运维团队的耐心沟通、及时解答。

通过用户分层，细分垂直化。十点针对核心用户的潜在需求开发产品以触达周边人群。当洞察到核心用户为25～40岁的女性后，十点围绕这一群体的社会关系，例如父母、伴侣、孩子，开发子品牌。如十点矩阵媒体中"小十点"为妈妈群体提供育儿干货的同时，日更的"小十点电台"这一栏目提供了亲子阅读的儿童故事，瞄准女性用户在家庭中的"带娃"场景，触达儿童群体。

把握传播规律，驾驭流量

深刻把握传播规律，才能不为流量所困，真正发挥流量的价值。从十点来看，表现在两个方面。

一是专注做好一个平台、一个号。十点读书以微信公众平台为主阵地，深度开发微信的各种功能，从菜单栏建设到8条推送的逻辑安排，再到图片、音频、视频、投票、小程序等功能的灵活运用，用林少的话来说，团队把十点读书的微信号"当作App来做"。2015年，在微信推出音频功能后，十点第一时间把所有文章录制音频，用户增长突破一次小高峰。

二是要盘活自有的多平台资源，打通与内容主阵地的经脉。十点读书打通图文、音频、视频平台，整合资源，组合多种内容形式以吸引用户群体、获取最大限度流量。例如2018年感恩节前夜，十点读书微信号发的头条《刷爆朋友圈视频看哭无数人：今生，谢谢你爱我》，故事性的文字、精心制作的头图与配图、音频、视频，还附有H5链接，用户可参与测试，生成个性专属感恩卡——虽然有广告商植入，但创作逻辑完整，这篇推送依然获得了超过10万阅读量及2万多次点赞数，评论区的用户留言也十分活跃。

三、十点的内容积累：从图文到视频，不断深耕

十点读书看似一路向上，获得遥不可及的用户增长，其背后持续不断的原动力在于对内容的深耕与打磨。如同林少所言，推荐好书、分享美文是十点在一年365天里坚持做的唯一的事。

图文起家，专注内容打磨

微信公众号的推文内容是十点读书的起点，也是粉丝聚集的大本营。作为文化类头部大号，十点团队对于图文内容的创作，经过多年打磨已经摸索出了完整流程。主号"十点读书"每日推送的文章几乎篇篇阅读量超过10万，日均阅读量达700万以上，用户对于十点内容的认可可见一斑。在碎片化的快速阅读时代，十点读书专注于内容，以内容来拉动流量，以流量来使内容价值变现。

内容风格调性上，十点读书讲求平和温暖，让用户能够感同身受，增加内容的辨识度。相较于新世相、陈翔六点半等头部自媒体，十点读书似乎更显"不问尘嚣、岁月静好"，《最好的养生，不是多花钱，而是做这件事》《与其抱怨，不如改变》，从其日常推送标题中可见一斑。

内容主题领域上，十点读书基于用户需求精心研发，在文化的基础属性上不断扩容，做大众用户喜闻乐见的内容。"十点读书"主账号日推的8篇推送涵盖各圈层人群的阅读需求，包括励志美文、心灵鸡汤、书单推荐、人物采访等内容类型。除"读书"之外，小十点、她读、十点电影、十点读书会等矩阵号还同时覆盖了电影、娱乐、时尚等领域内容。

此外，为保证内容规模化产出，十点读书选择扩容自有的主创团队，同时采用社会协同的方式，吸纳多元创作者。林少在采访中再次强调了团队对于内容的专注："十点读书早期仅有3个人，3人都在做内容；后来十点团队有25人了，有13人在做内容；现在团队发展至200人的规模，也依然有超50%的人在钻研内容。"除原创团队的内容生产，十点增加投稿栏目，主动征集用户作品，并向大量签约作者约稿，或与优质公众号合作、互推内容。

挑战视频，多面开花

从十点读书到十点视频，十点团队从图文转场短视频。自 2017 年 8 月入场以来，现已上线 200 多个短视频，下设 14 个频道，其中包括原创栏目《悦读者》《独白》等，以及与其他视频平台联合打造的《青年 100》系列、《民宿私享者》系列等。

为什么要做十点视频？十点读书副总裁肖剑认为："出击短视频是综合考虑，短视频的风口毋庸置疑，十点全网 5000 万用户的需求是不同的。十点进军短视频领域，更多还是为了满足用户的全方位内容需求。"方向明确，但即使是十点读书这样一家在图文领域具备众多优势的内容团队，在布局短视频的起步阶段也并非一帆风顺。

首先需要破题的是短视频项目的内容主题，即"拍什么"。十点切入短视频市场的第一个项目是"读书"，林少评价它"有文化高度，但在市场层面并没有产生非常大的影响力"。此后，团队先后尝试了旅行题材，以及匠人、美食等生活方式主题，都没能取得流量增长的突破。直到十点视频尝试将"文化"属性与"明星"元素结合，上线《新时代青年说》第一期，王俊凯讲述鲜为人知的成长故事，引发空前反响。上线两周播放量已逾 500 万，十点视频相关微博有 2.4 万人转发，其中 # 王俊凯青年 100 计划 # 微博话题的阅读数高达 1.2 亿，讨论量近60 万。

药神不是药神，但徐峥还是徐峥　　李易峰：世界不曾亏欠每一个努力的人

"文化"属性与"明星"元素相结合

其次是视频内容如何量产？对定位进行反复且深入的考量后，十点强化流量阵地的优势，定位为内容平台属性的角色。十点读书副总裁肖剑在采访中补充提

到："十点视频希望打造一个类似《周末画报》式的短视频媒体，涵盖文艺、生活、时尚、旅行、美容、汽车、3C、家居等多行业领域，有着丰富的内容形态"，从文艺到生活方式，从情感陪伴到开眼看世界，以更加开放的心态来应对短视频趋势。

为观众提供"百货商场"式内容服务的十点视频，要用更加开放的心态容纳各类创作者。十点视频选择扮演 MCN 角色，一方面构建"十点视频文艺生态联盟"，与一条、三感、野心、野录、旅食家、造物集等 30 多家气质相近的短视频内容创作机构进行合作；另一方面也在集结各路创作平台的文艺作品，孵化和签约优秀创作者。

四、十点的商业之路：不断创新，多元尝试

当多数创业者都守着粉丝，疯狂接广告变现的时候，林少给出了十点读书的盈利方式：广告＋电商＋出版＋在线课程。在做好内容的基础上不断调整，加速探索，创新了更多的盈利模式。据林少介绍，十点读书各业务板块的营收占比为付费课程 50%、电商 20%、出版 10%，广告仅占 20%。

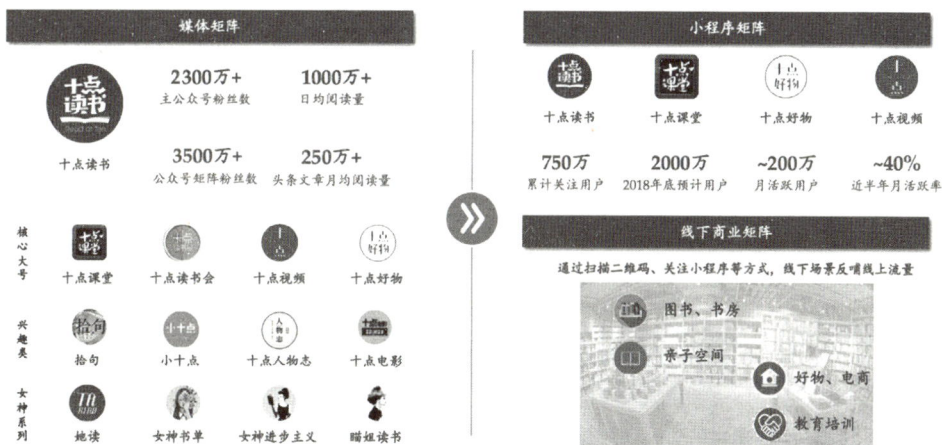

十点读书的"媒体＋商业"矩阵

电商"十点好物"

一开始，十点在微信商场运营图书出版，从图书单一品类开始试水电商，但效果不佳。恰逢小程序上线不久，十点转战自建平台，小程序电商"十点好物"于2016年投入测试。

内容属性浓厚的十点读书试图转型带货，起步门槛也很高。一开始的营销推广仅以简单的商品链接为主，后通过一系列调整，逐渐形成从前期选品到后期营销的内容电商模式。

当前，"十点好物"在选品上秉持着与内容调性相符的原则，品类以图书、文创产品、女性用品为主；同时在营销上一改早期的植入手段，强调电商内容化，从推销产品转向推销生活方式或者推销故事，深度结合十点图文、音频、视频内容等平台优势资源与商品卖点，通过打造文化生活消费场景收拢用户的心。在销售《阿城文集》时，"十点好物"围绕故事主人公衍生的系列精品内容打动消费者，在一周内卖出2000套，单价400元每套。

付费课程"十点课堂"

2016年，十点开始布局知识付费领域，"十点课堂"现已基本实现"中国最大的女性成长技能型课堂"的定位目标。数据显示，2017年"十点课堂"开发了30门课程，其中职场晋升类11门，女性成长类9门，亲子教育类4门；2018年共开发48门课程，其中亲子教育类14门，人文见识类9门，训练营9门。

以杨萃先的"颠覆你的传统英语学习课"为例，这门课程2017年8月在十点课堂自有平台上线，2018年2月订阅人数突破了20万，截至2018年末，订阅人数突破45万。仅一门课程就给十点带来了4000万收入。

由此也可见，十点在知识付费上采用的是打造千万爆款的付费课程产品的策略思路。爆款首先是精品。"精品化"产品路线，也导致"十点课堂"的产出节奏不是特别快。"从选择导师开始，到沟通选题、出大纲，到最后上线，一门课的开发周期在3~6个月。"爆款课程需要好的老师，知名度、专业度、配合度、颜值、声音、网感，是十点选择讲师时的参考因素；对于爆款课程的选题，十点则贴近刚需，越大众越好；对于课程形式的选择，林少选择了"更加直观、生动、细节丰富"的视频。此外，课程定价亲民，多以 69 元、99 元为主，大众消费门槛不高，更容易出现千万级爆款。

在课程推广上，"十点课堂"充分发挥十点自有平台资源的优势。在十点读书媒体矩阵的文章里、十点电台的音频里，通过用户分层，对其进行更加精准的垂直细分，为用户推送更重要、更精准的课程，并且提升转化率。面对知识付费市场的利润难题，2018 年起，"十点课堂"主动拥抱合作，如与蜻蜓 FM 合作分发《红楼梦》和《中国文学》的相关课程，与其他机构、平台一起合作开发课程，并挖掘用户存量，提高留存，强化复购率。

五、十点的未来：文化生活方式的畅想

2018 年 11 月 23 日，十点书店在厦门万象城开业。超过 5000 万用户的十点从线上走到线下，开启了第一家十点书店。

十点书店并非与线上的"十点"脱节，而是传承了十点读书的互联网基因，通过店内设计的细节与线上资源相承接，以达资源整合的效果。根据林少的规划，一方面"以线上打线下"，依托十点读书内容矩阵上超 5000 万的用户为十点书店导流；另一方面以线下为入口的用户，也可以通过十点 App，反哺线上实现复购，进一步增强用户黏性。

过去，十点在各大内容平台积累了 5000 万用户，并在持续的内容运营与耐心的社群运营中达成与用户连接的信任关系。但用户体验感更多来源于碎片式的线上阅读浏览，只是看一篇文章、听一则音频、学一门课程、浏览一段视频，与此同时，用户通过互联网的参与在更多时候是"单机"模式。

今天，互联网战场的硝烟已从时间蔓延到空间，内容创业如何应对线上线下逐渐模糊的界线？新技术新需求催生了线上—移动—线下三位一体的"新零售"物种，为顺应媒介趋势变化，十点基于"阅读"领域给出的答案是书店改造。

从线下阅读场景的搭建中，我们可以看到十点希望得到用户更长时间的注意力。十点书店内，除常规的图书、咖啡、零售区外，还有与十点读书的线上知识付费业务一脉相承的"十点课堂"，作为线下知识付费和文化活动空间；"小十

点"是专门针对家庭客群打造的"儿童馆",提供儿童心理以及父母入门与成长类别的书籍和各种有趣的玩具;"十点书房"则会联合导师、作家、设计师、文化人士等,定期策划各种主题展。不论是"阅读 + 咖啡",还是"课堂 + 亲子",十点书店重谈第三空间的意义,关注聚会休闲场所之于用户社交需求的作用,致力打造一个人们乐于相约而至的线下空间。

在内容体量与用户数量都在快速扩张的过程中,创业者对于内容的标准和价值观判断成为内容行业更加需要关注的问题。

十点读书一路走来,把握时机,积累用户流量,率先走到行业顶部;内容积极正向,不断创新形态,增强护城河;商业运作上搭建了清晰而稳定的商业模式,强化自我造血;并从线上拓展到线下,营建美好生活的体验分享空间。在内容创业不断迈向新阶段的同时,十点读书的这条路还将扎实地走下去,以书为媒,从阅读出发,从线上的文化城堡到线下数字化、社交化的文化生活体验空间,其未来可期。

中国传媒大学广告学院　马涛　陈钦钦

核桃 Live：
打造知识 IP，做知识的连接者

核桃 Live 是一家视频知识服务类内容生产方和 MCN 机构，聚焦以文化、历史为核心的亲子成长和女性自我成长领域，致力优质文化内容和知识 IP 的打造。目前核桃 Live 已签约包括蒙曼、康震、李银河、张泉灵、河森堡等近百名头部 KOL，上线视频类知识服务课程 40 档，与 300 余家知识服务渠道建立了深度合作，全网订阅量近百万。同时进行包括图书出版、文化类轻综艺、短视频等多种内容形态的开发。本案例将从核桃 Live 的内容商业逻辑谈起，并以核桃 Live 的创业经历为例，站在运营者的角度，提炼一些心得体会，以飨读者。

一、核桃 Live 的内容商业逻辑

做连接者：连接 KOL 与用户

作为专业知识服务内容的 MCN，核桃 Live 的商业角色是连接者，一方面，不仅要连接 KOL，做好内容生产，另一方面，还要面向客户端的渠道，满足用户需求。

在连接头部 KOL 方面，核桃 Live 已签约 80 余位头部 KOL，其中 90% 为独家签约，比如张泉灵、李银河、于丹、河森堡、Chris Ferrie 等。核桃 Live 会与这些 KOL 们一起进行内容策划、内容输出和个人品牌的打造。核桃 Live 创始人兼 CEO 姚飞说："其实每一个 KOL 和老师都是我们资源库中非常重要的一环，我们跟老师一起做内容的策划，对老师做个人内容的输出，以及个人品牌的打造。我们把老师好的内容打造输出成用户可以理解的课程，放到平台上，对平台做赋能。"

目前，核桃 Live 为这些头部 KOL 打造的课程主要集中在亲子成长和女性自我成长这两个方向。亲子成长主题的内容比如"名家带你读经典"，由张泉灵、

蒙曼、林少华、康震主讲，就是专门针对小学、初中到高中（K12）学生的，主要内容是名著故事。再比如 Chris Ferrie（克里斯·费利）的"宝宝的物理学"，是一门针对幼儿的物理启蒙课程，这位作者因为扎克伯格的推荐而闻名。这些都是针对教育、亲子成长方面的热门课程。

同时，由于女性普遍更加关注子女的教育、成长，因此核桃 Live 的用户画像以 30 岁以下的女性用户为主，69% 的用户为女性，年龄集中在 19～30 岁，江浙沪的用户居于首位。时间和物质的富足是这个群体的明显特征，自然从用户偏好而言，新消费背景下的文化类、生活类及理财类内容具有更明确的场景价值。"你想象一下一个以女性为主导的新中产家庭未来的一些信息需求和生活服务类需求。比如一个妈妈，她或许想要了解家庭理财或学着做甜点，也或许会考虑给子女报一门教育课程，还可能给老公买一门历史课程。这些需求和服务核桃 Live 上都能找到。"姚飞介绍说。因此，核桃 Live 的第二个大的内容板块就是围绕女性成长展开的，比如推出了于丹的"99% 的人都不知道的汉字秘密""宝宝看到会亲你的超萌儿童餐""极简 12 招，让钱自己去挣钱"等等。

KOL	课程	类型	KOL 及课程简介	价格
张泉灵、蒙曼、林少华、康震	名家带你读经典	亲子成长、文化	文化名家为孩子讲解必读经典	388 元
李银河	这才是你想要的性	女性情感	中国第一位研究性的女社会学家	198 元
Chris Ferrie	宝宝的物理学	亲子教育	扎克伯格女儿的第一位早教老师	388 元
简七	极简 12 招，让钱自己去挣钱	理财文化	人气创业理财达人	98 元
河森堡	最八卦的人类野史	自我成长、文化历史	知乎大 V、著名知识型网红	198 元
边玉芳	从"熊孩"到"乖宝"只需 5 步	亲子教育、心理	北京师范大学儿童心理研究所所长	98 元
尹文刚	儿童智力开发指南	亲子教育、智力开发	中国脑科学教授	99 元
于丹	99% 的人都不知道的汉字密码	亲子成长、文化	中国当代知名文化女学者	198 元
德拉学院	孩子自己就能做的科学小实验	亲子成长、科学	中国科学院旗下专业科学教育机构	588 元

核桃 Live 部分签约 KOL 及课程

在连接渠道和平台方面，核桃 Live 目前与 300 多个知识付费平台建立了合作关系，比如头条、喜马拉雅、腾讯云课堂、网易云课堂、好好学习、唯库、书单、十点课堂等，以及与微信平台的自媒体公众号的合作，还有中国通信类的运营商以及 OTT 运营商[1]，了解平台的需求和平台用户的需求，建立起持续的内容输出机制。与平台、渠道方的合作，主要通过定制化生产、分销、联合出品的方式，比如核桃 Live 和十点课堂合作开发的中国脑科学教授尹文刚的"儿童智力开发指南"，与千聊平台合作的边玉芳教授的"从'熊孩'到'乖宝'只需 5 步"。此外，核桃 Live 还与专业的社会机构展开内容合作，比如和专业的中国科学院少儿科学实验机构德拉学院联合开发"孩子自己就能做的科学小实验"这类专业度更高的知识内容，既保证了内容的品质，又建立了更多元的连接。

可规模化：内容有严格的品控流程

随着互联网用户对知识付费的内容和质量要求越来越高，知识付费行业的整体竞争进入第二航段，各家都面临着洗牌的压力，因此谁能接着往下走，最终取决于内容的品质以及是否符合市场和用户的需求。姚飞从核桃 Live 的实践中，总结出"生产高品质内容主要在于两个方面：第一个方面，你是否能够拥有对某一领域有深度洞察的头部 KOL；第二个方面，你对这些老师的内容能否做到足够的挖掘和把握，并把它作为一个课程内容转化出来"。为此，核桃 Live 建立了一套可规模化的内容生产和品控流程，既能保证产出优质内容，同时又能够批量生产。

这个流程的第一步是选题。核桃 Live 通过数据的调研、自有社群用户的访谈，以及来自第三方的行业调研数据，来自第三方平台的用户行为数据挖掘，深入了解用户需求，发现市场机会，从专家资源库中甄选讲师，根据讲师特色选择课程的方向。

第二步是选择渠道。核桃 Live 会根据基本的选题和内容策划方向确定合适的用户画像，同时与第三方平台沟通，做销量及内容运营方向预判，确定渠道并与渠道共同打磨内容方向。对此，姚飞认为，"因为平台掌握了大量的用户，我们既然是 MCN 公司，就希望能够瞄准不同的平台上跟我们的调性相一致的用户，

1　互联网公司越过运营商，发展基于开放互联网的各种视频及数据服务业务。

根据用户的调性来生产内容。不同平台上的用户调性、画像是有差异的，他们不是一个笼统的画像。而每家平台方对自己的用户需要什么，以及在这样的选题方向下怎样策划、大概多少集、从哪个点切入使他们的用户最能够接受……这些方面最为了解，所以我们把和平台的沟通前置，做好内容预判是我们制胜的关键"。

第三步是内容打磨及生产。核桃 Live 对此有一套内部内容生产流程及品控手册，从选题策划、出大纲、出整个脚本、录制、后期、上线的所有环节进行精确到天的流程控制，包括视频的内容怎么把握、老师的选择等等，在严格品控的基础上进行流水线操作，实现高效高质。

第四步是运营及复盘。当内容生产完之后，就可以上线了。此时，核桃 Live 会根据内容主题和与平台的沟通情况，为产品制订宣传发行、定价、配套运营的相关策略，包括课程简介以及宣传片的策划与制作、定价和促销策略、社群运营策略等。并在上线之后，持续监测上线后的站内外评价，根据市场反馈进行复盘及内容调整。

对于制定这样严格的标准化操作流程，姚飞有自己的思考："可能很多人会问，内容行业本质是一个创意行业，它真的能做到批量吗？我们自己摸索到的是，内容本质是一个创意行业，但创意能否落地不在于灵感，而更多的是通过机制和流程使之得以实施的理性筹谋的过程，所以我们建立了非常严格的生产机制和品控的原则。"而事实上核桃 Live 从上线至 2018 年，深度参与内容研发与策划，保证高质量产品输出，自制课程 40 档，全网订阅用户达到 90 万以上，也证明了这一体系的合理性。

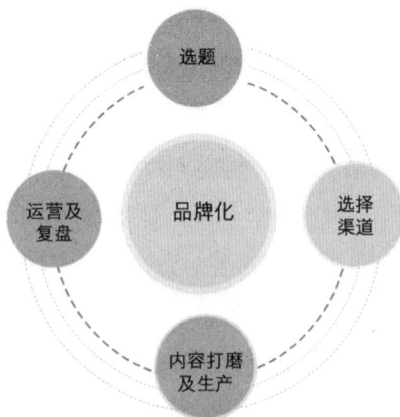

核桃 Live 内容生产流程

全链条开发：打造知识大IP

已经实现知识内容精品店效应的核桃Live，接下来内容商业化的重点将会围绕付费课程进行全链条开发，打造知识大IP。姚飞认为："我们一直说互联网的出现颠覆和重新塑造了某一个行业，知识服务行业也是一样的，互联网用它的方式颠覆和重新塑造了人们学习的方式。我认为这样的大趋势不会变化，并且可能会越来越深化，以不同的形式展现出来。但无论怎么发展，最核心的是你要保证自己是有好的IP产出的，不管将来用什么形式，你要有自己的知识IP。"具体而言，核桃Live的IP战略主要包括三个方面。

第一是结合出版发行，打通知识生产的上下游。目前，核桃Live已与阅文集团、磨铁、接力出版社等建立了深度合作关系，一方面是把优质的课程做反向出版，与视频和音频出版物相关联，对优质的付费内容进行内容整合，做出版发行，比如于丹的《于丹趣品汉字》首印就达到20万册，费利的《宝宝的物理学》首印数量为12万册，曹星原的《你从没看懂的名画》首印也达到了5万册；另一方面是通过与出版社的合作，从畅销书作者中挖掘优质的头部KOL，生产互联网的知识服务内容，目前合作的出版机构有今日中国出版社、天津华文天下图书有限公司等，并且已有六七位KOL已经通过这种方式加入了核桃Live的IP发掘体系。据姚飞介绍，未来此块业务会形成视频出版为前置出版，后续开发线下出版、线上读物等知识服务全产业链内容矩阵。"其实我们是想打通整个知识生产的上下游，包括图书、音频、视频，甚至有可能包括线下的培训等等。"姚飞坦言。

第二是打造知识服务大IP，对优质KOL和付费内容进行文化类轻综艺等多种内容形态的开发。比如很多年轻人都喜欢的河森堡，他是国家博物馆的讲解员，在微博上很火，他在核桃Live上开设的付费课程"最八卦的人类野史"也非常受欢迎，核桃Live就将这门课程进行了延伸，与优酷视频合作，为他量身打造了系列视频《脑洞大开博物馆》，将河森堡所擅长的文物故事和人类历史知识串起来。该视频第一季上线的播放量超过了5000万，属于同类别和同等量制作的综艺节目中播放量非常好的，并且第二季也已经启动了。此外，核桃Live还与李银河老师合作，打造了《你最想见的人》，也是针对知识IP做的轻综艺开发。未来，核桃Live会在文化、历史、时尚、亲子等领域继续视频节目开发和IP打造。

第三是知识短视频。观察整个短视频内容市场，绝大部分还是娱乐休闲类的内容，人文、知识、历史类的短视频仍属稀缺，而这正是核桃 Live 的能力所在。目前，核桃 Live 在现有的课程生产的同时，还生产了 700 条泛知识类系列主题短视频，涵盖人文、情感、生活、亲子、时尚等内容。同时也在与短视频平台合作，针对目前已有的签约类的、知识类的 KOL 做系列化、体系化的短视频开发。未来还会在人文、历史、时尚、人物等领域，形成独家且有料的精品短视频矩阵。

"这是我们目前做知识大 IP 打造的非常重要的三个方面。未来我们会形成以 KOL 为核心的，包括付费课程、图书出版、大 IP 制作以及短视频在内的整个知识产品矩阵。我们希望能够把核桃 Live 打造成知识服务行业和教育行业领先的知识 IP 生产制造商。"姚飞介绍道。

二、内容创业路上那些"想当然"的坑

担任核桃 Live 创始人兼 CEO 的姚飞，曾在央视财经频道工作过 10 余年，在多个大型节目担任记者、策划、总导演，从 2016 年到 2018 年，伴随着核桃 Live 一路走来，姚飞坦言他们真的付出了很大的代价，踩了很多"想当然"的坑，因此，她也将她的一些思考分享出来。

第一个坑：市场稀缺的一定就是机会吗？

当内容创业者进入一个市场，想要做一个全新的市场开拓，首先需要去发现市场机会，并对机会作出判断。但是，市场稀缺的一定就是机会吗？其实不是。姚飞告诫创业者："你觉得市场上目前没有的，50% 的可能是别人还没有发现这个机会，但还有 50% 的可能是这根本不是个机会。也就是说，市场稀缺的，50% 可能是没有刚需的。这就好比维生素和止疼片的区别，当疼痛还未解决时，人们是不会为维生素买单的。"

做市场判断时，内容创业者们还容易陷入另一个坑里，那就是母爱逻辑和父爱逻辑。母爱逻辑是，妈妈觉得孩子需要什么、想要什么，就给他什么；父爱逻

辑是，爸爸觉得从孩子的成长来说，哪些对未来有好处，他会开始准备。但在做市场判断时，这两个逻辑都容易走向极端。有句话说："有一种冷叫你妈觉得你冷。"这就说明有些内容并不是用户需要的。而那些内容创业者以为是用户成长到某个程度时需要的内容，往往有可能也只是想当然的结果。所以，姚飞建议内容创业者："要通过市场调研、用户洞察、用户访谈等手段，做充分的机会判断，要从'想当然'的逻辑中脱离出来，真正地了解和洞察用户。"

第二个坑：越是大咖，用户越愿意为他付费？

做内容创业，通常会遇到两个问题：知识服务类的头部 KOL 一定是指大流量的 KOL 吗？人们对于免费内容和付费内容的期待一样吗？

姚飞指出对头部 KOL 不能仅仅以流量来判断。最关键的问题在于大流量 KOL 所生产的内容未必是知识服务行业用户愿意买单的内容，因为人们对免费内容和付费内容的消费习惯是完全不一样的。用户看免费内容时，里面有一点打动他，他可能就会打 100 分；但在看付费内容时，如果只有一点打动他，他可能只会打 30 分。免费内容让他笑了、让他觉得眼前一亮就足够了；但付费内容不同，人们期待的是让他有所得，并且很愉快地所得。所以付费的内容是需要体系化的，需要给用户知识感和获得感。因此，我们要破除流量迷思，要区分什么是有用的流量，什么是无用的流量。

为此，姚飞分享了三个判断的标准：KOL 本身是否真的愿意做这件事、是否对于某领域有独到的洞察、是否能够有效地传递内容。比如河森堡的"最八卦的人类野史"，第一，河森堡有通过这个形式表达自己见解和想法的强烈愿望；第二，他是国家博物馆讲解员，而且自己做了大量的研究，对人类历史有独到的洞察；第三，他的表达能力非常好。这三条素质基本上奠定了河森堡 IP 成功的基石。

第三个坑：知识类视频内容，越精致越好？

关于内容的制作，姚飞的团队有着多年视频节目的制作经验，对于各种视频特技可谓是信手拈来。"但做着做着，在某一个时期，我们发现自己走入了一个怪圈：我们做的视频不是真正基于用户和市场的需求，而是我们想要'炫技'。我们忘记了自己做这个课程的目的，而变成了我们想要表现什么，想让别人知道我们擅长什么。后来我们就开始反思视频等手段和工具对于我们的意义，比如特技的使用，一定要用特技吗？我们觉得，用特技一定是要有目的和意义的，这个目的和意义一定是要从用户的需要和吸收、理解信息的便捷度来考虑的。""所以，要始终以内容呈现和用户需要为出发点去考虑如何生产，要理性看待各种工具和技能，不'炫技'，不跟风，踏踏实实生产内容产品。"这是姚飞给内容创业者们的忠告。

第四个坑：新媒体创业中，内容为王？

谈及新媒体内容的用户运营和管理，姚飞提到了两个用户增长模型，第一个是大家非常熟悉的，漏斗型的传统获客模型，以流量为起点，从把内容放在大流量平台上，用户从认知—感兴趣—评估—购买—形成忠诚—推荐，不断地做除法。这种思维下的获客模式效率低、成本高，在知识付费市场进入第二航段的激烈竞争下，显然不实用了。

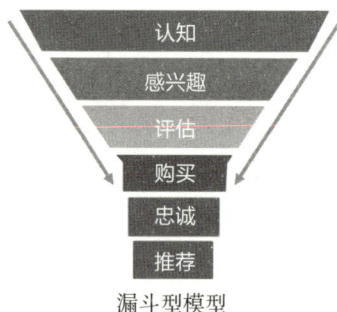

漏斗型模型

那么第二个金字塔模型的获客模型则更加符合新时代互联网内容品牌的需求。首先生产出一个产品，这个产品要有自己的一小批粉丝，这些粉丝慢慢地可能会变成首次试用的用户。在首次试用的用户里面又逐渐扩大出一批使用过这个产品的用户，同时从使用过产品的用户里面扩展出一些有需求的用户，最终能够找到核心匹配的人群，并扩散到整个市场，形成对产品的认知。在这个模型里，内容是一个金字塔尖。在往塔下走的时候，更多考察的是团队的运营能力、营销能力、不同的时间点应该选择什么样的营销方式等等。

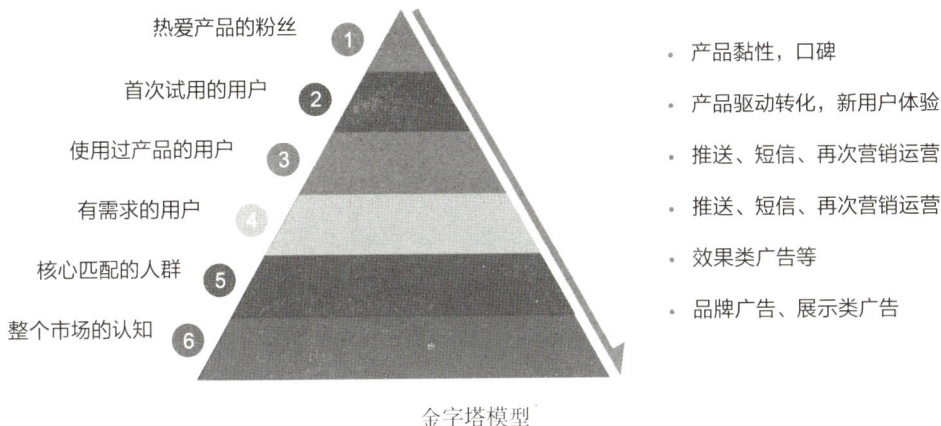

热爱产品的粉丝 ① 产品黏性，口碑

首次试用的用户 ② 产品驱动转化，新用户体验

使用过产品的用户 ③ 推送、短信、再次营销运营

有需求的用户 ④ 推送、短信、再次营销运营

核心匹配的人群 ⑤ 效果类广告等

整个市场的认知 ⑥ 品牌广告、展示类广告

金字塔模型

姚飞举这两个例子是想说明："在目前新媒体以及互联网内容的行业里，内容是一个起点和基础，是有可能获取品牌认知度、有爆发式增长的前提。但是，千万不要陷入内容为王的迷思里去。现在知识服务行业的社群化、IP 化，以及整个知识服务的线上线下，这三个大趋势的发展都能说明，强运营方式已经成为内容行业发展的主流，新媒体内容产品的获客更在于内容营销、运营，以及对用户的管理。所以，内容是起点，但绝不是终点。"

因此，目前在流量运营上，核桃 Live 通过打造爆款课程来获取流量势能；在用户运营上，核桃 Live 充分利用社群和用户付费后的引导来增加黏性。对此，姚飞举了减脂社群的例子。这个社群是伴随着核桃 Live 的一门减脂课程开设的，最初的成员是通过裂变、分享来增加的，但它真正的核心不是一味地拉新，而在于运营者是不是能够不断地给社群成员们提供与减脂相关的各种各样的支持，不断地给社群成员们赋能。比如今天是减脂，后天是健康，可能将来还会组织一些线下的健身活动等。"所以，最重要的还是去服务你所面对的垂直人群，对他们需要的内容不断地精耕细作。裂变当然是社群扩大的方式之一，但社群最核心的还是在于你是否能够服务好你用社群凝结起来的这群人。"姚飞说。

第五个坑：创业前期融资，钱越多越好？

关于广大新媒体内容创业者最关心的融资的话题，姚飞也分享了她的一些心得体会和建议。她认为：在创业前期，创业者需要做大量的市场测试、产品测试、用户挖掘。过多的资金会降低创业者对失败的恐惧感和风险意识，可能会因此而忽略摸索和测试的过程。她还特别向创业者们推荐了《精益创业》这本书，建议在创业前期一定要对自己做精益创业的思维重造。其中，第一个思维是MVP，也就是最小可行性产品。当有一个创意时，创业者不妨用最小的成本来生产出能展现这个创意的产品，在产品测试没有问题后再做大规模的投资和研发。第二个思维是谨慎虚荣指标。虚荣指标比如激活数、下载数、用户数，并不能带来业务的长足和实质性的进展。因此要找到企业的北极星指标，比如订购的用户数、完课率、推荐数等，这才是能够引领整个团队的方向性指标。

第六个坑：创业前期用不上管理

一般情况下，创业初期的团队往往热情高涨，但这种激情很难一直持续，该如何建立起管理思维呢？当团队里的人越来越多时，怎样把核心团队的目标变为整个团队的目标呢？此时应该用机制，而不是激情。

对此，姚飞认为："要从一开始就建立管理思维，建立一个能够做到内部赋能和创新的机制。把管理机制建立起来，才能让内容团队的人有最大的激情去生产他们认为符合市场和用户要求的内容，才能让运营团队知道我们能以什么样的方式运营，要达到什么样的效果才是公司需要的效果。"

中国传媒大学广告学院　龙思薇

有养：
赋能父母，打造教养方式内容平台

如果说孩子是天使，父母就是"天使投资人"；都说孩子不能输在起跑线上，但其实"父母才是孩子真正的起跑线"；这个世界上，"没有熊孩子，只有熊父母"。从为人父母这件事上，有养期待帮助每一个家庭少走弯路，赋能父母，最终提升中国乃至世界父母的能力与家庭幸福感。

——有养创始人周洲

如何理解一个小众垂直领域大众化突围？如何解释一个内容创业公司不到一年时间内获得数轮融资估计上亿？当网综、短视频遇上父母教育，将碰撞出怎样的火花？

作为国内首个专注于父母教育领域的内容平台，成立于2016年8月31日的北京有养成长传媒有限公司通过网综、短视频、线下活动等形式，打造高品质的父母教育内容、成长资源与教育产品。其中，《耐撕爸妈》第一季网综作为中国首档成长观点秀，历时仅三个月播放量即破5亿；《有养TV》作为原创成长短视频自媒体，截至2018年末共发布短视频270多条，全网累计播放量超4亿，其中《有养100s》作为中国首档"育儿科普短视频"PGC（专业生产内容），开启获取育儿干货的全新方式；中国首个沉浸式亲子体验活动品牌"有养儿童节"，专注打造父母高质量陪伴。每一天，周洲和她的团队都在创造着一个又一个新的里程碑。

有养的发展大事记

一、定调：内容基因与赛道选择

从央视的光环下走出，幸运地迅速获得天使轮投资，组建团队，策划直播、网综、短视频、原生广告，付费课程，一路走来，周洲及有养的发展之路可谓是风生水起。作为中国首个专注于父母教育的内容平台，"有养"项目缘何而起？为何选择父母教育的赛道方向？又为何选择内容创作作为切入？

创立有养之前，人们对于周洲的印象还是活跃在央视各种少儿节目里的那个亲切的"周洲姐姐"。周洲在央视工作21年，这21年的前10年中她一直是做儿童节目，从《大风车》《童年》再到《宝贝一家亲》，周洲在央视的各项工作一直围绕着孩子。在儿子出生后，初为人母的周洲开始从母亲视角思考教育问题，更深刻了解到中国的父母有育儿升级的刚需。可以说，多年央视主播的从业经历以及个人对于育儿理念的思考，成为周洲创办有养的最初动力。用周洲个人的话总结就是："创业得做自己擅长的事情，我个人无非就是两个，一个是做内容，一个是专注于孩子。"团队中另一位创始人吕子安，曾参与过中国首档育儿真人秀《超级育儿师》节目制作，同样也是内容出身。

对于一个创业项目，团队的基因优势只能算是加分项，真正的发展机会在于市场洞察与业务模式。不论是互联网企业，如宝宝树等一些母婴企业，还是内容产品，如明星亲子类网络综艺节目、母婴育儿喂养为主的母婴类自媒体内容，无一例外侧重的是如何"养"孩子，而国内关于教养方式的即如何"教"父母的企业或是内容则是一片蓝海。基于此，有养定位在既有"养"又有"教"，并且更侧重于"教"，即教育0～12岁孩子的父母。

2016年10月，有养传媒公司成立仅1个月就推出《周洲有养@美国》系列直播节目。周洲邀请正在哈佛大学做学者的潘石屹先生，分享育儿观。《周洲有养》直播节目上线不到一周，新鲜实用的育儿话题就立即吸引大众目光，全网总播放量突破2000万，创造了此类直播内容的最高纪录。直播内容的小试牛刀，不仅印证了周洲对父母教育市场的判断，也强化了以内容切入市场的模式可行性。

大内容的时代已经到来，无疑坚定了周洲选择内容创作切入市场的决心。2017年197部网综节目共创造了552亿播放量，其中42%播放量是由头部的10

部网综节目所担当的，剩下 58% 被 187 部网综平分。头部内容的市场效力已经得到验证。在对内容领域进行充分调研，最终确定父母教育类内容是值得深耕习作的优良土壤后，有养推出了第一个网综内容产品《耐撕爸妈》。

《耐撕爸妈》通过具有"网感"的娱乐节目形式去传递育儿价值观。节目邀请到许多明星，引起更多网友关注，一起来参与育儿话题的讨论。节目 2017 年 4 月到 7 月第一季上线，达到 5 亿的播放量。因为这 5 亿的播放量，让有养作为初创几个月的公司，在行业内迅速引起关注。

目前，有养已经形成了三大内容产品线，即由网综 IP、短视频、知识付费产品构成的父母教养方式的内容矩阵。其中包括 4 档网络综艺产品、近 20 个短视频 IP、1000 多条原创短视频内容等。有养还与喜马拉雅 FM 合作，上线育儿知识音频《五分钟育儿学院》。在线上知识付费方面，有养已开发出包括音频、视频等形态在内的课程，并尝试育儿机器人等实体产品的研发。

有养的内容矩阵，包括网综 IP、短视频 IP 以及知识付费产品

二、深耕：网生内容生产方法论

从试水直播，到推出网综，再到布局短视频，有养看似在内容领域游刃有余，事实上，内容创作从来都非易事。作为电视人出身，周洲虽然对于亲子少儿的内容创作本身并不陌生，但从电视大屏到电脑屏幕再到手机小屏，传播渠道和目标受众所带来的深层变化，直接造成了内容创作上的界限与挑战。

如何从传统内容到网生内容？

由于网生内容在生产机制上的不同，周洲及其团队需要快速调整适应。"做少儿节目主持人的时候，我一直在央视也是在做垂直的内容，只是我只负责内容。但是创业后，你要去理解洞察用户需求，他喜欢什么样的内容，并且他愿意为什么样的内容买单。"

基于此，有养团队确立了"以用户为导向"内容生产原则，进而对内容的生产提出三大要求，即有用、有趣和有感。例如网综《爸妈学前班》中，嘉宾父母到英国接受全方位的父母教养方式课程，并接受皇家育儿师的测试考验。观众不仅在节目中的课程中学到丰富的育儿"干货"，更引起了对于原生家庭、夫妻关系、亲子关系和生命教育等方面的思考。

如何实现内容迭代升级？

内容消费在升级，如何用新的文本方式服务有养用户？如果说长视频代表着"文化"，短视频就意味着"当下"。长视频由于时长较长，需要消费者使用整块的时间进行沉浸式观看，对消费行为的场域提出较高要求，而短视频却可以利用碎片化时间进行消费，消费频次因此提升。这也启发周洲为用户定制轻量级内容，以适应移动社交化传播的需求，在形式上不断迭代升级。

短视频要做的不是去消耗时间，而是要帮用户节省时间，让他们能迅速获取到对自己有用的内容。作为爆款的《有养100s》，具备配设效率高、视频制作精良、内容专业可靠的特点。父母最关心的问题由专家给答案，再用网络化的语言表达出来进行录制。100秒时间的快问快答，平均3秒可以让用户了解一个育儿知识。《有养100s》也成为有养短视频PGC矩阵中影响力最大、用户最喜欢、也最易于传播的一种形式。此外，有养还细分用户需求，创作出以微纪录片的形式呈现家庭情感的短视频《有养有人物》、专家会诊教育难题的短视频《天王急诊室》等，内容更真实接地气，话题更强，全方位抢占用户碎片时间。

如何确保内容的高品质？

在央视磨炼 20 年的周洲对于内容品质有着执着追求，其拥有丰富经验的核心制作团队的创作硬实力也保障了高品质原创内容的产出。

对于内容的品质保证，有养是通过自我研发的亲职教育体系维度表来实现的。有养是中国首个提出亲职教育体系概念的公司。周洲认为，亲职教育就是把父母亲当作一个职业，人们需要职业的学习，因此有养搭建了亲职教育的内容结构，横向按照 0 到 12 岁孩子的年龄，包括性教育、自我认知等，纵向按照孩子生长发育的规律，对于父母最关注的问题，比如身体发育、心理发育、身体健康、心理健康、亲子关系、社会关系、学习能力、艺术与教育等维度，横向和纵向交叉梳理出了几百个关键词，从而形成了有养自有的品控标准。

	婴幼儿期 0—3岁	学龄前 4—6岁	低年级 2—9岁	高年级 10—12岁
身体发育及健康	—坐月子、母乳、辅食、奶粉 —疾病、疫苗 —感官发展、运动	—性别认同 —常见疾病防治	—牙齿健康 —视力保护	—性教育
心理发育	—习惯养成 —行为引导	—性格培养 —社交商 —情商	—学习习惯 —情绪管理	—成就感 —自尊心
亲子关系 父母修养	—安全感、二胎 —隔代抚养矛盾	—入园准备及分离焦虑、家校关系 —夫妻教育矛盾 家庭规则建立	—父母权威建立 —正确管教理论 —国学教育	—叛逆期
品德能力 技能培养	—语言能力培养 —感官修炼	—数学启蒙、艺术启蒙 —展览教育、教育内容选择、传统文化教育、生命教育、自然教育等	—习字、体能训练 —素质教育、品格培养、动手能力、绘画、乐器、唱歌、品德教育	—财商 —运动项目：棒球、冰球、足球、篮球等

亲职教育体系维度表

短视频内容生产中，有养已确立了从前期研发、选题策划、专业校正、脚本写作、道具准备、拍摄剪辑等一套完整的制作流程。以《有养 100s》为例，每一条短视频前期需要花费一周甚至更长的时间来准备。首先，制作团队从亲子教育用户体系维度表的 50 个关键词向外延伸，对有养的用户最关心的育儿问题进行收集，找到用户痛点问题，并把这些问题提供给相关领域签约专家，由专家经过讨论后给出答案。此后再经由有养的创意与策划团队对答案进行更具"网感"的翻译，由专家确定用词是否准确之后不断改进、打磨。制作出脚本后，在专业摄影棚中进行标准化录制。遵照以上流程，有养团队可在制作成本控制的前提下一天录制 30 ~ 50 条《有养 100s》，保证内容专业品质的同时，实现快速复制和落地。

有养视频内容的生产录制过程

如何保证内容的规模化持续产出？

生产一个爆款内容不是很难，但是能够持续性地生产优质爆款内容就非常之难。有养作为一个垂直领域内容的平台，不仅是自有团队内容创作，而且与专家或机构合作，一起策划和制作内容，并不断吸收融合优质的内容生产者，采用 PGC+UPGC（用户与专家生成内容）的方式，协同生产。

目前，有养已签约 100 多个 KOL。为保证内容质量，有养不断精细优化筛选机制，并确立了一整套评估体系——包括教育背景、学术背景、用户量和影响力在内都是其评判 KOL 的价值维度。在统一品牌下，有养用 MCN 的模式形成了目前 10 个以上的 PGC 短视频内容，并通过扩充自己的人才储备库，来鼓励他们持续创作出优质的内容产品，升级父母教育的内容矩阵建设。

在分发环节，有养根据不同平台的调性，结合自身的内容进行有侧重地分发，其合作的平台既有爱奇艺、优酷、腾讯视频等大众平台，也有宝宝知道、宝宝树等垂直型平台，尽可能全面而精准地覆盖目标受众。目前，有养的短视频总量超过 600 条，全网播放量破 5 亿。

三、商业化：用内容作为超级入口，打通变现

围绕着父母学习这一核心诉求，有养将各内容产品相互补充、相互打通，呈现内容金字塔的矩阵布局，并以此为超级入口，打通商业变现。

■ 内容金字塔已具雏形，满足用户多样需求

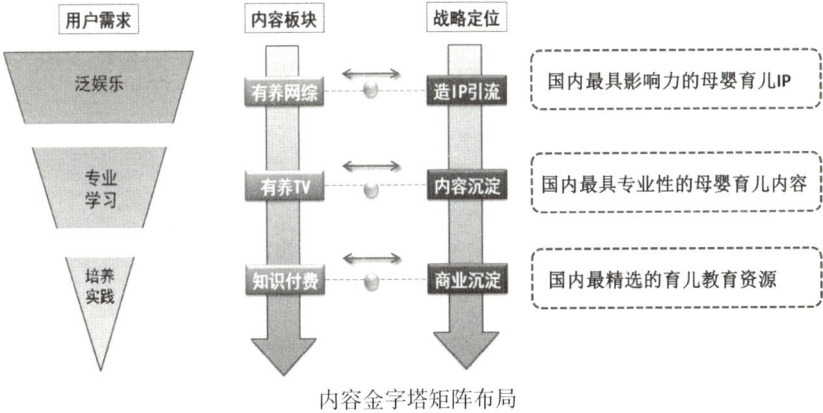

内容金字塔矩阵布局

在周洲看来，网络综艺节目相当于有养的"扩音器"，它的价值在于用娱乐营销的方式创造流量入口，为有养父母教育内容产品引流。例如《耐撕爸妈》这样的头部 IP 带动了巨大的目标用户流量，唤醒中国年轻观众对父母教育的认知，继而通过多样的分场景体系化的短视频内容，将沉淀下来的用户引流到有养自己的平台。有养所搭建的一套严谨、科学、专业化的教育内容服务体系，让用户在

平台中找到育儿过程中遇到的问题的系列化解决方案。

有养的内容矩阵已经成为一个超级入口，在情感、营销、知识上得到延伸，并最终在商业变现上得以落地。

情感入口。要想让优质内容沉淀积累变现形成闭环，不仅要从源头上保证内容的独创性和迭代能力，还要建立与用户的深度的情感连接。在选题设定、呈现方式、参与互动等环节，让用户通过有养内容所传达的价值观，去引发情感上的共鸣，建立情感连接。

营销入口。内容即广告，广告即内容。有养以优质而精准的网综节目吸引了大量具有高度黏性的父母消费者，帮助有养迅速获得流量、提升品牌营销价值。有养将其赋能给包括阿迪达斯、Blueair、福特、Kindle、学而思、亚马逊等品牌在内的 B 端（企业用户商家）客户，不仅为他们提供传播的定制品牌内容服务，还提供包括基于社群的电商转化、品牌跨界联合营销等服务。

知识入口。内容付费的产品，为中国的父母提供学习和个人升级的产品。作为有养营销链路的最后一环，有养学院由线上课程、学习社群以及线下沙龙三部分组成，通过提供育儿方面的焦点课程，来帮助父母完成教育认知的全面升级，以及形成胜任父母角色所必需的健全人格和关键能力。

阿那亚 × 有养儿童节现场

课程以专题的方式呈现，以"成长规律系列课程"为例，有养根据孩子的身体、心理发展、运动和大脑发育等成长规律，将课程分为六个系列，父母对标自己的需求，就能够了解自己孩子的个体差异和孩子在成长过程的一些规律，以避免由于育儿误区而产生的不良后果。课程的主题则呈现出多元化的特点，既有与孩子相处的实用干货，也有促进孩子全面发展的相关课程。有养还将邀请欧美著名专家加入有养"全球专家智库"的建设，共同打造多款创新型父母教育内容付费产品。

此外，在线上不断扩宽内容品类的同时，有养学院也尝试发力线下进行赛道的自我孵化。由亲子共同参加的"有养儿童节"将线上线下打通，引导父母将线上学习的知识运用到实际中。

从娱乐内容吸引为知识学习，从内容入口升级为内容平台，从看完即走沉淀为深度用户，有养希望可以成为倡导父母教育本身变成一个长期、高频并且具有黏性的内容平台。

四、跨界：完善垂直内容生态闭环

虽然有养选择的是垂直内容的赛道领域，但在实际运作中正努力朝着跨界方向去突破。而内容创业只有敢于挑战自我，打破边界，才会有更多的想象和可能。以下通过总结有养的跨界突破，希望给创业者提供一定的参考启示。

打破内容与广告营销的边界。有养并不只是局限在内容制作，而是用内容去营销。在垂直领域自己体现、突出和强化 IP 及价值观，去匹配不同的品牌和不同的营销的需求，与品牌相互赋能。

打破垂直内容和知识传播的边界。抛却传统教育引导的宏观视角和说教形式，洞察年轻父母教育中的切身经历和痛点需求，转向通过呈现专家观点分享，明星或是素人父母的场景演绎，网感的包装设计，体系化的知识要点，让用户真正受益，从而与节目产生共鸣。这是有养在短视频内容领域做出的新尝试。

打破观众和用户的边界。用有感、有趣、有用的内容解决内容与用户之间的连接，通过小测试、小程序、课程分享，甚至招募粉丝参与创作，有养一直在尝试与用户建立良好的互动，连接和激活用户最核心的价值。

打破内容与产业的边界。有养在商业布局上已经从产品思维迭代到产业思维。作为亲子教育赛道的头部公司，有养不仅为用户提供大量优质内容，更大目标是打造成为中国父母教育的头部平台，挖掘内容的服务属性，做产业连接器，发力 B 端的商业服务，为行业深耕后提供产业上下游的服务。

中国传媒大学广告学院　马涛　张菁芮

新榜：
如何服务内容创业者

在内容创业者中，新榜是一个观察者、服务者，也是一个参与者。2018 年 1 月 20 日，新榜发布了《2018 年内容创业年度报告》。这份报告从用户迭代、分化加剧、价值革新、平台赋能、分工细化五个角度，解读当下的内容创业生态，帮助新媒体人洞察 2018 年的趋势和机遇。实际上，这也是徐达内和他的新榜在内容产业中创业与发展的重要视角——足够关心用户，足够细分，足够快速。

一、如何看待内容创业？

在经历了内容产业的诸多变化后，徐达内回顾内容创业的这些年，提出一个观点："渠道为王，内容为后"。"2012 年微信公众号平台推出，这是内容创业得以兴起的基础。2015 年、2016 年微信已经开始变成全民应用，社交红利、平台红利与内容红利三期红利叠加，出现了草根与精英共舞的春天。2017 年，新榜大会提出的 Slogan（口号）是'内容迭代风起时'。从那个时候开始，我国的内容创业在商业模式和介质上都发生了迭代，重心转移到了商业变现上，特别是在一些母婴为主的内容电商自媒体里，出现了内容电商，内容付费、知识付费的商业模式。音频、视频蓬勃发展，各大平台竞争激烈。2018 年，我们提出的口号则是'内容创业进化论'。行业变化快到好像今天就发现昨天的事情做错了，这些追风口的事情可称为'傻瓜理论'，大家不断追逐新的平台、新的渠道、新的模式，同时也对持续性的原创力提出了更高的要求。"在访谈中，徐达内首先对近几年的内容创业表达了自己的认知与理解。

内容创业需要"套路"，而徐达内认为，这个"套路"要用在对的人身上："以微信自媒体为例，什么样的文章能够成为爆款？什么样的公众号能够获得成功？从我们的观察来看，当一个内容生产者确定目标用户之后，时下最流行的内容'贩卖点'基本就是娱乐、焦虑、鸡汤、生活方式、健康、装备、无聊、仁波切、知识、青春、鄙视、性暗示。但是无论贩卖的是哪一种诉求，归根结底都需要内容创作者能够针对自己的目标群体，完成共情这个基本任务。"然而对于内容创业者来说，仅有这些浅薄的"贩卖"并不足以成功，还需要懂一点"内容创作心理学"。徐达内认为，唯有充分捕获消费者心智，才能够顺利完成从 CP（内容提供商）到 IP 的关键跃迁，才能够帮助他们从"创作"变成"创业"。所以投其所好、反复打磨，从偶然性的内容成功到持续性的吸引用户，这是内容创业者迈向成功的第一步，也很好地解释了徐达内"渠道为王，内容为后"的基本观点。

创业的一个关键，在于"变现"。正如前文提到的那样，新榜本身是一个服务内容创业者甚至是引领创业者的机构，对于内容如何变现，自然有相当的理解。徐达内认为，当下的内容创业，并不需要我们把它看得过于沉重，而一旦能够将其看作快消品般运营，变现就变得相对容易。"内容本身是一种连接方式，是人类连接外部的方式。我们通过内容理解大千世界，通过内容了解万里之外的某个人，通过内容理解五千年前的一个故事。内容的存在非常广泛，包括电视剧、电影、综艺等，我们没必要赋予内容太过沉重的负担。以正面的角度理解内容，从圈层、对的内容要对的人这种角度出发。当我们不把内容看得那么重，内容既可以体现在趣头条、淘新闻这类型的产品中，也能被山东自媒体村的村民所生产。内容就是一个快速消费品，作为一个快速消费品，它将怎么赚钱？现在我们看到内容创业的主要变现模式为：原生广告、内容电商、内容付费。而新榜则是希望帮助这些内容创业者更好地变现。"徐达内如是说。

二、如何参与创业打造新榜？

基于这样的内容创业观，徐达内的新榜是如何发展起步的？毕业于上海复旦大学新闻系，曾任文汇报与东方早报副主编的徐达内的转型创业引人关注。

2014 年 7 月底，微信首次对外显示阅读数等公众号文章数据，就此契机，新榜从微信公开数据采集并推出影响力排行榜开始，逐步建立起中国领先的内容产业枢纽服务。2014 年下半年，在社交传播的大背景下，整个生态并没有形成统一的传播价值评估标准，新榜希望构建权威的内容价值评估体系。通俗一点说，就是让大家可以根据统一的数据标准来评估内容传播效果，进而可以进行内容产业链条上的咨询、投放、投资等具体操作。

2015年8月，基于数据基础，新榜开启了由数据指导的内容营销业务。开始主要以头部新媒体KOL原生广告为平台的主要营销业务，后期结合客户转化需求，展开以广点通为主的效果营销，以及以长尾流量为主的CPC计价的自媒宝营销业务。从而，让头部、腰部、尾部的新媒体流量在客户需求中更加充分地体现价值，为内容产业生态和商业生态寻找共荣点。

2016年初，新榜开启全域营销服务。业务范围从最初的微信媒介采购为主拓展至微博、淘宝生态、头条系、小红书等生态的内容营销。同时，针对大客户整合营销需求，组建KA组以及Auto组进行定制化营销服务。2016年9月新榜已经实现了盈利。

2017年和2018年，在服务品牌主的同时，新榜正式开启针对新媒体内容创业者痛点的一系列专业服务，从内容行业资讯情报，到线上线下涨粉、公众号交易，到新榜样成长营等成长社群，到新榜大会等品牌赋能、行业交流活动，再到新媒体"小而美"孵化经纪、招聘、培训、版权、法务等服务。2017年徐达内在接受媒体采访时表示将进一步扩大基于KOL、自媒体网广告营销业务，并希望在电商导购业务上有更大进展。在过去的2018年，新榜在私域流量增长、全域内容营销层面也都进行了很多创新尝试和探索，为2019年打足基础，为新型业务拓展做好准备。

从市场认可来看，2015年10月，新榜获得2020万A轮融资，资方为天奇阿米巴基金。2016年5月，新榜完成了A+轮融资，微影资本领投，真格基金、高榕资本跟投。2017年3月，新榜完成了B轮融资，由华人文化领投，华盖资本、达晨创投参与投资，总金额超过1.8亿。

三、如何服务内容创业者？

作为内容创业者的服务平台，新榜目前构建了一套数据服务、创业服务、营销服务为主的业务体系。2018年，新榜在业务层面进行了全面探索：在私域流量增长方面，新榜整合数据工具、咨询报告、培训课程、用户增长、运营工具、内容云稿库等产品服务，为客户创造和提升最宝贵的私域流量能力；在全域内容营销方面，新榜充分利用优势内容资源和全案整合能力，聚合微信、微博、抖音、淘宝、小红书、小程序、社群等全域分类流量，为客户带来品效销合一的产品服务；在产业服务方面，新榜继续发挥行业枢纽作用，连接线上线下资源，贯穿产业园区、人工智能、创投等前沿领域，由内容创业服务平台向内容产业服务平台进发。

值得关注的是新榜基于内容创业的数据服务。作为中国首先提供微信公众号内容数据价值评估的第三方机构，新榜已遍历超过1000万个微信公众号，截至2018年4月，对超过55万个有影响力的优秀账号实行每日固定监测，据此发布微信公众号影响力排行榜（日、周、月、年），以及超过20个细分内容类别的行业榜和超过30个省市区的地域榜。作为内容价值评估的重要产品，新榜每月和每年发布的中国微信500强榜单已成为行业公认的权威标准。除了以日、周、月、年的频率发布全类别微信公众号影响力排行榜外，新榜还与微博、今日头条、腾讯媒体平台、QQ空间、新浪看点、网易新闻客户端、大鱼号、淘宝达人、飞猪旅行、优酷、B站、秒拍、美拍、喜马拉雅FM、蜻蜓FM、荔枝FM、企鹅FM、知乎等平台分别达成合作协议，以优先形式联合发布数据榜单，构筑了移动端全平台内容数据体系。

名称	算法
PGC视频新榜指数	$0.2 \times$ 账号各平台得分最大值 $+0.2 \times$ 账号各平台平均得分 $+0.6 \times [\ln（账号平台总得分）/\ln 6000] \times 1000$
优酷得分	$\{0.5 \times [\ln（播放数）/\ln（平台理论播放最大值）] +0.5 \times [\ln（粉丝数）/\ln（平台理论粉丝最大值）]\} \times 1000$
腾讯得分	$\{0.5 \times [\ln（播放数）/\ln（平台理论播放最大值）] +0.5 \times [\ln（粉丝数）/\ln（平台理论粉丝最大值）]\} \times 1000$
爱奇艺得分	$\ln（粉丝数）/\ln（平台理论粉丝最大值） \times 1000$
美拍得分	$\ln（粉丝数）/\ln（平台理论粉丝最大值） \times 1000$
秒拍得分	$\ln（粉丝数）/\ln（平台理论粉丝最大值） \times 1000$
头条系得分	$\ln（粉丝数）/\ln（平台理论粉丝最大值） \times 1000$

新榜PGC榜单算法参考

然而，整个中国大媒体市场都没能很好地解决大数据技术在落地应用过程中的相关问题，比如数据孤岛、数据安全等。徐达内对这个方面是这样看的："不同平台之间的数据由于评估纬度不同，通常难以统一评估效果。其实，新榜指数以及榜单的建立也是希望在内容产业行业生态中，特别是为商业变现解决这个问题，形成统一的内容价值评估标准，从而进行更加成熟的商业合作，让内容产业评估和交易有据可依。在数据孤岛的问题上，新榜一直在不断努力。例如，新榜的跨平台 PGC 榜单，全面统计 PGC 在优酷、爱奇艺、腾讯、"头条"系（头条、西瓜、抖音、火山）、秒拍和美拍等主流视频平台的传播表现，将视频平台外显的视频播放数、粉丝数 / 订阅数通过专业的加权等价计算，最终以统一的新榜指数来评估 PGC 的传播价值。"

总体而言，新榜以数据开启全方位业务，也将以数据为基础继续内容产业服务版图；同时，在业务进程中也将倾注自己的力量，为行业问题贡献解决之道。

四、对于未来的期待是什么？

每一家创业公司都面临很多共同的挑战，如果说新榜的业务难点，徐达内认为，更多的是需要不断突破自己，应对内容产业的变化提供更加专业的服务，同时，作为内容产业服务平台，需要对这个产业具有更加敏锐的嗅觉，保持前瞻性，预见需求，提供精准服务。

从以往业务经营来看，"引领"和"追逐"的确需要平衡，一方面新榜需要具有行业前瞻性不断打磨产品和服务，另一方面，也需要根据变化，不断去优化从而打造符合客户需求的产品及服务。整体而言，两者是相辅相成的。"回归到创业公司的本质，因为每天都在面对变化，需要在自己一定的市场占有率后打造'第二条曲线'，具有前瞻性的'引领'很重要。任何创新都需要时间检验，需要在一定时间内做'减法'，这个时候我们可以去用客户意见（用户体验）去检验，这个时候'追逐'本身也是商业法则，是做减法的一个重要依据。国内内容创业大环境其实一直处于变化与转型中，因为这个行业毕竟是个'年轻人'，年轻意味着更多可能，更多变化和挑战。2018 年，我们面对的变化和转型的确更多一些，这也是内容产业不断成熟的标志之一。作为内容产业服务平台，新榜一直是在变化中成长起来的，积极应对政策产业变化，在主体业务中提供更加专业的服务，在创新业务中坚持'小步快跑，不断迭代'的原则，为内容产业链上的客户提供全面、专业服务。"徐达内感慨道。

虽然已成立 4 年，但徐达内仍然将新榜视为不折不扣的创业公司，将"创新、透明、可信赖"这 7 个字作为一以贯之的企业文化，即保持创新精神，在企业内外沟通中保持有原则的透明机制，将信赖建立在员工和客户心中，也以此和各位行业同仁共勉。2019 年，新榜还将在私域流量增长、全域内容营销两大服务板块上进行全面升级，将新榜优化升级为权威专业的"内容产业服务平台"。

中国传媒大学广告学院　刘珊

36氪：
从自我创业到服务创业

2010年12月8日，36氪网站正式上线。以科技创投媒体起家，到成为一家科技创新创业综合服务集团，36氪的发展不光是自身的创业与创新，也见证了中国创新生态的发展。正如36氪合伙人兼副总裁李政所说的那样："我们不敢说自己对中国经济社会有多大的贡献，但是我们真的在努力让国内的创新与创业能够跑的稍微再快一点，让一个项目的曝光能够更早一点。"

一、36氪的内容创业初心：看清趋势、解决问题

自2016年开始，36氪传媒的报道方向从"创投＋科技"向"新商业"全面升级，致力报道能代表未来经济趋势的新商业公司。自始至终，"媒体"都是36氪所有服务与产品体系中的基础属性，"内容"则是36氪所有发展战略中的重要竞争力。

关于趋势与未来——36氪的内容创业起点与思考

李政用一句话解答了36氪的基本定位：这个时代的焦虑和不安，主要源于看不清趋势。"焦虑是可以被放大和传播的，也许很多人在赚娱乐的钱，而我们希望帮用户节省时间，希望让一部分人先看到未来，所以36氪贩卖的是'趋势'，目标用户是'想要看到趋势的人'"。

对于个人用户而言，36氪提供的是全面的资讯、便捷的信息获取平台和服务、高体验价值的信息产品；对于机构用户而言，36氪则提供了一个互通有无的信息平台，提供了一个投融资的需求池——无论是找项目还是找资本，都可以在36氪的平台中获得有效的满足。而这一切，都与"趋势""未来"息息相关。

从这个角度而言，36氪是为了在商业世界快速变革的环境中，为用户提供

一个更好的信息集散平台，这个平台让用户能够主动传播，也让用户能够主动获取，让一个项目的曝光能够更早一点，让投资的需求能够更快落地。

关于新旧媒体——36氪对于内容与信息运营的思考

在36氪的创业与发展过程中，一个重要命题在于为自己，也为从业者解答一个问题：新旧媒体之间在内容与信息的运营方面究竟有何差异？而这个问题的答案则是36氪内容运营的重要思路与基础。

李政认为，传统媒体是以作者为核心的；是中心化生产、单一渠道分发的；是以信息单向流动为传播特征的；是获取内容越多，边际成本就越高为商业模式特征的；也是难以与用户直接进行互动、难以获取用户数据与信息的。而新媒体则是以用户为核心的；是去中心化生产、双向传播、边际成本为零的；是可以与用户进行即时互动，同时利用大数据来驱动产品快速迭代的。从这个角度来看，新媒体是对信息的"人、货、场"进行重构的一次革命。李政所代表的36氪认为，在新旧媒体的博弈融合过程中，传统媒体从来输的不是内容，而是运营内容的方式；传媒的价值观和内核永远都不会变化，但传媒这种商业模式的外延一直在拓展——"36氪其实是一个新媒体里面的传统媒体，我们将《纽约时报》视为自己的榜样，我们希望找到一个方法解决传统媒体的发展转型困境，也基于此做了大量的探索。所有解决方案提出与制定的前提，是要知道媒体的问题在哪里。"

事实上，从36氪媒体出发，到36氪集团，新与旧的融合，内容与服务的升级、产品与生态的打造，都源于这样一份初心与认知。

二、36氪的内容创业蹊径：对传媒的升级

正如前文所书，36氪的创业之初是为了提供信息，以帮助用户看到趋势与未来，而这种信息的生产、运营方式，则体现出了一种新旧媒体融合的特征。按照李政的解读，36氪是在利用互联网最先进的工具和理念，对传媒进行升级。

对内容的升级

在内容生产和内容运营上，36氪传媒搭建了行业内首屈一指的团队，形成了强大的资源壁垒与行业竞争力。36氪传媒总裁冯大刚是前《第一财经周刊》联合创始人及著名投资人。内容生产核心团队均来自《人物》《财经》《财新》《21世纪经济报道》《路透社》等老牌财经传媒。这些生产内容、运营内容的人才，多半出自传统媒体，而36氪利用互联网的思维和方式来进行内容运营，也就给了看似"传统"的内容全新的生命力——利用大数据对内容生产的前、中、后三个环节进行改造，实现效率的提升与价值的放大。

36氪的内容主要来自自主编辑、签约作者和读者投稿的原创类稿件，以及数量比例较低的媒体原创授权稿件。利用现在的内容生产工具，36氪从三方面着手：第一，将大幅增加UGC的内容源（第一阶段支持微信平台，后续还将支持今日头条以及各大门户的网站抓取）；第二，将对全网内容进行热点词的提取与分析，预测热点趋势，从而更好地对自身内容生产进行相应的指导；第三，利用相关的数据工具寻求报道流程的优化和精细化的管理。在内容生产中，技术工具可以实现文章自动配图、错别字自动纠正、文章自动打标签、文章自动排版、特定类别内容的自动写稿、CMS效率提升优化。在内容生产后，还可以实现个性化分发，让内容找到最合适的读者；以打分方式客观评估内容质量，沉淀项目报道数据；自动对外渠道输出内容接口；绘制用户画像以了解内容生产和销售；监控内容传播路径，找到有影响力的分发节点；搭建BI系统等。

对流量的升级

根据李政的介绍，36氪对"流量"进行了金字塔划分。第一层是自有流量，也就是36氪App的流量。第二层是渠道流量。36氪会投放渠道，在应用市场等平台推广后，有很多高校和36氪合作，产生的是渠道流量。第三层是合作流量。例如，36氪与很多金融机构都有合作，比如平安银行、支付宝、招商银行等，这些银行App中都设计了相应的内容社区，其中大量来自36氪（包括专属定制的内容），也就成了36氪的流量来源之一。第四层是下沉流量。头条、微信、Wi-Fi万能钥匙、UC等这些平台都是36氪的合作伙伴，在这些平台中都可以看到36氪的内容。

"在当下的竞争格局中，单靠自身的流量是远远不够的。我们在这样的流量格局之下，将所有流量导入一个共同的流量池里，并进一步促成相应的转化。这种转化大致分为两类，一类叫用户转化，一类叫客户转化。用户转化就是用户付费，比如知识付费的形式。客户转化是以广告为代表的，由 2B 的一端付费去实现的流量变现。"李政如是说。当然，这种 B 端的转化，其实就是机构用户的付费方式，而这一点也是 36 氪商业模式构建、产品与服务升级的重要基础。

对服务的升级

36 氪认为，传统媒体在当下产业格局竞争中的失利点之一在于商业模式的传统与守旧，而 36 氪恰好在这个领域进行了有益的探索——"未来媒体的变现一定是服务的升级，是一个从信息制造商变成信息服务商的变化，我们的商业模式是构建在'信息'这个核心基础之上的拓展。"李政对 36 氪的服务升级做了这样的解释。

具体来说，在 8 年不间断的媒体报道基础之上，36 氪获得了一个相当庞大的数据库，而这个数据库就是 36 氪提供相应信息服务的基础。"36 氪将创业公司的基本信息、资本、技术等，交给数据分析师整理，沉淀下来的信息就进入数据库里，成了 36 氪珍贵的资源池。因此 36 氪非常了解他们接触过的创业公司，清楚它的优势和劣势，清楚它的技术壁垒、技术核心等。这为 36 氪的新发展打下了良好的基础。"李政解释道。基于这个庞大而专业的数据库，36 氪为企业提供咨询服务，实现资本与技术、资本与项目的对接。在这个过程中，媒体、企业、资本方、政府，都成了 36 氪的机构用户，是在个人用户之外对于 36 氪而言非常重要的变现来源。

三、从自我创业到服务创业：共建创新生态

基于上文提到的服务升级，从 2016 年开始，36 氪逐步将业务拆分成了三大子公司，分别是新商业媒体——36 氪传媒，联合办公空间——氪空间，一级市场金融数据提供商——鲸准。经过 8 年的发展，36 氪已成长为一家科技创新创业综

合服务集团。而公司的这个发展过程，其实也是一个从自我创业到服务创业的发展过程。

环环相扣的服务体系

基于最初的媒体业务，36氪抓住了机构用户的服务需求，也逐渐孵化出新的业务形态。在业务拓展的过程中，36氪的基本原则是"坚定而灵活"，一切围绕用户的需求，一切围绕自身的初心："我们抱有非常坚定的目标和原则，但是我们做事情的方法极其灵活。"李政解释道。

2014年4月，36氪打造了以联合办公为载体，社群为纽带的企业服务平台氪空间。氪空间诞生的初心是解决小微团队办公难的问题，使命是"让办公更美好"，以空间产品构建线上线下社群，在提供联合办公空间的基础上，从用户需求出发推出更多围绕办公生态的服务，实现"赋能一亿人的快乐办公生活"的愿景。截至2018年6月，氪空间在中国内地覆盖北京、上海、广州、杭州、南京、武汉、天津、苏州、成都、厦门、合肥等11个城市，运营40多个联合办公社区，管理面积超过20万平方米，工位数量超过35000个，服务企业数量超过2000家。目前，氪空间已经开始布局亚太市场，目标是2019年底在以中国为主的亚洲范围内实现管理面积超过150万平方米，实时服务22万会员，"让联合办公成为城市商业的标配"。

2017年8月15日，鲸准作为36氪的战略新品牌首次亮相。鲸准平台针对创业者、投资人、投资机构等一级市场从业人员，推出鲸准·对接平台、鲸准·资管系统、鲸准·洞见三款产品。鲸准的愿景是打造行业领先的金融信息提供商。通过提供综合金融数据包括独有的一级市场数据，鲸准让金融机构和非金融机构可以更好地触达和了解一级市场项目信息，以及新时代的其他智能金融数据，让创业项目获得更有效的融资对接。同时，针对私募基金信息化程度低的现状，鲸准提供资管系统，帮助投资机构实现更高效的投资管理。

共同构建我国的创新生态

从2015年开始，36氪的创业服务开始加速，并且获得了极佳的效果。例如，2015年3月24日，36氪融资平台正式上线，它首先会解决创业者的融资需求，通过产品把创业者和投资人联系起来。当创业者和投资人更多更分散时，36氪融资平台能带来的价值就更大，它可以让信息和沟通更加高效，让创业者快速了解投资人，能够跟投资人建立联系。9月9日，36氪与中国经济研究院完成战略合作签约，双方合作达成后，新经济论坛中关村会场将落地36氪众创空间——氪空间，同时双方还将开发以大数据为核心的创新创业产品，共同建立"36氪中国创新研究院"。10月19日，全国大众创业万众创新活动周暨启动仪式在北京中关村国家自主创新示范区展示中心正式拉开序幕，国务院总理李克强等领导嘉宾出席了启动仪式。此外，作为唯一的创业服务平台代表，36氪创始人兼CEO刘成城获得李克强总理的接见，并一起启动中关村创新创业服务平台。同一天，36氪联合拉勾网、天使汇对外公布了三家的战略合作计划，三家企业将打通彼此的资源，进行深度合作，启动"创业三棱镜计划"，更好地服务创新、创业人群。

对于中国的创新生态，李政是这样解释的："这个生态里面有创业公司，有大公司创新，有当地政府，有投资机构，有我们这样的媒体，是一个共同的生态。我们一直在做这个生态，我们并没有走得太快。在这个生态里面，我们有媒体的基本原则，有很多事我们不做，我们也有好多事还没有去做。"

中国传媒大学广告学院　刘珊

豆果：
美食产品的持续迭代

去中心、碎片化、个性化、人工智能、物联网……技术的发展加速进行，新挑战不断出现。对内容领域的创业者而言，从生产到分发，再到充分挖掘内容价值，面对的新命题亦同步演进。

创立于 2011 年的豆果美食，在持续的内容变迁中，给出了自己的答案：深耕、拓展场景，通过结构化的食谱、个性化推荐、专业化内容与精细化运营的社区，构建用户与内容的链接。同时，立足于内容和数据优势，以营销、电商、智能厨电等领域的布局，形成连接厨房场景中的无数企业和用户的平台。

一、深耕、拓展场景，构建用户与内容的链接

海量食谱："结构化"的独到优势

晒美食是年轻人在各种社交工具上必备项目之一，而晒自己做的美食，看起来更是"逼格"满满，不过这有一个前提是：你得会做饭。这对于大多"80后""90后"来说是难题，也正是豆果美食诞生的初心。豆果美食 CEO 王宇翔在 2008 年就发现了这个痛点，但王宇翔说："那时候我们没有急于去做这个事情，而是做了近三年前期准备工作。"经过了大量的调研和分析，在 2011 年，豆果美食 App 正式出现在大众的视野里。

经过 7 年的发展，豆果美食已经积累了 100 万道食谱而非"菜谱"。家常菜、零食、点心、酒水……这些内容构成了豆果美食的立足之本。"海量"还不足以满足需求，豆果美食并率先对菜谱内容进行了结构化处理，成为沿用至今的经典格式：头图→说明→食材清单→制作步骤，极大优化菜谱上传过程及观看体验。

"我们发现一个特别有意思的现象：内容会重点强调它的'结构化'，越来越多的内容已经完全是结构化的数据。比如豆果上的菜谱已经一步一步完全区分开，每一步用到的主料和辅料都明确标出了。"

同时，所有食谱又进行了不同维度的分类，包括按照菜式菜系、烹饪方法、口味、蔬菜、主食等分类，也可按照食疗养生、母婴等人群和需求进行分类，为每一个食谱打上了丰富的标签。

在创立之初，这种结构化的内容，对食谱的上传、检索、浏览体验带来了提升；而随着环境的演变，在内容和营销结合越来越密切的趋势下，则成了另一种独到的优势。

对内容进行"结构化"或者说"画像"之后，在传播及商业化层面，就有了更大的空间和可能性。既可以实现无缝跨平台传播，也更加容易匹配到用户的需求，随时输出；同时也更容易贴合商业化的场景，并能够迅速落地执行。例如某客户要投放酱油广告，那么，豆果美食可以快速在辅料上加入酱油品牌的 logo，实现快速的植入，并且这一植入与实际应用场景高度贴合，更好地触达和记忆、转化。

在结构化的同时，内容形式越来越多样化，豆果的食谱通过漫画、短视频、直播等多种形态进行包装，并汇总成为各种需求下的专题，让用户的内容需求得到更准确和全面的满足。

智能推荐：融合数据，满足用户需求

"智能化或者说大数据，很多人都在提，美食菜谱对于个人的智能化推荐的重要意义在于溯源性。"2017 年 8 月 11 日，豆果美食产品技术团队上线 6.6.6 版本，开创美食应用个性化推荐功能，支持无限刷新，突破"扁平化数据"的局限，追踪用户数据行为。

豆果根据用户的浏览、收藏、关注等行为，结合用户、菜、口味、地域、气候的模型，推算归纳出用户需要、心仪的美食话题、菜谱、达人课程，针对不同的人做完全不同的菜谱推荐。此外，新版本的豆果美食支持无限刷新，具有"记忆刷子"功能，提示用户之前的浏览足迹，高效智能地传递菜谱信息。

王宇翔认为："新的方向和趋势，不仅仅局限于在家做饭或者说美食分享这个领域，而是逐步延展到它更深远的地方，可能会结合大家的健康，自动形成用户的健康报告、自动形成饮食体系的推荐，可以更好地服务你自身的健康情况。"

豆果课堂：满足更为专业的内容需要

"内容变迁中，用户也在觉醒和变化。"用户已经不仅满足于"内容"，而逐渐培养起了对"知识"的需求，并且具有了付费的习惯。与此同时，豆果美食的社区中沉淀了大量能够贡献优质内容、转化为知识产品的"生产者"，他们的"收费"意识也开始觉醒。基于此，豆果美食通过视频直播、专栏电子书等形式，上线了知识付费产品。视频教学，付费学习，打破时间、空间对厨房场景的限制，动态还原美食制作的细节过程，即时提供美食制作技巧指导，提升美食参与感，让美食不再"遥不可及"。

直播课堂也是豆果的一大尝试。它区别于现有的图文、视频形式，教与学同时进行，即时的互动切实解决了用户在实际操作使用中出现的问题。

此外，直播课堂还为用户实现了价值变现，增加了用户黏度。例如，豆果上的一个叫作虎虎声威的达人用户，在直播课堂上教大家如何自己动手做口红。直播课程需要 9.9 元，每次报名人数大概几千，这位用户通过直播课堂，每次就可以得到近 1 万元的课时费。这就大大提升了众多达人用户的积极性。

社区运营：打破产品边界

通过社区沉淀的 UGC 内容，豆果美食构筑了百万食谱的壁垒，也面临着内外部挑战。从竞争的角度看，美食领域确实可以形成巨大商业回报，因此吸引了众多进入者，差异化继而成为新问题。从增长的角度看，在互联网的用户红利尚未消失时，互联网企业更多是基于单一内容、优势内容去获取用户。而现在，互联网用户红利越来越少。因此，针对已有的内容做深度挖掘和精细化运营，用各种组合方式与用户的各个需求点结合，靠不同的内容把用户挽留下来，就成了转型的方向。

正如王宇翔所言，"本质上，互联网的所有产品都不应该有它的边界。因为一旦设定了边界，产品的局限性就会显现出来，可能性就会变得越来越小。"同时，各类达人"种草"及用户经验分享蔚然成风，促进了兴趣领域的进一步细分，也为内容社区的再次崛起提供条件。

"我们称之为精细化运营，或者说打破产品边界。我们开始做基于内容差异化本身形成的社区，把我们的用户属性做成更深度精细化的运营。"

"笔记"板块的上线就是基于这种突破边界、精细运营的考量。2018年6月7日，豆果App全新上线"笔记"板块。豆果美食"笔记"板块是一个集合、呈现高质量内容的专业美食社区，旨在为用户提供有价值、有帮助的内容。上线不到2个月的时间，已汇聚了500多万篇原创笔记，截至2018年末已有近2000万条笔记帖子。

与旧版"论坛"形式社区相比，新版笔记量级更轻，发布、阅读更简便，形式更加灵活多样，除9张图片、1000字以内的短笔记外，还有图文并茂的长笔记、观看方便直观的视频笔记等，涉及的领域则包括了美食、人生经验、女性、减肥美容、情感等，以美食为核心，并延伸到生活方式。

二、基于内容及数据优势，连接企业与用户

"厨房其实是由无数个企业支撑起来的，而豆果美食就是连接这些企业和用户的优质载体。"合适的商业化，应该实现前后各个环节的需求满足。围绕着厨房这一场景，豆果进行了多元化的探索，持续连接众多企业和用户。

内容及数据是商业化根基

"我更希望大家把豆果定义成一家技术型的公司，而不只是一个社区、一个媒体。"对豆果所定位的"厨房"场景而言，其中囊括了食材、调味、厨具等多个元素，用户需求更是丰富多样，涉及不同的家庭组成、阶段，三餐搭配、养生保健、宝宝辅食、运动减脂等不同的饮食需求。在智能化、碎片化的当下，企业迫切需要了解用户，以进行贴近的生产、营销、运营。豆果经过7年的发展积累的内容和数据，能够与各类企业合作，成为企业与用户的连接器。

内容方面，前文已经述及，无论是结构化的食谱，还是用户上传的笔记、开设的课程，都可结合具体的需求，成为开展商业化的场景。

数据方面，豆果美食在 2015 年成立的大数据部门则记录了用户行为、其自主上传的家庭数据、口味偏好、健康数据（体重、病史）等，食谱的内容本身，如油温、烹饪时长等，也就构成了做饭过程中的重要调控数据，豆果美食会基于地域、气候、家庭膳食结构、营养推荐、病理统计等数据进行平台式集合和数据建模。

具体的商业化拓展涵盖广告营销、电商、智能厨电等多个领域。对于广告营销，笔者在上文中已经穿插提及豆果利用内容和数据，实现广告的"场景化"，下文不再详述，而主要对其电商和智能厨电的布局进行解析。

发挥竞争优势，探索电商模式

"用户现在已经不单纯是通过用产品自身的价格或者是产品自身的介绍来购买商品，而是通过场景。"

对美食这一类型而言，由内容到电商似乎顺理成章。但从产业链条和运营方面，内容和电商又各自有要求和特征，如何承接呢？在消费者对商品越来越了解、要求日趋升高的当下，围绕家庭的消费主题，严选供应商、确保质量、价格和物流等，持续进行优化，满足消费需求，这是电商的题中之意，而同时豆果美食也找到了自身的优势。

其一，挖掘内容对商品购买带来的影响。越来越多的用户具有消费升级的需求，通过持续不断的内容输出，让内容附着于商品之上，形成商品的"软包装"，结合场景，影响目标人群对商品的认知，能够提升其购买的意愿，激发行为。

其二，挖掘豆果作为美食社区的潜力。豆果中沉淀的众多达人里相当一部分是美食领域中的意见领袖，其背后是数以十万乃至百万计的粉丝，他们的影响力，可以通过相应的产品设计和运营实现"带货"目标。

跨媒介延伸，推进厨房智能化

"厨房智能化的落脚点，应该是用量化行为代替过去的经验。"伴随物联网的发展，厨房朝向智能化演进，厨电品牌不再满足于基础功能的实现和提升，而转向为用户提供真正能够满足个人和家庭特点的需求的智能服务，豆果美食正适合扮演赋能厨电品牌的角色。

基于自身的云系统和大数据平台，豆果作为技术提供商，可以发挥关键作用。例如基于智能厨电设备本身或厨电中的食材，为用户智能推荐食谱，根据冰箱里的食材为用户推荐做法或是根据天气变化推荐饮食菜单，甚至可以通过食谱去控制火候和油烟机转数等。目前豆果美食已经和国内 90% 的智能厨电品牌进行了合作，包括三星、海尔、九阳、老板、方太、格兰仕、美的等众多品牌。

　　比如在与三星智能冰箱的合作形态上，豆果将 App 植入冰箱 21 寸的液晶面板；并与手机 App 相连，用户不仅可以清晰地了解冰箱中食物库存、是否过期，豆果还可以通过食物种类智能匹配菜单，给出食材料理方案。而在与樱花抽油烟机的合作形式上，豆果与樱花联名推出了一款"变频抽油烟机"，这款抽油烟机可以通过探头感知烹饪过程中产生的烟雾量，自动调节风速大小。

　　王宇翔曾提出一个"傻瓜式烹饪"的场景设想：用户查看想要尝试的菜谱，通过菜谱给出的购买链接获得食材（甚至无须洗、切的半成品），然后使用智能厨具炒菜。这时用户可以通过智能灶具的控制面板匹配豆果 App 上的相关菜谱，灶具就会通过菜谱中的数据（比如油先要三成热，5 分钟后大火爆炒），来自动调节烹饪中的油温。

　　未来，豆果美食期望搭建一个涵盖生鲜、半成品食材、厨具、厨房电器，甚至橱柜等厨房场景全品类商品的平台，让用户可以在豆果上实现厨房用品一站式采买、智能化烹饪。

中国传媒大学广告学院　吴殿义

移动电影院：
电影行业的新模式

一、移动电影院是什么——随时随地看电影

移动电影院是一款 App，用户下载后可以通过手机、平板电脑购买并观看取得国家电影公映许可证且处于线下影院公映期的电影。该观看不计入网络播放点击率，而是计入中国电影票房统计系统中。电影播放期间，手机与实体院线一样，无法快进或快退，不过可以暂停，购买的电影只允许观看一次。

"这个概念为电影发行商提供了一个新的通道——将中国民众10亿部手机作为屏幕。电影在人们视觉消费视频的比例越来越小，如果不改变仅靠电影院发行电影的模式，可能面临消亡。票房是电影行业的命门，一定要把票房提升上去。靠电影实体院线定时、定点、定片，年轻人可能去不了，因为'谁的时间不宝贵呢？'"北京云途时代影业科技公司创始合伙人兼首席执行官高群耀在接受访谈时曾经这样介绍道。

通俗地讲，手机等移动终端变成放映机，手机等移动终端的屏幕变成电影的银幕，通过"手机＋不同的场景"构建出独一无二、个性无限的私人电影院，看电影将变为随时随地触手可及的事情。

目前，移动电影院的主要功能——移动端观影方面，采用数字电影（DCI）行业数字显示标准中最高的 2K 分辨率规范（2048 像素 ×1080 像素分辨率），让手机观影品质极大提升；此外，还可为观众提供电影同期伴随解说服务、移动VR 观影等多种形式的体验。并且，移动电影院已携手华为落地海外。作为全球首家基于互联网技术放映新模式，它的发展受到国内外电影业界的高度关注。

2018 年，作为国家电影智能化的唯一试点，移动电影院在技术和片源上的迭代更新从未停止。产品每两周一迭代，目前增加了更多功能，已支持解说服务和大朋 VR 设备绑定。而其商业模式的核心——片源的更新也从未间断，半年时间共上线 67 部电影，最高单片观看人次已超过 10 万级。"移动电影院一定出爆款，

只是时间问题。"高群耀说。如果时间足够长，这款产品在模式、政策、技术上的优势会越来越明显。

二、移动电影院的市场定位——解决什么问题

移动电影院是我国电影放映领域的一次卓越创新，积极推动了电影产业的信息化和智能化进程，加快了电影产业向高新技术产业转型升级。移动电影院将重塑一种新的产业生态，充分发挥移动互联网的技术优势和运营优势，对原有电影市场进行业务优化和扩容。

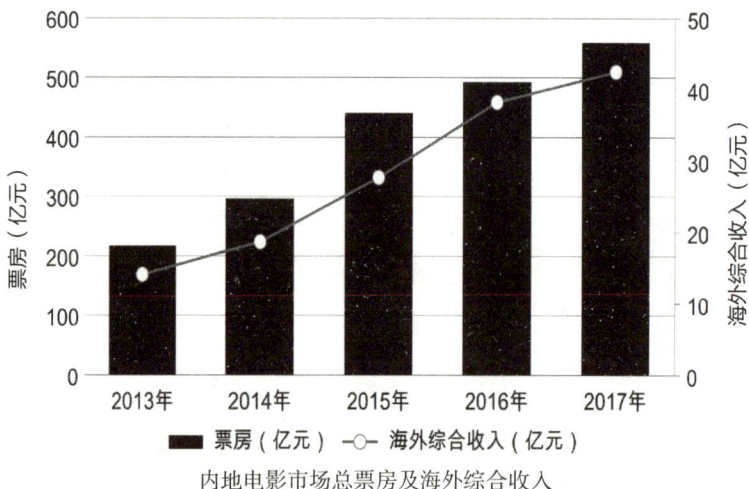

内地电影市场总票房及海外综合收入

2017年，中国电影总票房为559.11亿元，我国电影市场已经成为仅次于美国的全球第二大电影市场。然而，当前中国电影市场仍存在诸多急需破解的问题、症结：

第一，总体人均消费频次尚处于低频次阶段。2017年，全国的观影人数为16亿人次，纵向与历史峰值（1979年，293亿人次）相比，有巨大的增长空间。横向同发达国家相比较，内地市场年人均观影次数较低，其中仍蕴藏着很大的票房潜力。

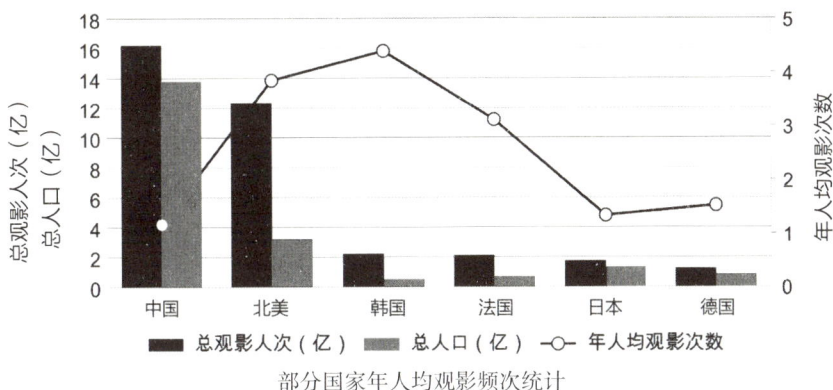

部分国家年人均观影频次统计

全国银幕数量和年总观影人次增长迅速，2017 年中国银幕数已超过北美，跃升为全球银幕数第一的国家。然而，单银幕年接待人次有所下滑，说明影院发展不均匀，下沉渠道的潜力没有得到发挥。

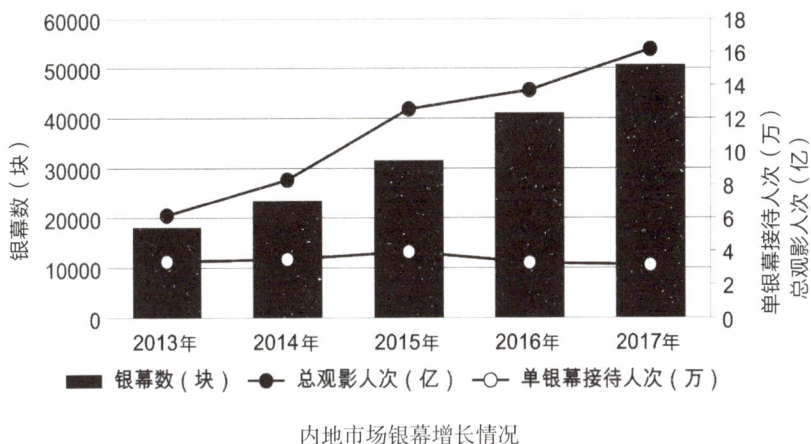

内地市场银幕增长情况

第二，实体院线下沉覆盖有限，存在巨大的物理覆盖盲区。截至 2018 年，我国仍有 885 个县级行政区只有一家实体影院，常住人口 2.62 亿人；292 个县级行政区没有实体影院，常住人口 4230 万人。这相当于，全国县级行政区中约有 41% 的县级行政区只有一家甚至没有实体电影院，影响约 3 亿人口的日常观影。

在票房的城市分布上，占比 5% 的一线和新一线城市贡献了 47% 的票房。而占比 66% 的四线和五线城市仅产生 15% 的票房。

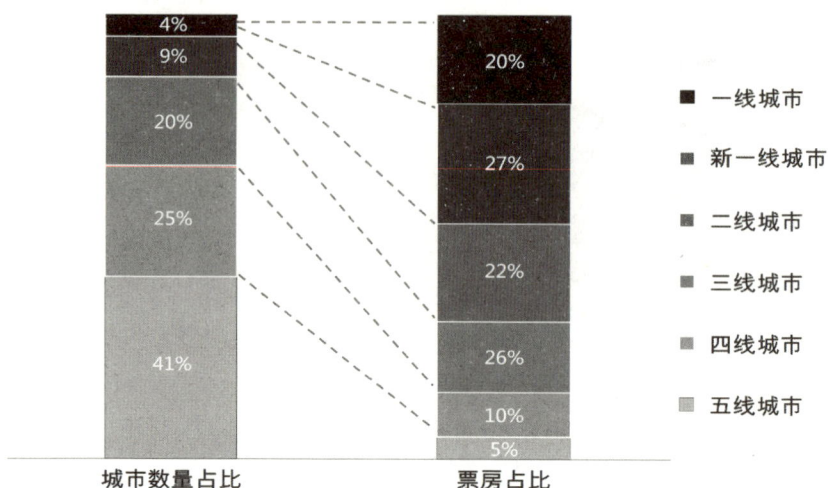

城市类型与相应的票房占比

数据来源：国家电影专资办，统计局

第三，内容角度，题材、类型、演员均过度集中，抑制了文化消费多元化。中国电影家协会《2018中国电影产业研究报告》显示：2017年有近3300部国产电影通过备案立项，实际生产了故事片、动画片、科教片、纪录片等各类型影片970部。而实际进入电影院线公映的只有412部，占立项总数的12%。也就是说，还有558部因为商业等原因而根本没有机会和观众见面。大量影片受市场空间限制无法在电影院与观众见面，直接影响了票房表现。

2017年上映电影类型分布

数据来源：《2018中国电影产业研究报告》

2016 年、2017 年内地电影市场票房前 50 的影片瓜分了 80% 年度总票房，其余 90% 影片仅依靠剩余 20% 市场存活。大量优质电影无法得到收益保证。2017年，每日票房前 5 的影片收割了市场 90% 的票房和 83% 的场次，其他数十部电影抢夺剩余空间。

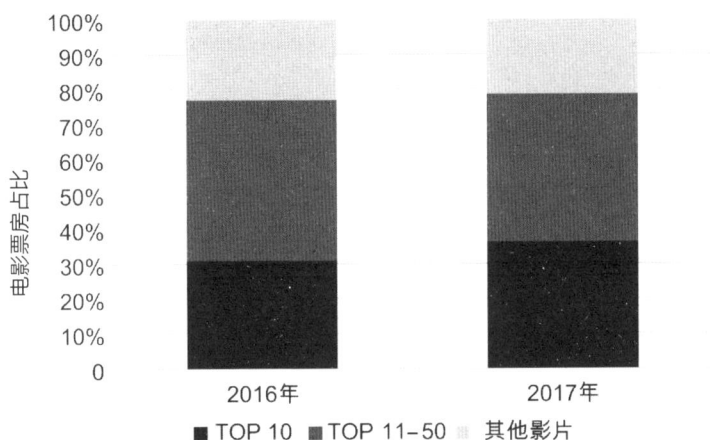

内地电影市场 TOP 50 电影票房占比

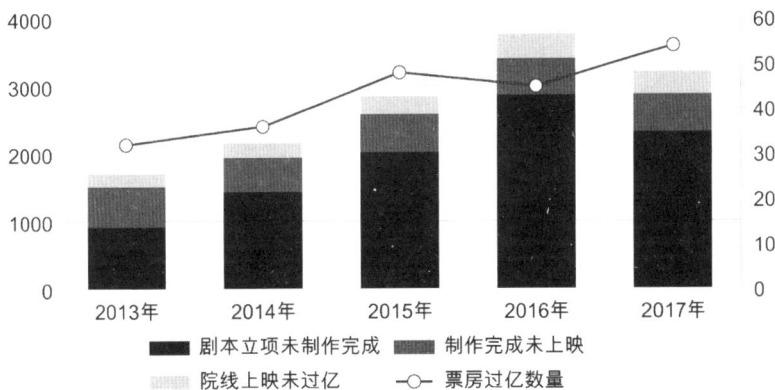

内地市场国产故事片生产及院线上映情况

数据来源：国家广播电视总局备案信息和中国电影家协会《2018 中国电影产业研究报告》

| 剧情，27% | 喜剧，17% | 爱情，14% | 惊悚，10% | 动画，9% | 动作，7% | 其他，16% |

2017年上映电影类型占比

数据来源：豆瓣

豆瓣网数据统计显示：2017年剧情影片数量占比为27%；喜剧影片数量占比为17%；爱情影片数量占比为14%；惊悚悬疑影片数量占比为10%；动画影片数量占比9%；动作影片数量占比7%；其他类型影片只占16%左右。

上述问题终将影响票房市场。中国电影票房市场绝对依赖于传统线下院线，而传统院线重资产模式遭遇瓶颈——院线压力大，投资大、上座率不足。依靠大规模地建设实体电影院来提升票房的商业模式已经遭到前所未有的挑战。根据公开数据整理，2017年全国电影院的平均上座率只有13.34%，2016年的上座率为14.05%，换言之，每个电影院平均每场85%的座位是空的。很多影院上座率都不高，说明实体影院银幕数量对观影人群的拉动力在降低。许多电影院的运营情况并不乐观，票房增长的幅度也低于银幕数量的增长幅度。相关数据显示，虽然2017年银幕数量较前一年增长了21%，但单银幕产出观影人次却只增长了18%。

在高群耀看来，"影响和消灭实体院线不是移动电影院的使命，它也做不到，当年电视和DVD出现，电影院都没有消失"。就像他从产品上线半年来一直强调的那样，"移动电影院的出现一定是产业的增量，而不是零和游戏"。

移动电影院瞄准的是院线覆盖不了的增量市场，用"分区发行""分众发行"的方式，满足所谓"三不对人群"——时间不对、地点不对、内容不对而没有走进影院的人群的观影需求，产生内容和观影人群的"泄洪效应"。

基于这个市场定位，在产品功能上，移动电影院以手机、平板电脑为载体，打破了时间、地点的限制，从"一对多的大广播模式"变成"一对一的电影放映模式"，从而覆盖放映盲区。而在上线电影的内容上，移动电影院目前瞄准的是院线大片之外的众多影片，释放它们的市场潜力。

高群耀说，每年拿到龙标的电影近千部，超过半数电影没有机会上电影院线，即便上了院线，绝大多数排片不到1%。宣发费最高的商业大片垄断了大银幕，成为"影霸"，二八效应越发明显，内地电影市场票房前50的电影基本占据了票房，后面绝大多数电影基本没有票房，或者根本没有见到观众。"但是并不代表这些电影质量差，只是它们的宣发费用无法支持它们的票房进入前列。也不代表它们没有观众，而是有明显的分众需求。"

三、移动电影院——连接创造新价值

单从一个放映渠道来看，移动电影院最多是电影文化产业链局部环节的模式创新。但是基于它移动端的基因，从面向产业、面向未来发展的角度去深层次地考证和探索会发现，这一模式从创立伊始，便突破放映环节的思维局限，从上中下游整个产业链生态重塑和注入活水、盘活整盘的战略考量，进行资源整合和内外兼修，充分体现了以消费者（观众）为主导、以连接为核心价值的互联网思维。

渠道连接：覆盖盲区、精准触达、重在增量

移动互联网大数据精准甄别盲区，有所为、有所不为。虽然目前从网络、技术、设备、成本上，移动电影院能做到全境、全时空、全阶层的覆盖。但是从整个产业链全局角度出发，移动电影院首先是要定位于电影票房的增量市场，即传统线下院线市场覆盖的盲区，针对那些因为时间、年龄、交通和经济因素无法前往影城观影的观众。补短板、做增量是当前移动电影院的策略重点，通俗地讲，针对盲区的观众，选择小众优质影片、类型影片放映，积累观影体验，逐步培育观影习惯，实现差异化市场布局。

盲区市场可以划分为时间盲区和空间盲区两类。目前，移动电影院可以实时监控到全国电影的院线排片数据，根据无实体影院建设区域、无影城排片区域、无黄金场排片区域、排片比例过低区域等几个维度测算出相关电影的院线市场盲区即无有效产出排片的时段和区域然后根据该区域网络信号基站、区域内手机IP地址等进行精准投放。只有通过市场盲区的移动端才可以在移动电影院找到这部电影并观看。

这种充分利用互联网和通信数据的精准识别盲区、定位增量市场的策略，有助于清楚地区隔广义上的电影票房市场。既不成为既有市场的颠覆者，又可将内容精准投送到传统票房市场之外的增量需求上，有利于凝聚产业共识，做精、做透细分市场，也符合日益个性化的消费趋势和差异化的营销趋势，而且有利于细分市场价值最大化和产业多方参与者的利益最大化。

市场细分：机构市场、个人市场、设备植入等多箭齐发。 当今中国消费正在升级，但消费分层、阶层化的趋势也非常明显。城乡二元差别由来已久，即便是同城，每个人都有着不同的生活、消费习惯，以及不同的族群标签，而乡村地区东西南北更是存在着诸多差异。既然精准化识别手段已经成熟，那么针对不同层级和个性化的市场需求，实现差异化的营销策略便将水到渠成。

移动电影院的群层至少包括以下四大群层：党政人群、移动人群、县域人群、海外人群。

党政人群： 文化类的政府公共服务市场采购已成常态，采购内容包括培训、教育等等。应充分利用公映、非公映影片中的红色、主旋律、科教等积极向上、弘扬中华文化的优质内容，满足党和政府、教育机构的宣传及教育需求。这种机构市场，由于成员（如党员/学生）均为组织化管理，具有推广成本低的优势，是具有2亿人规模的重要细分市场。

移动人群： 城际大移动人群是另外一块时空盲区市场。2017年中国航空、铁路客运总量达35亿人次、人均航空旅程3小时/次、人均铁路出行时间也至少3~5小时。目前飞机上移动网络也已放开使用，高铁移动网络便利通达。在车厢或机舱这类相对封闭的空间中，乘客短时期处于信息孤岛状态，移动电影院可以加入个人移动终端的内容市场竞争中。

县域人群：《中国县域市场研究白皮书》显示，中国生活在县域地区的人口占全国总人口的70%左右。县域地区人口分布分散，空间距离远，客观上也导致群众观影困难。并且影院数量少，41%的县域地区只有一家甚至没有电影院。

海外人群： 分布在世界各地的6000万华人也是一个特殊的潜在观影群体。目前，移动电影院已经联手华为，通过手机终端植入App等形式借船出海，触达海外华人市场。他们置身海外，关注和了解祖国动态的平台、欣赏祖国精品文化产品的渠道比较少，除了央视国际频道和部分华文电视频道，很难接触到国产的电影作品。处境相同的还有中资公司员工，其文化生活更是相对匮乏。

内容连接：差异化上线、盘活小众片

区隔主流排片的单一思路，借由多元排片策略实现内容差异化。移动电影院片源通过聚焦院线中尾部 20% 排片量的小众片及获得未能公映的龙标片而获得内容差异，赢得特定分众市场。移动电影院自 2018 年 5 月 9 日试运营以来，已经上线 40 余部电影。既有《脱单告急》等青春爱情片，《吃货宇宙》等动画片、音乐片、古装片、科幻片，还有主旋律片、民族片等，也有引进片《生存家族》《大脚印》等。为更多影片创造上映机会，实现影片类型及国别多元化正是移动电影院的使命之一。

2018 年，红色主题片、民族题材片、部分小众主题电影已经纷纷在移动电影院上线。艺术片、热点片等逐步丰富，各种类型、题材均有涉猎。积极推动国产优秀影片出海的同时，从多元化角度来努力拓展、引进多个国家多种类型的影片，以满足海内外观众多种观影需求，实现市场空间的有效扩充。

移动电影院在小众优质内容方面加大布局，为类型影片提供更多展示空间、渠道，为类型影片放映增量。2018 年 10 月，移动电影院与中国少数民族文化艺术促进会影视委员会、北京国际电影节民族电影展达成合作，上线 10 部民族电影。另外，一批主旋律电影，或地域性较强的电影相继上线，半年时间，已有 67 部。

这一做法不乏成功案例。重庆方言电影《守望一生》上线一周，观影人次超过 10 万人次，按 25 元一张票计算，票房已经超过 250 万元。如果在线下影院上映，大概率会被埋没。《李保国》上线时，男主角林永健在微信发了一条朋友圈，写道"你的排片你做主"，一条信息就带动了 1800 人观看。

传统院线同步排片，内容时空差异化放映。针对空间盲区的观众，移动电影院可以直接同步传统院线主流排期的大片，通过增加覆盖实现票房增量。针对实体院线覆盖的时间盲区的观众，移动电影院可选择在实体院线密钥期结束后进行排期，或者选择实体院线排片率降低至一定比例时，在非黄金时间（如工作日工作时间段）进行排期。主要目的是在坚持做增量市场的前提下，通过主动差异化市场占位，实现有效渗透，深度挖掘。

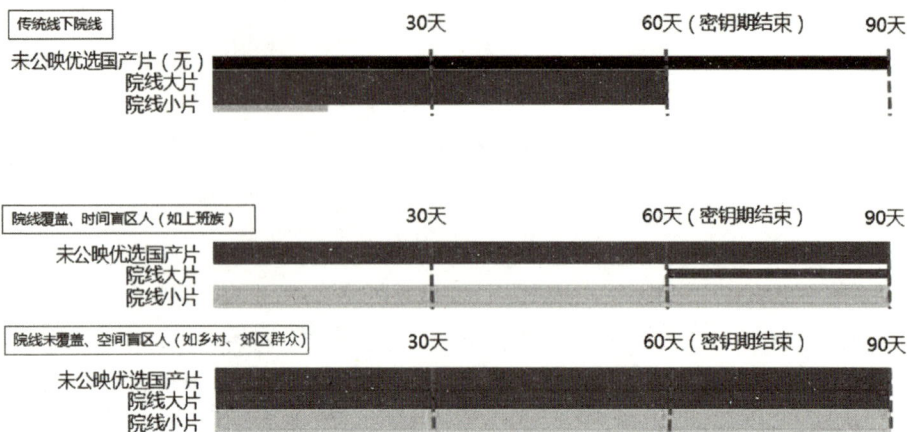

传统线下院线与移动电影院排片策略

科技连接：感官添彩，体验添翼

移动电影院将充分研究和应用未来移动科技和视听科技，提升移动端的观影体验。

目前，移动电影院是国内在移动终端上已经实现清晰度达到 2K 分辨率高质量视频播放的平台，从精度、尺寸、色度三方面在移动端还原纯正电影制式，影片分辨率与手机屏幕物理分辨率完美适配，无须进行任何裁剪，从而达成点对点显示效果。

相比网络视频的 1080P，手机端 2K 分辨率显示效果更加优质，从精度、尺寸、色度三方面在移动端还原纯正电影制式。移动电影院未来规划提升至 4K 分辨率，至少能提供近千万像素的显示品质，显示细腻度为 1080P 的 4 倍以上，可以使观众在观影过程中获得更大的有效显示效果。其优势在于对手机 OLED 屏有更好的适配性，更不容易看出颗粒感，保障色度信息的最大化还原。

随着人机交互、人工智能科技的不断进化，终端放映平台体验将不断提升。VR 技术的应用使得移动电影院的观影更加有趣。目前，移动电影院已经携手大朋等国内顶级硬件厂商，开发"移动巨幕"硬件产品，打造私人观影巨幕。软件方面，移动巨幕内置安卓 7.1 操作系统，支持蓝牙 4.2、2.4G 及 5G Wi-Fi 以确保观影流畅。从体验效果上看，硬件配置高，佩戴体验佳，观影代入感强，具备全景声效，声场精准。消费者通过移动巨幕能够体验到置身实体影院的观影效果。

就目前观影体验而言，移动电影院还开设了观影同步解说环节。观影过程中，观影人可以同步聆听电影主创、明星或者专业影评人的解说音频，介绍电影的时代背景、创作思路、人物关系、拍摄手法等相关内容。《李保国》《破门》等影片主创、行业专家的全方位解说，给观众带来了新的观影体验。

社交连接：话题聚合，情感共鸣

随着社会化媒体的出现，社交需求和形态都发生了前所未有的变化，更多的产品和服务追求品牌的社交力，以此来联结、凝聚顾客和用户。电影的本质是内容，而内容具有天然的话题属性。近些年来，传统院线上映的大片也会积极运用社交化媒体和社会化营销，通过口碑来提升上座率。

中国电影家协会《2018 中国电影产业报告》显示：2017 年，中国电影票房以 559 亿元收官，新上映电影数量 506 部，其中不乏《摔跤吧！爸爸》《天才枪手》《寻梦环游记》等后期依靠口碑发酵成为票房"黑马"的经典案例。"口碑"成了 2017 中国电影行业的关键词，而追踪溯源，正是社交平台让口碑影响力呈几何数字增长。

从满足社交需求的角度出发，小众片和多种类型片的内容及话题更应成为其吸引观影者的本质优势。移动电影院的出现使人们不仅能够看得到、有得看、看得爽，而且更是在技术支持下实现有得聊、同类聊、同步聊、跨境聊等多种共享话题的方式。移动电影院的社交连接战略将从深挖内容元素开始，进而创造关系情境，发动社交平台联动。

深挖内容元素：根据内容锁定目标观影人群特征，并从题材、剧情中的历史、自然景观、主题曲到人物、服饰、美食，结合当下热点和影片中的新奇点，充分挖掘"舌尖"模式；从前内容（观影前）、中内容（观影中）和后内容（观影后）三阶段，策划内容话题。

创造关系情境：由于移动端的特性，可以跨越空间和时间，打破人物关系的限制，甚至与明星主创一起同观看一部电影，感受同样一份心情。在此过程中，将在彼此间产生个性化的话题，从而创造朋友圈传播的谈资与热点。目前，移动电影院正在开发全球实时弹幕互动，边看边聊，即将成为现实。通过 VR 观影，移动电影院不断强化产品的社交属性。

社交平台联动：自平台联动——移动电影院 App 本身的社交功能设计要与第三方社交平台如微信、微博等实现无缝连接和联动；第三方平台借力——与豆瓣、在线视频等成熟的评论平台协同，挖掘影片内外的"大 V"、与影片内容要素相关的公益代言人、民族代言人等自媒体平台发声。

移动电影院高效、果决地从多个维度成为新市场、新产业的创建者之一。消费者从定时、定点、定片到随时、随地、随心，这种改变不仅仅是观影方式的改变，更是其生活方式的重构成，全新的社交载体和氛围也将随之显现。

而产业层面，移动电影院的出现并非完全的零和游戏或者此消彼长。由于移动电影院带来的是全新的体验，突破点是带动新的增量。在这个全新的逻辑里，怎么让人心动很重要，怎么满足情绪诉求很重要，怎么满足身份认同很重要。从这个层面来讲，不仅仅是移动电影院的独家课题，更应该是未来电影产业的共同课题。

中国传媒大学广告学院　杜国清、李永山

天脉聚源：
科技驱动电视媒体价值进化

　　2008年，天脉聚源传媒科技有限公司（以下简称天脉公司）创立。十几年来，天脉公司一直致力用科技创新来帮助电视媒体实现价值持续提升。伴随着电视行业的智能化发展进程，依托自身雄厚的科技实力，天脉公司也成长为中国领先的电视大数据云计算与新媒体技术公司。

　　回顾10年发展历程，天脉为电视媒体价值进化提供的技术服务经历了3个层次的升级。从最初的帮助电视机构实现视频内容的智能加工，到与电视机构共创共建智慧云服务，用"TV+"连接一切，再到构建媒体价值交易平台，引领电视媒体资源价值升级，天脉公司在科技创新驱动电视价值进化方面走得越来越远。

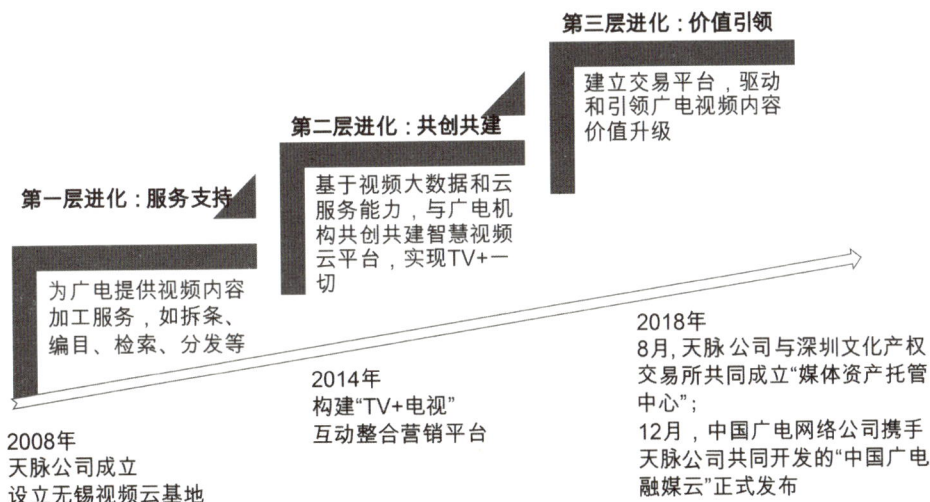

第三层进化：价值引领

建立交易平台，驱动和引领广电视频内容价值升级

第二层进化：共创共建

基于视频大数据和云服务能力，与广电机构共创共建智慧视频云平台，实现TV+一切

第一层进化：服务支持

为广电提供视频内容加工服务，如拆条、编目、检索、分发等

2008年
天脉公司成立
设立无锡视频云基地

2014年
构建"TV+电视"
互动整合营销平台

2018年
8月，天脉公司与深圳文化产权交易所共同成立"媒体资产托管中心"；
12月，中国广电网络公司携手天脉公司共同开发的"中国广电融媒云"正式发布

天脉公司助力广电实现三层价值进化

一、第一层进化：电视视频内容智能加工服务

2008年，中国电视行业正处在巅峰时刻，拥有数千个电视频道、海量内容资源和稳定高质的内容生产实力，而面对汹涌而至的数字化浪潮，如何加工处理海量电视内容，让其能够便捷地检索和分发，适应互联网时代的变化与需求，就成为整个电视行业的痛点。此时，怀抱着对海量电视内容智能处理的梦想，剑桥大学三一学院数学专业出身的伍昕，与合作伙伴一起创立了天脉公司。

天脉成立伊始，就在无锡建立了视频云基地，为电视机构提供视频内容的智能加工处理服务。天脉公司基于智能的语音识别、图片识别、视频识别技术，对电视频道内容进行智能加工。首先通过对视频的拆条、编目、存储，帮助电视台完成了内容的碎片化、标签化处理这一基础工作，由此天脉公司累积了一个大约2亿条电视内容的海量视频数据库，然后通过智能搜索与分发技术，分发到互联网平台进行播出。

伍昕表示："一开始我们就建立了电视内容的搜索引擎，我们可以随时调取电视上播出过的任何一个画面，《新闻联播》播出到第二条的时候，第一条内容已经分发到互联网平台上来，可以进行点播了。这就在电视媒体与互联网之间搭建起了桥梁，嫁接了传统媒体的线性播出和互联网媒体的颗粒化传播，这个价值很大。"

经过十几年的发展，目前天脉运营着全球最大的电视云计算基地——无锡云搜索平台，它也是国内最大的电视资源数据智能处理中心。它能够将500余家国内电视台、50余家境外主流电视媒体播出的内容数字化，保持365天、每天24小时不间断内容更新和稳定服务运营；保障电视播出后一分钟内短视频片段可被及时有效分发到各大电视台新媒体平台和视频网站，被搜索、点播及迅速用于互联网传播。目前已经与包括央视和主流卫视在内的数百家电视机构建立了长期稳定的战略合作关系，具备日均超过3万条电视内容编目能力，共处理超过1500万小时6000多档电视栏目，积累视频内容超过2亿条，视频存储量达4PB，覆盖超过2亿用户。

正如天脉公司的英文名"TV Mining"所表达的，天脉公司仿佛是一个电视行业的矿工，要挖矿得先有矿，它把流动播出的电视频道内容变成了一座可以挖掘

的视频金矿，并提供了一整套的挖掘技术服务。正是这一基础性的扎扎实实的工作，为天脉公司的后续发展打下了坚实的基础。

二、第二层进化：TV+，共创共建智慧广电

在为电视提供视频内容加工处理服务的同时，天脉公司也开始探索更多推动电视互动化、智能化发展的新技术，同时依托自主研发的视频云计算、大数据挖掘、移动互联网应用等核心技术优势，帮助广电机构一起共创共建智慧广电，推动电视连接一切，实现广电媒体价值的再次提升、进化。

"TV+"理念的提出与建设，正是天脉公司在共创共建智慧广电过程中的重要产物，其探索过程由来已久。2009年，天脉公司将多点触摸技术引入国内并应用于湖南卫视《天天向上》，由此开启了天脉公司的电视互动技术研发。2010年 TV+ 与互联网触电，应用 IP 播控创意演播技术并与社交媒体平台互动；2011与浙江卫视《非同凡响》合作，实现视频连线答题与投票互动；2012年天脉公司 TV ZAKER 首次在中央电视台《豪门盛宴》中亮相，为传统演播室节目主持形式带来新潮流；2013年打造国内集媒体融合全面发展的多功能演播室 BRTN；2014年起天脉正式提出 TV+ 理念，并建立了国内首个 TV+ 电视互动整合营销平台，为电视台提供全新的电视互动产品，为广告主提供全新的电视场景化数字营销解决方案。

TV+ 电视互动平台包含 TV+ 互动、TV+ 场景、TV+ 数据、TV+ 广告等多重服务，它整合电视与移动互联网商机，最大限度释放电视的媒介价值，很快得到了行业广泛认可，到 2016 年就已经覆盖了全国超过 80% 电视互动入口资源。

天脉所建构的这套 TV+AI 生态圈，运用移动互联网及媒体智能 AI 技术，以"云、场、端、商"的 AI 技术架构打造电视新媒体的生态链，形成以电视发起、互动伴随、用户触达、商业转化为一体的品牌互动营销场景，将电视的媒体属性与移动互联网融合，形成完整的商业生态闭环，助力电视产业升级。

天脉公司在智慧广电建设上的技术实力得到了越来越多的认可，应用不断升级。结合广电融媒体发展进程，2018年12月18日，中国广播电视网络有限公司

携手天脉公司共同开发建设的"中国广电融媒云"正式发布，同时"天脉视频大数据云栖产业基地"入驻浙江杭州云栖小镇，天脉公司的视频技术服务也达到了国家级的水平。

"中国广电融媒云"平台定位为全国权威的电视短视频和碎片化的中央云媒资产服务平台，旨在向各级政府融媒体平台和新媒体账号提供统一、标准的短视频信息服务。依托天脉的技术优势和内容资源，中国广电融媒云搭建了电视视频云端服务平台，开发 TV Cloud 互联网产品，并通过云媒资产品为各级融媒体机构和公共服务平台提供定制化、碎片化和集成化的海量短视频内容，以及本地化视频数据存储、检索和面向全网的智能分发，并跟踪传播效果。

具体服务方面，中国广电融媒云提供了包括 TV+ 云搜、TV+ 云剪、TV+ 云播和 TV+ 云桥四大利器在内的一整套技术解决方案。

TV+ 云搜可以实现对电视内容的实时智能搜索。它收录了 300 套公共电视内容，形成了最长 10 年 2 亿条的视频数据库，日增 3 万条节目数据，播后 10 分钟即可进行搜索和下载，同时通过 AI 智能标签标引，可以精准锁定视频片段场景，还可以对接云桥产品一键发布。

TV+ 云剪是一个云端编辑工具。它可以回溯实时及过去 7 天内的信号，进行自主化的片段云端编辑，编辑后高清素材可即刻下载，即播即看、即剪即发。

TV+ 云播提供本地化视频直播服务。以微信为入口，采用"视频采集硬件 + 云服务"模式，实现易部署、高可靠、快传播、低投入的移动互联网专业视频直播，助力各级融媒体中心形象展示、精神传达、群众服务。新华网的思客讲堂就使用这一个功能提供了全场高清直播服务。

TV+ 云桥可以连接所有媒体账号，实现视频图文内容的一键发布。在这个过程中，实现直播内容全景展现，粉丝行为实时掌握，从而帮助广电机构管理好自己的融媒体账号矩阵。

融合创新，共赢未来。天脉通过 TV+ 服务平台，与广电机构共创共建，在帮助广电实现产业升级的同时，也给自身带来了更广阔的发展空间。

三、第三层进化：媒体资产托管交易平台，驱动电视资源价值升级

伍昕认为，信息和交易是推动人类社会发展的两个核心引擎，流动性可以为商品和资产增值，而对于电视媒体来说，广告就是把注意力商品化之后可交易的商品。程序化广告交易平台的出现，提升了广告交易的效率，流动性增强，但是仍然是一个不成熟的体系。"目前的程序化广告交易平台上交易的是一种商品，而非权益，这种商品没有流动性，没有持有过程，没有增值预期，广告的价值链没有真的形成，这不是一个成熟的体系。那么，广告有没有可能被资产化？是否不需要讨价还价就可以达成高收益？能否让广告产生流动性，让其价值被供需双方发现？这是我们探讨的核心点。"

伍昕表示，真正的广告交易平台需要具备几个条件：第一，广告的资产化；第二，广告的权益化；第三，合理的交易规则；第四，信息的公开透明；第五，安全性。基于这些思考，2018年8月8日，天脉公司与深圳文化产权交易所共同成立了"媒体资产托管中心"，这也是中国首家"媒体广告资产化"托管交易平台。

媒体资产托管中心的成立和交易平台的运行，帮助传统媒体和新资源实现"资产化"和"金融化"。广告成为资产之后，形成了"广告资源＋广告资产＋广告投放"的新商业闭环。"广告时间资产化"就是将广告资源按照时间单位资产包进行计价（类似于CPM流量定价）。媒体主预售广告资产就是媒体主提前获得收益，广告主投放权益（类似于广告积分充值）。广告主投放就是通过广告资产积分消耗去购买和投放广告商品（类似于广告积分消耗）。

这个交易平台的运营就是一个以广告为主要标的资产的"广告交易平台"的价值链逻辑。在这里，媒体主预先提供广告资产，代理商、金融机构、产业链公司等承销广告资产，广告主购买和使用广告资产，观众收获、分享广告资产。这个交易平台的建立，帮助电视实现价值链的跨越式创举，带来价值重塑的重大机会。

文化对接资本，交易创造价值。至此，天脉公司从广电背后的技术服务商，变为站在广电前面的价值创造和引领者，开始尝试用自己的技术和理念创新，引领电视变广告资源为广告资产，在交易过程中创造更大的价值。

中国传媒大学广告学院　王薇

洛客：
众创设计

2004 年，贾伟在一个租来的工位上创办了洛可可。十多年后，洛可可创新设计集团拥有万名设计师，在北京、上海、深圳、杭州等国内重点城市及伦敦等地均有布局，并包揽了国内、国际 313 项设计大奖。在洛可可成长壮大后，贾伟又开始了第二次创业历程。2016 年，他创办了开放的洛客平台，客户、设计师、普通用户、生产厂家均可进入，相互连接完成设计。

"设计"在发生怎样的变化？为什么要用平台化的机制来完成"设计"这个看似定制的功能，又如何运营一个设计平台呢？

一、新趋势：需求个性化，制造柔性化，催生新物种

作为设计界的"老兵"，贾伟正是认识到设计所面临的新趋势和机遇，才创办了洛客平台。随着物联网、移动计算、大数据、人工智能等信息技术的发展，配合着新能源、新材料和新工艺的变革，信息技术与物理世界融合得更加紧密，全球工业界正处于一场重大而根本性的变革中，这场变革在德国被称为工业 4.0，而在我国与之呼应的则是中国制造的升级转型。

未来的工业制造，就是通过一张虚拟的网络，将生产原料、工厂、设计师、消费者、物流连接在一起。消费者只需用手机下单，网络就会自动将订单和个性化要求发送给智能工厂，由其采购原料、设计并生产，再通过网络配送直接交付给消费者。通过这样的智能工业，可以实现低成本的定制化生产。

设计者应该如何把握这一趋势？第一是设计执行层面。目前的工业设计流程是洞察客户以及市场需求，明确设计目标，再进行设计。其目的是希望能够设计出能面向尽可能广泛的群体的产品，从而提升销售量，降低产品开发期间投入的大量成本。而未来产品开发成本降低、差异性生产越发可行，因此，只要产品能

够满足某一部分细分人群的需求，即可赢得市场。

第二是商业价值层面。众筹等模式的兴起，就意味着设计师只要找到认可他、愿意买单的消费者，再加上合适的供应链资源，就可让设计落地、投放市场，进而实现个人的商业价值。

在这样柔性、智慧、定制的背景下，设计已经越来越深地嵌入了"制造"中，需要开放的设计平台，让用户表达需求、实时反馈，并让用户的需求，及时得到响应，同时够连接生产商，让设计真正落地。而洛可可积累十余年的设计经验和资源，奠定了平台的基础。因此，洛客应运而生。

二、新方法论：平台化的众创设计

社会化产品创新平台如何才能整合资源，实现想象力驱动？洛客平台打造了 CBD 模式，其中，C（用户）是用户，B（企业）是供应链，D（设计师）是设计师，三种角色分别对应于平台的众创任务、供应链任务和设计任务，共同实现"想象力"的发散、凝聚和落地。

任务类型	主要角色	任务细分	案例
众创任务	C：用户	抢鲜测、小调查、集创意、画草图、疯狂猜	蒸汽眼罩你更心仪哪一款；住酒店时怎样解决饮用问题；扫地机器人有哪些让你"窒息"的槽点等
供应链任务	B：企业	结构设计、手板制作、软硬件开发、生产制作、包装制作、检测认证	晓译翻译机、55 度杯等
设计任务	D：设计师	智能硬件、品牌设计、新消费设计、生活美学、文化创意、超级 IP、用户体验设计	网易翻译蛋、高空幕墙清洗机器人等

洛客平台 CBD 模式

在 CBD 模式下，洛客平台通过服务、管理和匹配机制，汇聚、筛选、连接起设计师、供应链厂商和用户，让设计更加开放、扁平，既能够提供需求、设计、生产的全流程解决方案，同时也可快捷响应单一环节的灵活需求。

优化机制，持续激励设计师

设计师作为各个角色之间的沟通桥梁，承担发现痛点、理解需求、设计实现等多重任务，是设计项目中的核心，因此，平台必须要通过良好的管理和服务机制，持续发掘、培养不同类型的优秀设计师。

目前洛客提供了任务匹配、专属顾问、闪电付费、设计师评级等多种服务，以实现设计师的成长，从而提升平台的竞争力。截至 2019 年初，共吸引了 36559 名设计师加入。

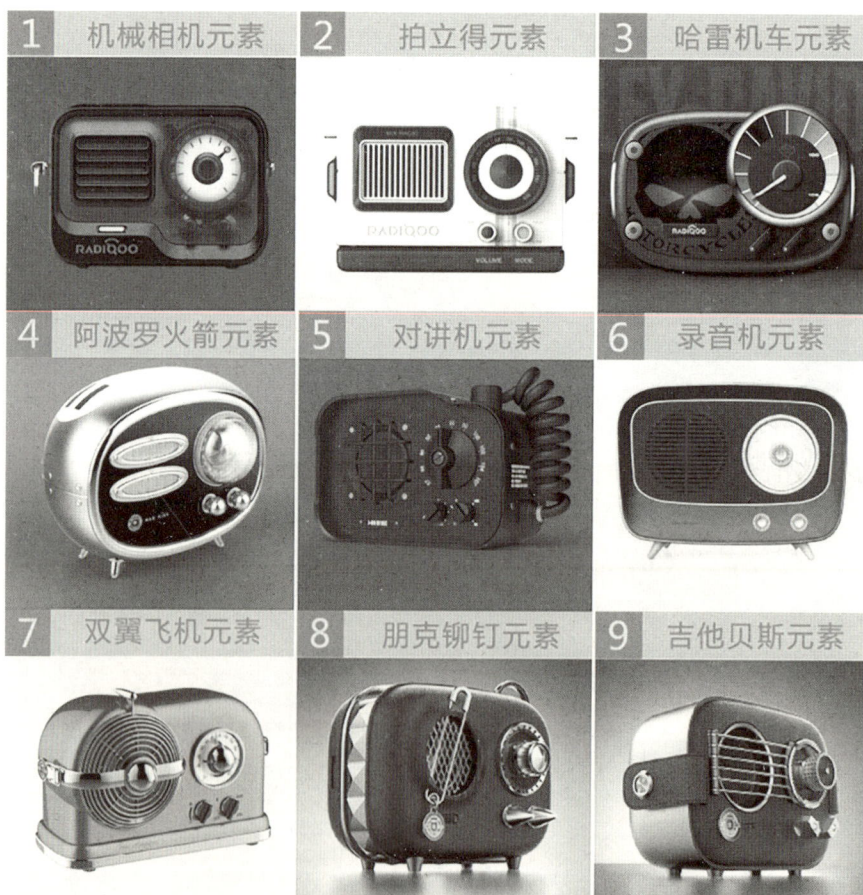

猫王收音机＋洛客"全球设计合伙人计划"部分设计新品

在评级方面，洛客平台设计了001—007级别的"邦德设计师"体系，根据设计师的作品、经验、擅长领域及客户反馈等数据，建立相应的评价机制，激励设计师成长，也能够提高设计任务的匹配效率。例如，网易有道推出的"爆款"翻译神器"翻译蛋"，即是出自004级邦德设计师姚博瀚之手。

此外，洛客还尝试灵活的"合伙人"模式。在猫王收音机和洛客联合发起的"全球设计合伙人计划"中，招募的1000名设计师合伙人无须坐班为猫王收音机做设计，除了获得设计委托经费还将获得相应入选方案产品的销售分成，以实现设计师的设计价值。由于猫王收音机配置了标准化内胆，外观配件及功能配件均可自主拆卸、安装，所有旋钮可任意更换，设计师就有了可以自由发挥、天马行空的想象空间。

2017年8月6日，猫王宣布成立子品牌RADIOOO，并发布了爆款新品，其中有9款来自洛客设计师，灵感取自机械相机、拍立得、哈雷机车、朋克铆钉等元素，让猫王收音机贴近了各个圈层的用户。

调动用户积极性，发现痛点

毋庸置疑，设计师对生活和行业的观察，是设计的灵感来源。如为海尔设计的融合摄像头、可直播分享烘焙体验的烤箱产品"小焙"，就是来自设计师对烘焙这一需求背后社交动力的深刻理解。

洛客平台众创任务

与此同时，随着用户的细分与个性化，企业靠一款产品打遍天下已经不再可能，必须要能够持续发现痛点、持续优化产品，才能在市场中站稳脚跟。这也就要求设计做到有的放矢，真正成为连接用户需求和产品的桥梁。

洛客平台的众创任务就基于此，调动用户表达、分享乃至参与创意的积极性，为产品设计提供方向和线索。目前洛客平台中的众创任务包括小调查、集创意等多种类型，参与者可以获得数百元乃至数千元奖励。

2016 年，洛可可·洛客与北汽新能源开启了一种全新的"造车"模式——全民众创，通过共同成立众创实验室，将以往繁重的设计项目转化为贴近用户真实生活的话题任务，通过全民参与线上头脑风暴为产品输送灵感，直到最后完成 LITE 电动车的打造。此次众创项目共运行 38 天，吸引了数万名真实用户参与。对场景、玩装备、"表情帝"、内外饰＋炫中控几大主题进行了任务发布，共 3201人参与活动，806 人提交作品。2017 年 11 月 17 日，北汽新能源发布了旗下的LITE 电动车，获得众多好评。

2017 年 6 月 20 日，喜马拉雅 FM 发布了"小雅 AI 音箱"。设计过程中，洛客联合喜马拉雅 FM 共同建立了"声音实验室"，并通过全民众创模式，发起了一场"设计声音之美——为 3 亿双耳朵做设计"的系列众创活动。2.5 万名用户对智能音箱的使用需求进行描述，设计师洞察到他们需要的是"孤独"的解药，继由此确立了"小雅"的产品定位。这一案例充分体现了众创的力量，既有助于洞察，又为产品进行了营销造势。

整合供应链，让设计顺利落地

对产品而言，形态设计是起步，生产中所使用的材料、场景，乃至某些智能设备的软件系统、交互形式等落地环节，都会对设计提出要求。例如，阿里巴巴菜鸟小 G 这款由菜鸟 ET 物流实验室自主研发，洛可可·洛客平台提供工业设计的物流配送智能机器人，可以通过自主感知描绘地图，根据复杂的场景变化及时重建地图，并自己规划多个包裹的最优派送顺序和路线，还能智能避障，将包裹送到收件人手中。

在设计过程中，洛可可配合硬件研发团队，对硬件进行选型、堆叠，以便优化造型设计。考虑到机器人的品牌属性、行业属性以及后期的维修调整等，进行了外观风格以及结构的综合设计考量，并深度剖析了每一个传感器的技术参数需求，对其进行造型优化，将一堆的"窟窿"变成机器人身上的造型特征。

菜鸟小 G 的案例说明，供应链与设计的连接越来越密切。离开合适的供应链资源，产品设计只能是空中楼阁。洛客平台中的供应链任务即是出于这一考量，顺应设计与供应链紧密嵌套的趋势，搭建桥梁。

洛客平台整合的供应链服务包括模具设计与制作、手板制作、检测认证等类型。同时，通过线下考察，平台汇聚了 3000 余家细分行业供应商，包括五金厂、模具厂、贴片厂、检测实验室、手板厂、包装印刷厂、组装厂等，为企业的供应链需求进行线上匹配。

以科大讯飞晓译翻译机的设计为例，该产品基于"讯飞超脑"人工智能最新技术，能够实现快速、准确的中英口语的即时互译。不仅如此，晓译翻译机还支持汉维（维吾尔语）互译功能。由于销售重点区域之一是新疆，当地天气高温高寒，对材料和工艺均提出了要求，设计团队进行了多次技术调整和工艺优化；同时，翻译机为无屏产品，在批量生产中难以从外部直接获取每台机器状态信息，通过专项研发制定检查软胶，确保产品品质。在这一设计过程中，设计团队与供应链企业进行了密切合作。

晓译翻译机

55 度杯的设计过程同样体现了设计与供应链的充分整合。55 度杯是 LKK 洛可可创新设计集团自行研发、设计、生产而成的第一款"快速降温水杯",100 摄氏度的开水倒入杯中,摇一摇(1 分钟内),即可快速降温至人体可饮用的 55 摄氏度左右,其核心就在通过相变材料实现升温和降温的功能。因材料原因(杯盖超声结构),强度不够,产品一旦跌落则易使杯塞与杯盖分离,所以在杯盖与杯塞超声的同时,追加不锈钢螺丝进行机械连接。而针对杯芯降温材料夹层灌注口密封不良,进行结构改良,由抽芯铆钉方式改为沉入式密封圈密封方式。这些设计中的改良,离不开对供应链资源的把握和应用。

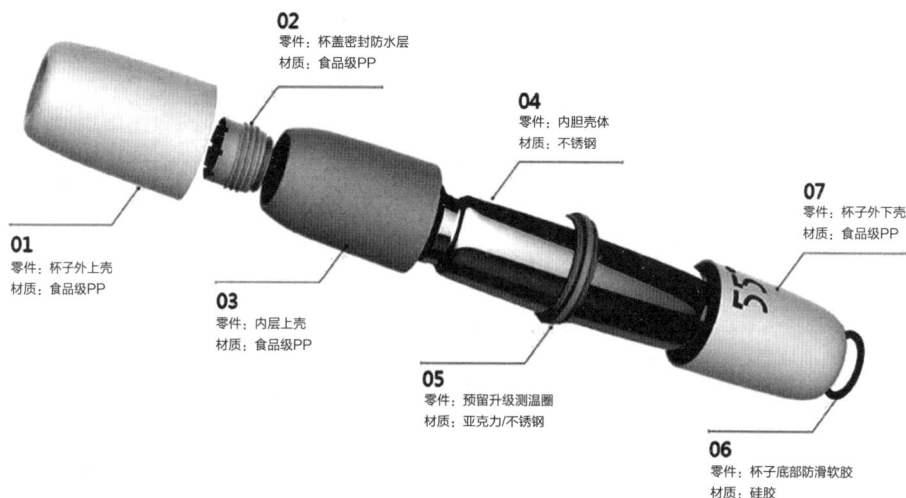

02
零件:杯盖密封防水层
材质:食品级PP

04
零件:内胆壳体
材质:不锈钢

07
零件:杯子外下壳
材质:食品级PP

01
零件:杯子外上壳
材质:食品级PP

03
零件:内层上壳
材质:食品级PP

05
零件:预留升级测温圈
材质:亚克力/不锈钢

06
零件:杯子底部防滑软胶
材质:硅胶

55 度杯设计图

如贾伟所说,未来的创新是社会化创新,只有把握想象力去打造新商业文化、新消费模式,才有可能在未来创造一种想象力经济。然而从另一面看,市场从不缺乏"想象"。单纯诞生并停留于头脑中的想象,与其说是一种"力",毋宁说是空想。应该说,未来的市场属于最具想象力,并能将想象付诸实践的团队。

设计是想象力的承载物,它服务于所有行业,因此,想象力经济无限宽广,洛客平台的成长空间亦无限宽广。具体到每一个行业、每一个产品和需求,又需要细致的思考,才能让设计体现价值。

洛客平台的模式，指向了发现新痛点、聚集优秀设计师、连接供应链实现落地这三个方向，笔者认为是正确的。而让想象力经济照进各行业的现实，则有待洛客平台和所有设计者的持续探索。

中国传媒大学广告学院　吴殿义

内容行业报告

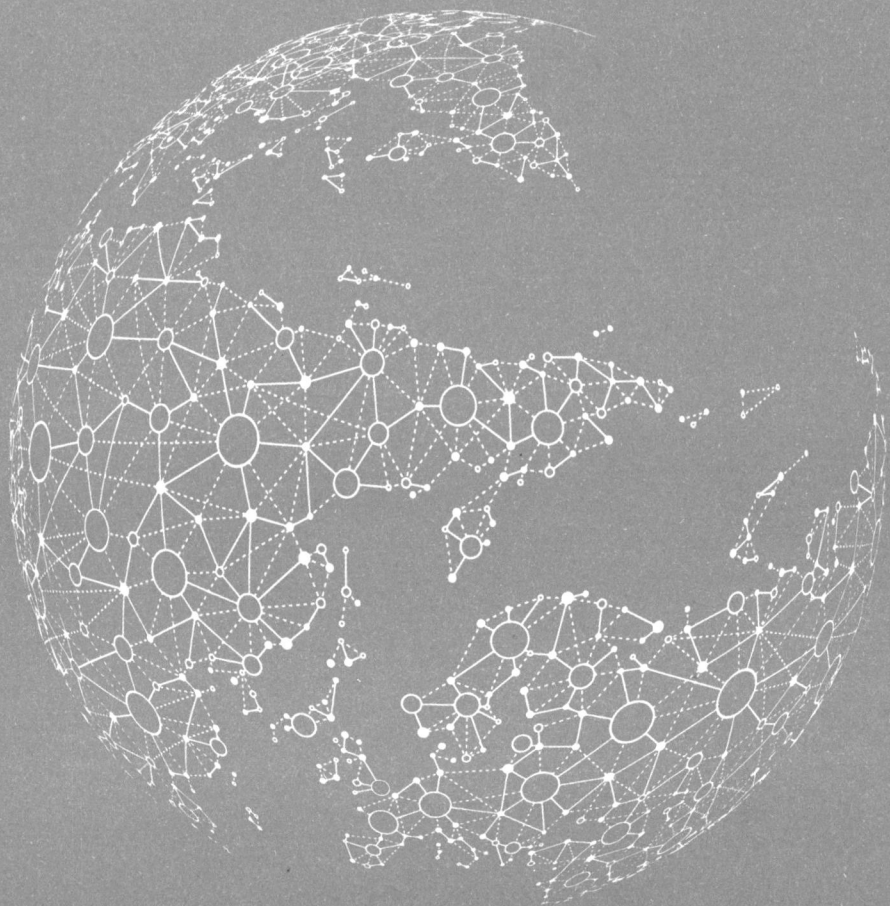

新媒体运营观察报告

进入新媒体行业发展加速期，新媒体运营逻辑已经从早期的依靠优质内容吸引用户、带动传播，到如今形成内容运营、用户运营、商业化运营、品牌运营的完整体系。作为内容创业者、新媒体运营者，当下面临的困境是如何可持续发展，持续创造优质内容、提高用户留存率和提升内容的品牌效应，实现新媒体内容到互联网产品化的迭代。2018 年，腾讯媒体研究院、新榜对新媒体运营现状进行了梳理，通过拆解优秀运营案例，吸收借鉴行业多位大咖观点，提出新媒体体系化、精细化运营的策略建议。

一、内容运营：新媒体运营的核心

新媒体的产品是内容，内容运营是新媒体运营的核心。从传统媒体到新媒体，经典的传播模型依然适用，但是传播过程更加复杂，传播结果具有更大的不确定性。

新媒体传播的三大特点：圈层性、情绪性、不确定性

新媒体的圈层性

基于社交媒体链式传播的属性，新媒体内容影响力的辐射带有强烈的圈层特性。年龄、地域、阶层、职业、兴趣等可以标签化的受众特征，均可构成圈层。圈层特性的直接表现就是，在一群人中已经人尽皆知的事情，在另一群人中可能无人知晓。因此，在新媒体环境中，衡量一个内容的传播力，不仅在于其绝对的影响力，而且在于其在所属圈层的渗透力。

运营中需要注意的是，面向不同圈层的传播，除了内容本身有明显的区别，更要在内容的表现方式上符合圈层受众的习惯。比如"饭圈"就有自己的语言体系，圈内人心领神会，圈外人听起来则一头雾水。例如，某粉丝说："不好意思，

蔡徐坤现在是我的墙头，当然李易峰还是我的本命。""本命"指最喜欢的偶像，"墙头"指除"本命"之外喜欢的偶像，"爬墙"指不喜欢现在喜欢的偶像，转而喜欢另一个。

新媒体传播的情绪性

情绪是新媒体内容传播的核心动力。新媒体区别于传统媒体很大一个特点在于其内容具有即时交互性，因此内容给受众带来的情感刺激就显得尤为重要，不同的情绪会带来不同的生理反应，从而指导不同的交互行为，比如点赞、评论、分享。研究表明，交互行为的产生与情绪是积极还是消极不相关，而是与其强烈程度相关。心理学家对情绪进行了二维细分，在情感倾向的基础上，加上了生理唤醒维度的划分，将情绪分为高唤醒情绪和低唤醒情绪。

在内容运营中，如果想激发人们进行口碑传播，要确保内容能够使受众出现高度唤醒的情绪，从而点燃他们内心的情绪之火，向外燃烧和辐射。

新媒体传播的不确定性

人际传播的"裂变效应"，使得一则消息在新媒体上的传播充满极大的不确定性。在"人人都是自媒体"的新媒体时代，爆炸性的信息在极短时间内就能传遍全网。许多现象级"突发事件"的产生让传播者也始料未及，比如"张扬导演"事件、"菊外人"刷屏事件。例如，微信公众号文章《张扬，我爱你》原始文章阅读量超过 10 万，点赞超过 3 万，微信看一看数量达到 9400 万，微信指数"张扬"暴涨 1400 倍。

新媒体内容生产方法论

数据思维指导内容运营

新媒体传播优于传统媒体的特点之一在于其传播结果有即时的数据反馈，通过数据可以有效地评估传播效果，并优化内容。因此，数据思维在新媒体内容运营中尤为重要。定期复盘、研究经典案例，通过"内视"和"外窥"这两个方法来分析目标用户感兴趣的内容，可以保持思路常新，突破原创瓶颈。[1]

"内视"，即观察自身账号。首先，可以统计自己账号过往全部文章或视频数

1　《公众号如何解决选题荒？这里有一套系统方法论分享给你》，木木老贼，2018 年 5 月。

据，如图文阅读、视频播放量、点赞量、评论量、分享量、收藏量、打开率、分享率、完播率、推送时间等。不同的数据对内容有不同的指导作用，如打开率表明话题的精准度、标题的吸引力；而收藏数表明内容的价值程度（有用性、有趣性）。把统计结果做成详细表格，便于后期测试、优化并升级。

但是，对于完全创新的选题，历史数据的指导性有限，要发动用户获得新数据，从而挖掘用户真正的需求。投票、问卷、后台、评论、社群、甚至与核心粉丝私聊等，都是可以用来和用户交流的途径。同上，在得到用户感兴趣的选题方向后，做成详细表格，便于后用。

"外窥"，即观察同类优秀账号。第一步，是找到目标账号，只有找那些账号调性、目标人群尽量符合的账号，才能保证可借鉴性及人群的精准性。实践中可以借助新榜、微指数等第三方平台，找到相关行业的爆文，然后找到账号，或者直接锁定榜单。

有了一批目标账号后，第二步要做的就是对这些目标账号进行内容选题分析，并长期观察。了解它们都发布了什么内容，哪些选题方向的内容效果会比较好，并做好汇总统计。

"内视"和"外窥"可以帮助内容运营者梳理选题方向，最后一步，还需要运营者去验证和测试。这里可以借鉴产品运营的 MVP（Minimum Viable Product，最小可行产品）思维，即提出最大胆的选题假设，找到最容易的方法（推送测试）来验证假设是否成立，然后用实验结果来校准对选题传播趋势的推断。执行的时候可以制作一个测试推进表，按计划推进并实时获得反馈。

运用心理学，让内容具有传播力

判断内容的传播力，即判断该内容是否传递重要的信息，传递的内容是否令人恐惧、激动、新奇、困惑。通常，两类信息会激发受众产生上述情感，认为其接收的信息很重要，一类是陌生的概念出现在熟悉的情景里，另一类是熟悉的概念以难以预期的形式出现在熟悉的情景里。在实际运营中，后者比前者更有吸引力。[1]

刷爆朋友圈的内容是什么样的？从人的神经活动来判断，四种神经递质可以

1　《深度长文如何像鸦片，让人欲罢不能？》，黄章晋，2017 年 4 月。

作为判断标准：五羟色胺、催产素、多巴胺以及肾上腺素。五羟色胺掌管人的情绪，能让人情绪高涨、积极乐观，成功学"鸡汤"就是刺激了人体内五羟色胺激素的增长。催产素掌管人的同理心、同情心，能让人产生情感共鸣，情感鸡汤盛产催产素型的刺激，比如热门话题"凌晨3点的北京"。多巴胺则让人产生愉悦感，赌博、性、音乐、文字都可以，比如文艺的影评、浪漫的游记。肾上腺素是人因为愤怒、恐惧、紧张，而产生呼吸加快，心跳与血液流动加速现象的神经递质，比如"红黄蓝"事件。

案例 | 微言薄语：发挥优势，借力平台

"微言薄语"主要发布纪实摄影内容和公益故事，经常会投稿企鹅号"中国温度""公益报道""特产中国"等内容策划活动，借助腾讯强大的媒体属性，其内容在企鹅号获得很好的传播，累计阅读数达 7.9 亿。对于纪实性报道的传播，"微言薄语"认为标题关键词设置和头图表现力是最重要的。

二、用户运营：新媒体运营的关键

新媒体不是单纯的内容，也不是特定的渠道，而是互联网产品。有产品就离不开用户，新媒体运营者要从读者思维转变成用户思维，即关注点从内容的流量价值转变为产品的用户价值，用户运营是新媒体运营的关键。

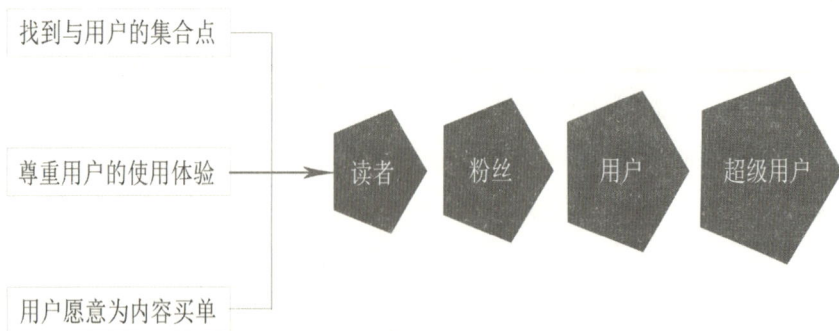

找到与用户的集合点

尊重用户的使用体验

用户愿意为内容买单

读者　粉丝　用户　超级用户

新媒体用户运营战略

用户增长的常规途径

目前，新媒体用户增长的途径主要有 4 种——内容涨粉、活动涨粉、付费涨粉以及地推涨粉。

	优点	缺点
内容涨粉	零成本	效率低、不确定性高
活动涨粉	效率高	策划、执行难度高
付费涨粉	效率高、速度快	成本不确定
地推涨粉	成本可控	效率有限、留存低

用户增长的 4 种常规途径

内容涨粉：成本最低的涨粉途径，但是效率较低，不确定性较高。

案例 |《北京，有 2000 万人假装在生活》

公众号：张先生说

阅读数：24 小时 710 万

涨粉数：从 3 万到 30 万

核心逻辑：通过爆文的社交传播触达潜在用户，短时间内获取大量粉丝主动关注

其他案例：张先生说《我那些从不买单的公务员同学》、乌鸦电影《二十二》、樱桃画报《假装好妈妈》等。

活动涨粉：短时间内迅速涨粉，效率较高，但同时策划门槛较高，执行难度较大。

案例 | "逃离北上广"

公众号：新世相

阅读数：微信过百万、微博话题过亿

涨粉数：10万以上

核心逻辑：创意活动策划＋"走心"文案＋后台关键词回复参与报名＋航班管家＋口碑发酵。

风险提示：大型集体活动是需要备案的，对策划创意和活动执行能力要求非常高。

付费涨粉：速度快、效率高，可预设目标，但是单个用户获取成本越来越高。

案例 | 汽车之家公众号

公众号：汽车之家

涨粉数：半年数百万，蹿升新榜汽车类榜单前三

核心逻辑：前期付费投放微信广点通，金钱换时间，晋升头部。后期广告不断，大约半年回本。

风险提示：付费推广成败关键看留存，在没有明确的定位和成熟的内容生产体系之前，不要轻易投放。

地推涨粉：成本可控，但效率较低，且存在较大的流失风险。

案例 | 一元小鸡饰品

公众号：某母婴类账号

涨粉数：当天涨粉上万，成本一元左右

核心逻辑：在春节庙会上，将流行的小鸡饰品以一元低价售卖给小朋友，前提是需要关注公众号。粉丝精准、留存高、成本低。

风险提示：地推一定要考虑粉丝精准度，否则留存量和活跃度会受到影响。礼品不求贵，但求新奇、有用。

用户裂变的底层逻辑

"用户裂变"的概念最近席卷新媒体，市场上甚至已经出现了专注新媒体用

户裂变的营销机构。相比较传统的线性用户增长，裂变式传播通过社交转化实现指数性用户增长。

$$\mathrm{Custs}(t) = \mathrm{Custs}(0) \times \frac{k^{(t/ct+1)}-1}{k-1}$$

t=time（时间）

用户裂变的计算公式

各字符代表的意思：Custs（0）是种子用户数量；Custs（t）是过了一个时间周期后，增加的新用户人数；t是周期，可以选择天、月等；ct是传播周期，是指种子用户在一轮传播后，失去了再邀请新用户能力的时间周期；K因子是一个用户可以成功推荐的新用户数量。

从传播路径的角度，可以这样理解：

路径1：

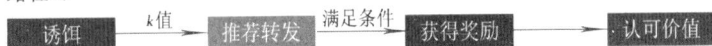

路径2：

传播路径图

K值是最关键的指标，用户间的推荐转化程度直接影响最终的裂变结果。达到裂变式传播的前提是必须提供满足用户转发动机的信息——提供利益诱惑或社交货币，并且在裂变式传播链条中的每个传播环节降低用户决策的门槛。

下面将以《三联生活周刊》的"中读悦听年卡"活动为案例，详细拆解"用户裂变"的流程，以下内容节选自公众号"深度运营精选"的复盘。[1]

1　《三联周刊活动复盘：2018知识付费＋裂变的运营玩法详解》，鉴锋，2018年2月。

案例 │《三联生活周刊》"中读悦听年卡"活动

活动方案的两大核心裂变路径：用户支付完成（默认关注服务号）→进微信群→引导用户生成海报、用户在首页点击【参与分享】→关注服务号→自动生成海报。

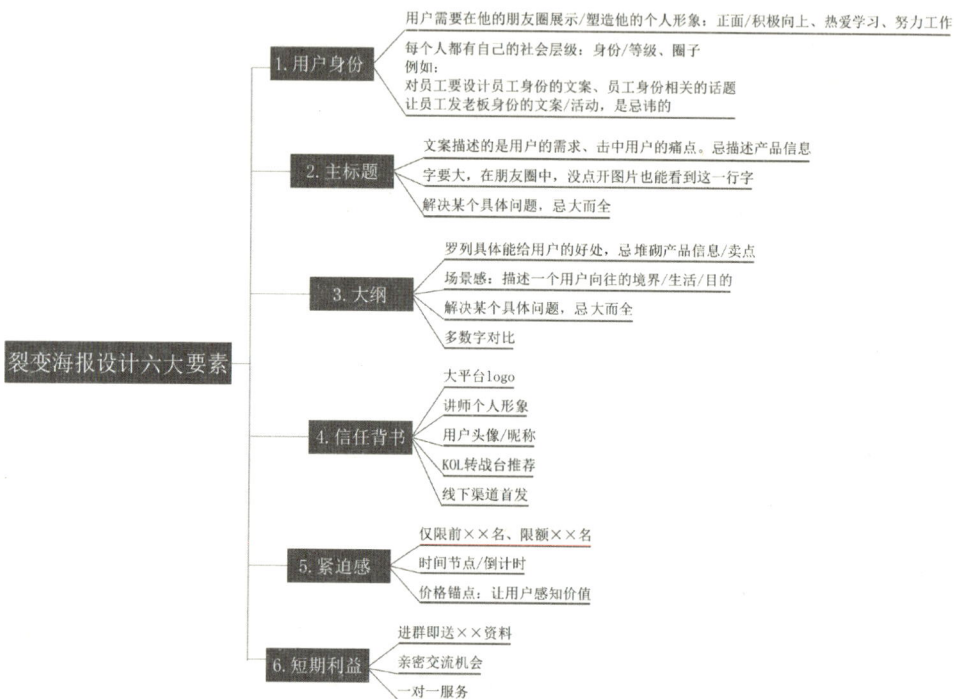

裂变海报的六大要素

详情页的三大设计原则：

建立用户信任： 首屏一般是通过大咖站台、讲师 IP 介绍、公司／平台影响力说明构成，如窦文涛、郎朗、曹景行、马未都等大咖的加入。

激发用户欲望： 第二屏的作用是针对用户需求来设计产品卖点，把用户最需要的放在首位，依次排列。"周刊近 10 年的杂志内容"作为最重要的卖点，排在前列。

促成交易： 临门一脚，提高用户付费转化。一般是通过往期用户评价、优惠力度对比、用户收获等方式完成收尾。打出"三联有史以来最大的优惠力度"的旗号，"原价368元的课程，现在（活动举办期间）活动超低价68元"。

最后，根据不同卖点侧重，设计了近10个版本的裂变海报，让种子用户测试选择。

因为服务器拥堵，新用户流量访问不了，所以不能更快速度、更大范围传播。在朋友圈呈现的不是密集连续不断的刷屏，而是断断续续、隔几个人一张海报的传播；万幸也因为这样，没有被微信封禁。

因为系统数据拥堵，所以服务号的奖励金模板消息、微信支付的实时到账消息不能随用户的推广即时反馈数据（数据记录没有出错），在很大程度上降低了用户传播的积极性。

因为想要实现用户的推广奖金实时到账微信零钱包这一功能，就需要提前把钱预充值进微信企业账户。但活动的提前引爆，导致预充金额晚上消耗完毕了，而对公账户晚上不开放。等到第二天上午才能将奖金充值了之后才打到用户账上，在一定程度上降低了用户的积极性。

此外，群的数量是否充足、如何控制群内负面舆论、如何应对微信封禁等，也是进行用户裂变活动需要考虑的问题，处理不当可能会引发事故。

社群运营要素和检验标准

社群运营是新媒体试水比例和失败比例都很高的用户运营手段，有一定的粉丝基础，社群组建起来很简单，但是社群不活跃是许多运营者都面临的问题。秋叶老师提出，检验一个社群基础是否成立、运营效果是否达到预期，主要有五大要素：同好（interest）、结构（structure）、输出（output）、运营（operate）、复制（copy）。其中，"同好"是社群成立的前提，"结构"决定社群的存活，"输出"决定社群的价值，"运营"决定社群的寿命，"复制"决定社群的规模。

interest 同好	structure 结构	output 输出	operate 运营	copy 复制
社群成立的前提	决定社群的存活	决定社群的价值	决定社群的寿命	决定社群的规模
产品、行为、标签、空间、情感、三观	组成成员、交流平台、加入原则、管理规范	内容聚焦、意见领袖、全员参与	仪式感、参与感、组织感、归属感	要不要复制、能不能复制、复制周期

社群运营五大要素（ISOOC）& 检验标准图

案例 ｜ 薄荷阅读英语读书社群

2017 年下半年，薄荷阅读的打卡刷爆朋友圈，互联网英语学习品牌"百词斩"凭借薄荷阅读，通过新媒体在更广泛的英语爱好者中迅速确立了领导地位，并且围绕英语阅读开发了英语听力、口语等一系列英语学习产品。

社群运营是薄荷阅读运营的核心，社群运营的五大要素（ISOOC）在薄荷阅读中都有很突出的体现。

同好（interest）：薄荷阅读通过英语和阅读两个特点交叉定义目标用户。首先是英语爱好者（想提升英语能力的人），其次是阅读爱好者（想扩大阅读量的人）。入营前有词汇测试，匹配适合的书单，而且每一级有多个书单供选择，能力和兴趣相近的用户会进入同一个社群。

结构（structure）：薄荷阅读的群成员都是付费用户，加入原则就是购买课程。微信群是薄荷阅读交流的主阵地，通常一个群配备一个班主任老师，群功能一是每日课程分享，二是答疑服务，三是学员之间的互动。

输出（output）：薄荷阅读的核心输出是每日的阅读内容和相应的知识点总结，包括文化背景、重点词汇、重点语句等内容。不同班级根据老师教学特点，会有一些特色的输出，如每日一句、英语圆桌讨论、影视台词猜俚语等。除了老师的输出，意见领袖会发起打卡活动、分享学习心得等，其他成员也会分享一些优质内容。

运营（operate）：薄荷阅读的社群运营很好地体现了仪式感、参与感和归属感。仪式感：学员购买课程获得入群资格；有公告和禁言等群规。参与感：每天早上解锁课程，晚上解锁知识点讲解，群内讨论；其他群内活动，如美剧圆桌讨论，读后感分享等，参与者有一定的福利。归属感：主要依赖社群运营者即班主任老师的个人魅力，营造"班级"的氛围，使群成员产生同班同学的归属感。

复制（copy）：因为课程具有周期、级别的设置，薄荷阅读的社群本身具有强复制属性。新用户加入和老用户续期，使薄荷阅读的社群规模不断扩大。根据课程设置，其社群的活跃周期为 100 天，随后留存下的用户会进入新的社群，成为社群的意见领袖，社群不断更迭，核心用户被筛选和留存。薄荷阅读社群的复制逻辑是根据课程设置平行建立多个社群，周期性复制、扩增。

三、商业化运营：新媒体运营的目的

新媒体运营作为一项生产活动，最终目的还是要实现商业化。目前新媒体商业化最主要的三大手段为广告、内容电商、知识付费。

广告

触网行业对内容营销的热情高

广告是许多新媒体商业化的第一步。根据新榜 2015 年第三季度到 2017 年第三季度公众号广告成交状况，广告总成交额前五的行业分别为互联网、数码 3C、电商、金融理财、汽车，成交额占到总成交额的 60%。成交笔数较高的行业为互联网、电商、金融理财。

定价依据粉丝数和投放要求，泛人群账号报价高于垂类

根据新榜大数据，以公众号为例，2016 年公众号的定价标准一般为：软广定价在 100～200 元每一万个粉丝，硬广定价在 200 元以上每一万个粉丝。2017 年、2018 年有轻微升幅、变动不大，但有更多非标报价。指定投放时间 / 位置、增加原文链接或二维码、包含文案原创撰写费用、广告主供稿的软硬广区别，是公众号调涨报价的最主要的 4 个因素，涨价的幅度普遍在总报价的 15%～30% 之间。

回顾 2016 年第一季度至 2017 年第三季度的数据，新榜 24 个类别的公众号中，广告投放平均报价前五分别为文化类、百科类、情感类、时尚类以及体娱类公众号，泛人群的账号报价普遍高于其他垂类账号。

坚守五大原则，做广告推广不伤粉

广告推广来钱快同时掉粉也快，是新媒体运营者不得不面对的矛盾。根据新榜的观察，做到下面五大原则，可以将伤粉的程度降到最低。

广告匹配粉丝属性，正中下怀的广告等于有用的信息；原生广告优于硬广，广告即内容，内容即广告；广告软文更要重视粉丝互动，福利补偿；提前预告，固定栏目培养粉丝习惯，提高接受度；宁缺毋滥，做好广告质量把控，不要透支粉丝信任。

案例 | GQ 实验室：凭本事写软文，质量高传播好

软文是"GQ 实验室"主力传播内容。新榜监测了"GQ 实验室"2017 年 8—12 月的公众号发文，同一位置阅读涨幅最高的 100 篇推送超过一半为营销广告。GQ 的软文内容构思精巧，以输出故事／观点、讲述人物经历的形式来寻找读者共鸣，顺势引出品牌，文章主题与品牌宣传点切合，阅读价值高。8—12 月有 6 篇推送单日阅读量超过 10 万，其中 4 篇为软文。

通过分析"GQ 实验室"的软文内容发现，GQ 通常会围绕品牌，通过人物故事、场景打造和贴标签三种形式，打造爆款软文。如其 2017 年 9 月 5 日发布的 Valentino FlyCrew 滑板鞋软文《张艺兴：一只不怕摔倒的滑板"菜鸟"》，通过讲述张艺兴因为杂志拍摄从滑板菜鸟到滑板高手的人物故事，将张艺兴一贯的专注精神和敬业品质移植到 Valentino FlyCrew 板鞋上，展现了 Valentino FlyCrew 板鞋的青春气质，年轻就是专注不服输。该篇推送当日阅读数为 142127。

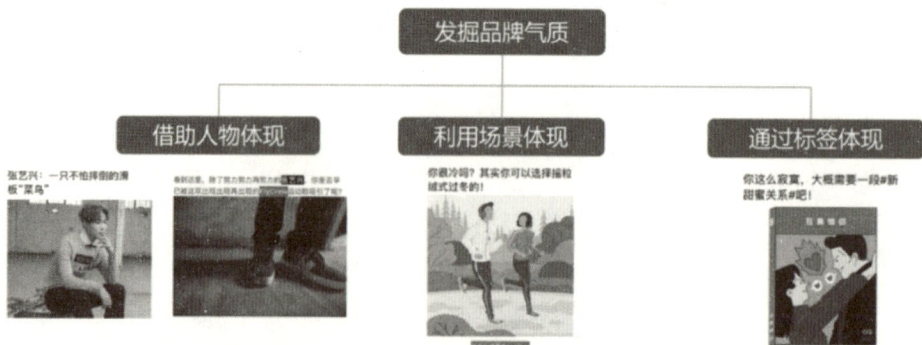

"GQ 实验室"为品牌生产定制化内容的三个方面

内容电商

2017年末，新榜做过一个小范围的新媒体调研（$N = 50$），有超过一半的新媒体已经通过内容电商实现商业化或准备试水内容电商，其中不乏一些大号已将盈利重心逐渐转移到内容电商，内容电商在新媒体商业化中受重视程度越来越高。

实际运营中，内容电商分为"重模式"和"轻模式"两种类型。"重模式"运营，新媒体需要自建店铺，负责电商销售全流程，承担供应链管理。"轻模式"运营，新媒体主要承担商品导购的角色，只负责选品和内容推广。目前大多数的新媒体内容电商属于后者，基于"轻模式"，内容电商的商业路径图如下。

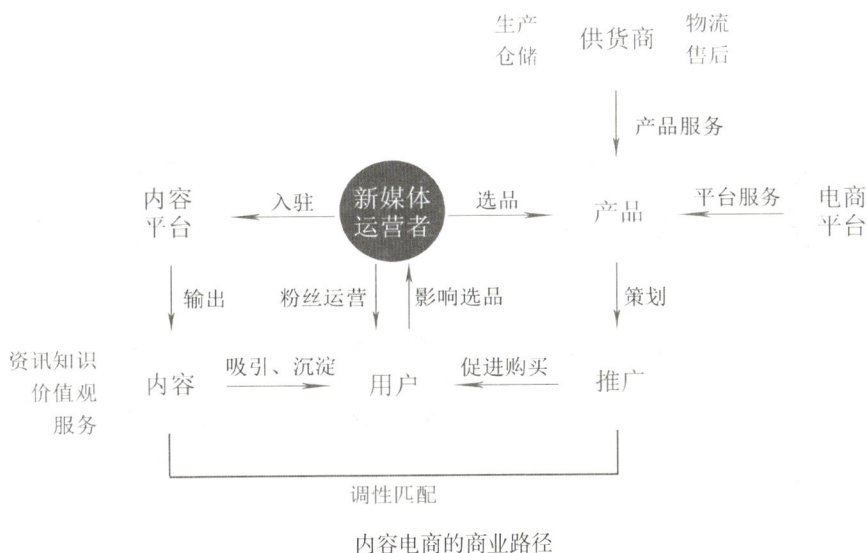

内容电商的商业路径

如何做好内容电商？[1]

好的商品，是成功的一半

决定卖什么，是内容电商的第一步。选品选对了，不仅能挣钱，还能涨粉；选品选错了，粉丝流失，无可挽回。这方面，内容电商需要注意以下六大要素：

切合粉丝画像：符合粉丝的性别、年龄、兴趣、消费实力等；非标品：淘宝

1　《独家数据解读，从"爆文"到"爆款" | 新榜内容电商研究报告》，新榜，2016年8月。

爆款的大众化标品在内容电商上无法溢价；品味格调：有价值观输出，卖的是商品，更是生活态度；内容可塑性：商品自带故事感，能够被内容诠释，易于被文案包装；质量可靠：产品质量经得起使用检验，否则毁誉；颜值过关：设计感强，精致，拍的照片吸引人，消费者购买后有分享欲望。

涨粉百万，不如培养粉丝习惯

我们通常会有一个误区：账号粉丝越多，流量越大，销量也就越好。但实际上流量并不完全决定商品的销量，想卖出爆款，前提是粉丝有通过账号购物的习惯，让粉丝知道这是一个可以进行消费的地方。固定的推广位置和推广频率、明确的推广标志，以及预告和限时等，均有利于培养粉丝习惯。

案例｜年糕妈妈：让粉丝期待购物

首先是固定的推广位置和推广频率，让粉丝在形成文章阅读习惯的同时，形成关注商品的习惯。

其次是明确的推广标志。对商品推广与常规内容进行明显区分，避免无购物意愿的粉丝点进广告，造成打扰，同时也能够重点提示有购物意愿的粉丝，提升转化率。

最后是"预告＋限时抢购"，培养饥饿感。"年糕妈妈"会把所售商品在前一天进行预告，相当于双倍曝光。今天看到，明天才能买，除了提高购买期望，也可以预先了解粉丝反馈，预估货物销售量，为电商供货做好准备。另外，限时抢购的模式也可以刺激购买决策，推动销量。

场景化营销，打造爆款

推广的方式简单来说包含硬推和软植两种。生硬推广的频率过高，会透支粉丝购买欲望，而软营销做得好，则可以最大限度地挖掘潜在购买者。

软植入方面，内容电商通常运用的技巧就是场景化营销：通过营造特殊场景，生动展示出痛点或者爽点，产生共鸣，总之，"安利"一个非买不可的理由，让读者产生购物需求，最后引出商品和购买方式，水到渠成。

案例｜玛丽黛佳：为爱美的学生党创造了一个完美的购物场景

该推送来自一个女性用户为主的美妆生活用品种草账号。文章首先描述了女生"怎么买都不够"又"囤货到过期"的美妆消费现状，引发女性消费者的共鸣，随后提出解决方案，引出玛丽黛佳口红，围绕"mini套装""高性价比""口碑国货"三个关键词，为囊中羞涩又想"买买买"的大学生创造购物场景。该推送48小时带来的消费转化率高达1%。

知识付费

继广告、内容电商之后，2017年知识付费取得了巨大发展，喜马拉雅123知识狂欢节销售额达1.96亿元，其中讲师薛兆丰的"北大经济学课"订阅人数突破20万，降低筛选成本、弥补知识空白的需求促进了知识付费的爆发。

目前，知识付费已经形成了较为完善的产业生态，以平台为桥梁，链接讲师和用户。现有知识付费平台可以分为平台式、市集式、自营式三类，再具体划分，有以喜马拉雅为代表的基于"多样性"的双边平台、以网易云课堂为代表的基于"实用性"的课程平台、以知乎Live为代表的基于"圈子"的社区平台以及以十点课堂为代表的基于"技术"的公众号和以得到为代表的基于"产品"的App等。

平台和技术的完善，用户习惯的养成，为新媒体进军知识付费领域提供了很多便利，那么万事俱备，新媒体如何打造一款知识付费爆款课程？[1]

知识付费存在专业和内容门槛，并非所有内容都适合付费

从介质上看，音频类课程的使用程度最高。根据新榜2017年末调研，46.7%的用户最近一次购买的付费课程是音频类课程。究其原因，一是音频的伴随性特质大大提升了碎片化时间的利用程度，适应了现代人"节省时间"的迫切需求，让任何人都能实现"随时随地学习"；二是音频作为互联网轻教育的信息载体，具有聆听性、亲切感，降低了学习的枯燥感；三是音频教学有利于受众根据学习的内容同步操作，实践的指导性更强。

从内容上看，实用型的内容更容易博得用户的青睐，而随着个体越来越意识到自我价值实现的重要性，用户对个人综合素质提升类课程的消费意愿增强。喜马拉雅平台2017年数据显示，个人成长、商业财经、人文历史类付费课程最为

---

1 《2017知识付费年度报告：如何打造一款知识付费爆款课程？》，新榜，2017年12月。

畅销。结合目前畅销课程情况及付费产品增长情况可以发现，并非所有的内容都适合付费产品化，只有经过归纳和总结的认知和经验才适合付费转化。

好的产品来自于对讲师与课程的双包装

互联网高渗透的时代，已经不存在绝对的新知，知识本身并不稀缺，使知识付费产品溢价的是知识的讲师和课程的设计方向，同样的内容照本宣科、生搬硬套和深入浅出、娓娓道来，效果肯定是不一样的。

好的知识付费产品来自对讲师与课程的双向包装，明星讲师可以通过用户口碑、平台背书、名人推荐和个性化标签4个维度进行包装。

01/用户口碑	02/平台背书
基于平台庞大的用户规模，让输出优质内容的UGC通过平台吸引大量的付费用户，成为明星讲师	平台会主动推荐其甄选的在特定领域有一定名气或专业能力强的讲师，如喜马拉雅"大师课"，让平台用户能快速了解讲师，实现从特定领域到优质付费课程讲师的移植
03/名人推荐	04/个性化标签
通过知名人士对讲师课程的推荐来影响用户行为、塑造名师形象，如"得到"罗振宇荐课	对讲师身份、资格、经验和典型案例进行全方位包装，让讲师能迅速被大众熟识，吸引到具有特定需求的人群

"经验能力"包装明星讲师

课程价值的包装则可以从课程形式、课程作用、课程价值和附加服务4个部分着手。

01/课程形式的包装	02/课程作用的包装
* 介质类型：文字转化为音频、视频等多种课程形式 * 效果包装：挑选背景音乐和音效设备，后期剪辑内容，呈现好的视听效果	* 解决生活工作问题的能力 * 弥补知识缺失、知识空白 * 陶冶情操，丰富精神生活 * 提高个人社会生存能力和人生掌控能力

03/课程价值的包装	04/附加服务的包装
* 名人推荐，课程品质背书 * 观点包装，提供新知识，独特观点，以及解决方案 * 永久收听/阅读所购买内容的权限	* 与知名大佬的链接机会 * 进入高逼格圈子的机会 * 工作实习的推荐机会 * 其他商业合作机会

"内涵外延"包装课程价值

从内容和运营双重领域激发用户学习意愿

产品包装只是第一步，从内容和运营双重领域激发用户学习意愿才是成功关键。用户在购买课程之后是否愿意学习并且有所收获，决定了课程的口碑传播和复购情况。知识付费不是一锤子买卖，好的知识产品从内容生产到用户运营都应该具有可持续性。

内容如何让用户既愿意买，又愿意学？内容是核心，通过内容打磨激发用户的参与热情和付费意愿。

内容

课程定位
* 不同平台的付费用户群体存在差异，依据所选择的知识付费平台调整内容定位

精准化
差异化

课程设计
* 用户更愿意为专业付费
* 结合课程调研、学生情况进行设计
* 有明确的学习成果预判

专业性
仪式感

内容打磨
* 内容主题精选
* 输出观点不断推翻与总结
* 知识结构体系化
* 知识解读场景化
* 知识增量可视化
* 内容表现方式的不断创新

知识增量

内容反馈
* 了解用户对课程的反馈，结合实时反馈更新课程内容

用户同步

团队建设
* 组建专家团队，课程设计团队
* 与知识付费平台团队合作

可持续性

内容生产结构

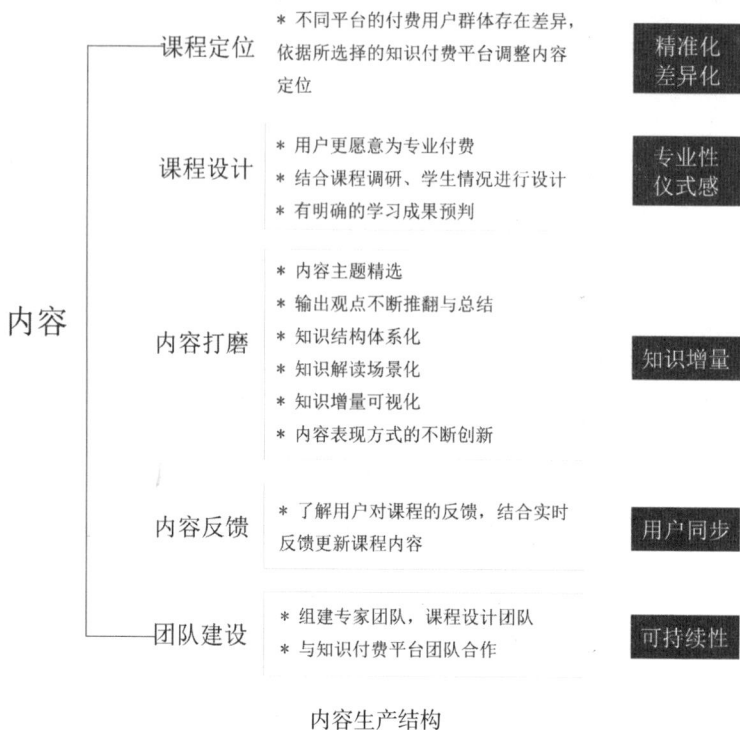

第二步，运营是关键，通过用户运营打造"授课—参与—吸收"的服务链条。

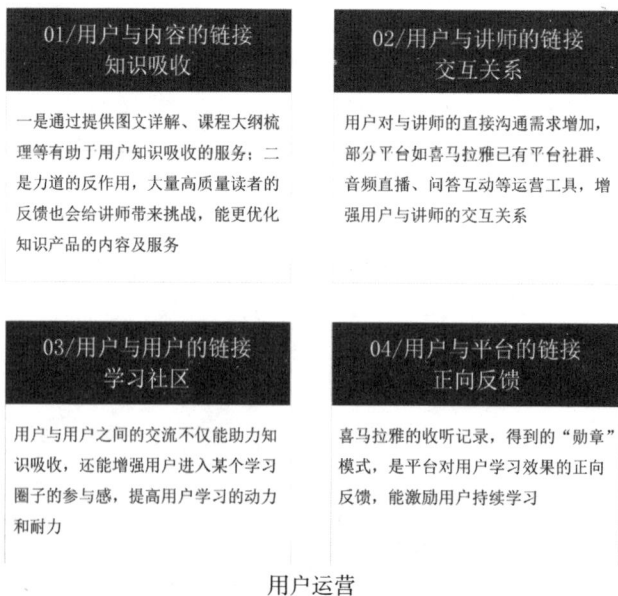

01/用户与内容的链接
知识吸收

一是通过提供图文详解、课程大纲梳理等有助于用户知识吸收的服务；二是力道的反作用，大量高质量读者的反馈也会给讲师带来挑战，能更优化知识产品的内容及服务

02/用户与讲师的链接
交互关系

用户对与讲师的直接沟通需求增加，部分平台如喜马拉雅已有平台社群、音频直播、问答互动等运营工具，增强用户与讲师的交互关系

03/用户与用户的链接
学习社区

用户与用户之间的交流不仅能助力知识吸收，还能增强用户进入某个学习圈子的参与感，提高用户学习的动力和耐力

04/用户与平台的链接
正向反馈

喜马拉雅的收听记录，得到的"勋章"模式，是平台对用户学习效果的正向反馈，能激励用户持续学习

用户运营

选对渠道，才能实现规模化销售

知识付费本质上是流量生意，选对渠道，才能实现销售规模化，把流量转化为收入。目前，知识付费行业已经形成了三种典型的流量入口。

首先，知识付费平台，如喜马拉雅、36氪等已经有巨大的用户流量，讲师选择与平台合作，借助平台资源，省掉自己重新搭建流量入口的步骤。平台获得优质内容，帮助讲师做传播，将知识产品推荐给相应的用户群，增加用户黏性，双方各取所取。如米果文化团队"小学问"。

其次，一些头部IP已经拥有用户池，知识付费是他们深度服务客户、盘活价值的方式。这种销售途径在微信公众号中最常见，有两种情况：一是讲师自己研发课程自己推广，如吴晓波；二是大号将自有流量升级为平台，邀请其他讲师入驻推广，如十点课堂、年糕妈妈。

	平台合作		自有流量
流量来源	综合类平台，如喜马拉雅	垂直类平台，如得到、36氪	微信公众号
用户属性	泛用户	垂直用户	订阅用户
讲师特征	专注内容输出，但缺乏自有流量和运营经验的各门类讲师、明星IP；平台内生主播，已有受众群在平台；意欲扩大用户覆盖面积的内容机构	专注于垂直领域内容的讲师；意欲覆盖更多垂直细分粉丝的内容机构	已经积累一定量的用户规模、且用户黏性高的头部自媒体人；跟微信公众号用户属性匹配的讲师
优点	平台用户规模大，带来大且集中的流量，能实现大范围的推广与传播，且知识产品变现机会多	用户垂直，流量精准；资源能倾斜给有实力的专业讲师，重点重合	用户黏性高、流量精准；流量的内部转化能力强
缺点	优质讲师多，因此分配给每个讲师的资源有限	领域垂直，可选择内容范围较小，用户总量有限	单个流量入口的用户池有天花板
典型案例	喜马拉雅张其成、婷婷姐姐	36氪开氪keso	微信公众号吴晓波频道、十点课堂、年糕妈妈

分销模式案例图谱

最后，分销，作为增加流量的辅助模式，能把产品推向更广的用户群体，增加变现机会。目前，分销渠道包括第三方分销平台，线下分销，以及利用专属销售码，在微信、微博等渠道传播的"人人皆销售"的社交分销。有意进入知识付费新媒体，要根据产品定位和讲师特征找到合适的流量入口。

四、品牌运营：新媒体运营的拐点

品牌对于一个企业的意义不需要赘述，但对于新媒体而言，重视品牌运营并且做出成果的还很少，大多数新媒体的追求还停留在生产优质内容、获得高流量的阶段。随着新媒体内容行业的逐渐成熟，品牌运营将成为新媒体运营的重要拐点，甚至影响一个新媒体的生命周期。

三维交叉确立品牌定位，内涵外延构建品牌价值

品牌运营的第一步是品牌定位。清晰的品牌定位可以创造品牌核心价值、形成差异化优势，通过定位与用户建立长期的、稳固的关系，而且有利于自身的资源聚合，为内容、产品的开发和营销指引方向。

新媒体品牌定位依然可以套用传统的三维交叉定位法，即综合分析核心竞争力、行业发展和用户需求三方面，挖掘品牌价值点。核心竞争力定位：根据当前生产的新媒体内容、传播现状、资源优势、竞争环境优势，分析核心竞争力；行业发展定位：通过研究行业（新媒体/垂直行业）标杆，并参照当下的市场格局，研究行业未来发展趋势，分析关键着力点；用户需求定位：利用品牌需求价值链分析和用户关键问题询问，得到用户关心的品牌发展趋势及核心价值点。

确立品牌定位后，可以从品牌的内涵、外延两方面构建并丰富品牌价值，最终使用户感知到品牌的整体形象、产品和服务的形象，并且在脑海中形成符号形象。

Logo 与 VI

Logo 与 VI 是品牌在视觉方面具化的形式。有数据表明，83% 的信息是通过

视觉传达给大脑的，所以 Logo 和 VI 作为品牌价值的外延，对于强化品牌定位、塑造品牌形象的重要作用不能忽视。好的品牌 Logo 与 VI 可以使新媒体在传播阶段形成统一性、实现差异化、并且传递品牌价值。

Logo 与 VI 示意

人格化与 IP 形象

人格化是多场景、多角色的结合

人格化是新媒体和用户建立友好稳定关系的捷径。关于新媒体的人格化，插座学院提出过一个比较完整的模型——RCSC 模型，指出新媒体的人格化由角色（role）、性格（character）、场景（scene）以及内容（content）4 部分组成，即新媒体要通过确立一个性格鲜明的角色和用户产生关系，然后在适合该关系的特定场景下，向用户传递信息。

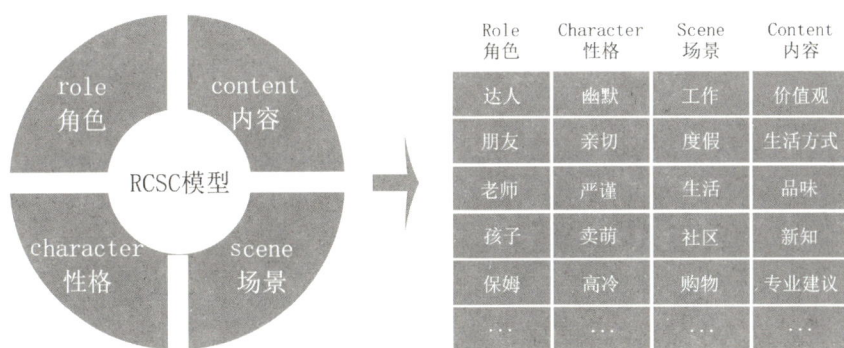

新媒体人格化 RCSC 模型

案例 | Alex 大叔人设分析

捕获了很多少女心的星座新媒体 Alex 大叔就是典型的暖男人设，作为专业的占星师，亦师亦友，将他了解到的关于星象的指引娓娓道来，为粉丝的生活、工作、情感指点迷津。

role 角色	character 性格	scene 场景	content 内容
达人	幽默	工作	价值观
朋友	亲切	度假	生活方式
老师	严谨	生活	品味
孩子	卖萌	社区	新知
保姆	高冷	购物	专业建议

角色（R）——朋友/老师：占星专家，亦师亦友，像老师一样专业解读星象和星座运势，像朋友一样为读者的生活、工作、情感提供建议。

性格（C）——亲切：语言平实亲切，像邻家大哥哥，将他了解到的关于星象的指引娓娓道来，引导读者走向内心的沉静和平和。

场景（S）——生活：每周的星象解读和星座运势分析，月度和年度的运势解读，不定期的星座开运建议，指导生活细节，让读者既充满仪式感地满心期待，又不经意地收获惊喜。

内容（C）——生活方式：内容都围绕星座、星座运势分析、生活建议。此外，逐渐加入一些生活、时尚用品的推荐。

Alex 大叔人设分析

媒介融合时代需要有辨识度的 IP 形象

"特点""精准""可转移"是 IP 形象的三大要素。首先，从形象上来说，IP 形象的特点重在好看，这是构成 IP 成型的最重要原因。其次，IP 形象是把所有的流量或情感认知归于一点，因此在 IP 培养和发展中要考虑精准。最后，IP 形象最大的特征就是具有跨平台的识别度，在其他方面可以做转移和连接，即势能转化。在实际运营中，IP 形象可以是真人、宠物或者虚拟的卡通形象。

同道大叔是人格化与 IP 运营的行业范例，从内容策划到日常运营，同道大叔和 12 个星座形象贯穿始终，并且在商业化方面已经实现相当规模，通过 IP 形象实现的商业化包括但不限于图书出版、影视与游戏授权、周边产品、联合出品、线下体验店等。

腾讯媒体研究院　新榜研究院

内容产业商业化观察报告

　　随着内容产业各项基础设施基本完善，商业化模式逐渐明朗，内容创业从投入竞争进入生存竞争，商业化能力是内容产品能否持续生存和发展的决定因素，找到适合自身发展的商业化模型是内容创业者目前最主要的诉求。

　　根据内容产品的变现路径，内容产业的商业化模式主要分为二次变现和一次变现两种。二次变现是指内容兑换流量、流量兑换收益的变现路径，内容产品用户不直接付费，而是产生流量价值转由企业付费，主流模式是平台收益和广告收益。一次变现是指内容直接兑换收益的变现路径，内容产品的消费者直接为内容付费，主流模式是内容电商、知识付费和版权收益。本报告主要围绕内容产业五大主流商业化模式——平台收益、广告收益、内容电商、知识付费和版权收益展开，希望对广大内容创业者起到借鉴作用。

一、平台收益

　　内容是平台发展的核心，内容创业的初始繁荣就伴随着各大内容平台的巨额补贴投入，平台出台各项计划吸引创作者入驻分发，平台收益是大众创作者的基础性收入。

　　内容平台的补贴主要有四种模式：保底、分成、激励和奖金。保底是指平台规定产出的内容和数量及一些定制指标，创作者完成相应的任务就可以每月获得固定的保底收入，如今日头条的"千人万元"计划。分成是指根据内容流量获得相应的收入，如百家号的"百＋计划"。激励是指在流量分成基础上将原创、互动、首发、独家等作为加权指标，分成收益翻倍。如企鹅号的"百亿计划"，原创内容获得3倍单价，首发内容在原创的基础上再多3倍，独家内容在原创的基础上再多5倍。奖金是指平台根据内容质量、传播流量等标准按月度、季度或年度等给创作者的现金奖励，如大鱼号的"大鱼奖金"。

根据创作者反馈，保底收益的模式最受欢迎，这一模式类似月薪，比较稳定，能够支持创作者，特别是创业初期的创作者的持续投入。其次受欢迎的分成和激励，是创作者平台收益的主要组成部分，根据流量和相应加权获得收益，没有流量和收益的封顶，发展空间较大。最后是奖金，虽然奖金额度较高，但是获奖难度大、概率低。对于大众创作者来说，吸引力大，但不稳定，不是主要争取的收益；对于头部创作者来说，虽然收益占总体比重少，但有公关传播的作用，会积极争取。

值得关注的是，随着内容产业的发展，内容回归价值，平台对内容的争夺从数量过渡到质量，从广泛撒网过渡到重点培植，相应的扶植计划已经逐渐向优质内容、独家内容倾斜。如企鹅号在 2018 腾讯全球合作伙伴大会上发布的 TOP 计划，旨在通过更高收益、更多模式、更多流量三种方式激发创造力，将提供不低于 50 亿元的专项内容创作基金、超过 100 亿的全平台日流量，重点扶持超过 1 万个潜力型创作者。

二、广告收益

广告几乎是内容产业商业化的必经之路，是许多内容创业者商业化的重要来源。广告模式从内容到收益的流转逻辑是用户流量价值转化为广告价值，品牌主付费推广。目前创作者广告收益的来源主要有三种，分别为基于大数据和平台流量的效果广告，基于内容和自有流量的品牌广告，以及基于服务和整合流量的整合营销。

效果广告

效果广告是指基于内容平台资源，通过大数据对广告、内容和用户进行匹配，定向展示的广告类型。内容生产者通过平台获得收益，以精准点击 CPC（每点击成本）或千次展示 CPM（每千人成本）形式计费。多数内容平台都有效果广告的功能，如微信广点通，创作者可以根据需求自助开通，属于行业低配，开通比例较高。

品牌广告

品牌广告是指内容生产者直接与品牌商（代理）合作，通过自身影响力，为品牌主进行内容营销的广告形式。内容生产者直接向品牌商（代理）收取内容策划和分发费用。品牌广告是行业标配，是多数创作者的主要收入来源。

根据新榜公众号广告交易平台 2017 年 7 月—2018 年 7 月的数据，广告主端中触网行业对内容营销的热情最高。监测期间，总成交额前 5 的行业分别为金融、互联网、数码 3C、快消品、时尚美妆，成交额占总成交额的 62.6%。成交笔数前 5 的行业分别为互联网、金融、数码 3C、快消品、电商，成交笔数占总体的 61.0%。

据 AdMaster 调研数据显示，67% 的企业表示 2018 年的社会化营销重点在 KOL 推广上，KOL 广告位资源供不应求。2018 年，微信公众号广告报价持续增长，其中，中腰部大号的涨幅较高，超过 40%。整体上，面向泛人群的账号报价高于垂类账号，新榜 22 个类别（除企业类、政务类）公众号中，头条刊例价前 5 名分别为百科类、汽车类、文化类、时尚类以及情感类公众号。

整合营销

整合营销是指内容生产者与品牌商深入合作，整合内外部资源，为品牌主进行从策略制定、执行分发甚至到产品销售的全流程内容营销服务的广告模式。内容生产者直接向品牌商收取服务费，根据合作模式，部分会获得销售分成。整合营销需要内容服务商强控资源，提供非标准化的立体服务，服务商通常是专业的内容机构，个人内容生产者难以支持。

在整合营销服务中，内容机构的角色和功能外延，担任类似广告公司的角色，服务项目主要包括营销策略（即营销目标、营销创意、传播策略、销售策略等的制定）；内容执行（即文案、图片、视频、H5 等内容物料的制作）；传播推广（即利用自有流量、平台流量和红人资源做内容的分发）；产品销售（即为推广的产品制定定价策略、促销策略，有的机构还提供销售平台、仓储物流的服务）。整合营销的服务执行难度高，但是收益也较多，特别是涉及销售分成的整合营销项目，收入金额较可观。

三、内容电商

根据新榜大数据，从 2016 年到 2018 年，内容电商公众号数量持续大幅增长，平均每年增长 60% 以上，截至 2018 年 6 月，新榜监测的活跃公众号中有 13387 个开展了电商业务。值得一提的是，新榜指数在 450～700 之间的公众号开通电商的比例逐年增加，广告的商业化模式马太效应明显，更多中小公众号发力内容电商。

内容电商的基本逻辑是通过优质内容沉淀用户，内容赋能商品，促成场景化营销，内容用户购买产品实现内容价值转化。不同于广告的商业化模式，内容电商的发展依赖于盘活存量用户，更关注用户的转化数量而不只关注用户的绝对数量，拥有高黏性用户后发展较稳定。根据内容生产者在内容电商路径中的参与程度，即是否自建平台，参与生产仓储、物流售后等深度运营，内容电商分为电商导购和电商自营两种模式。

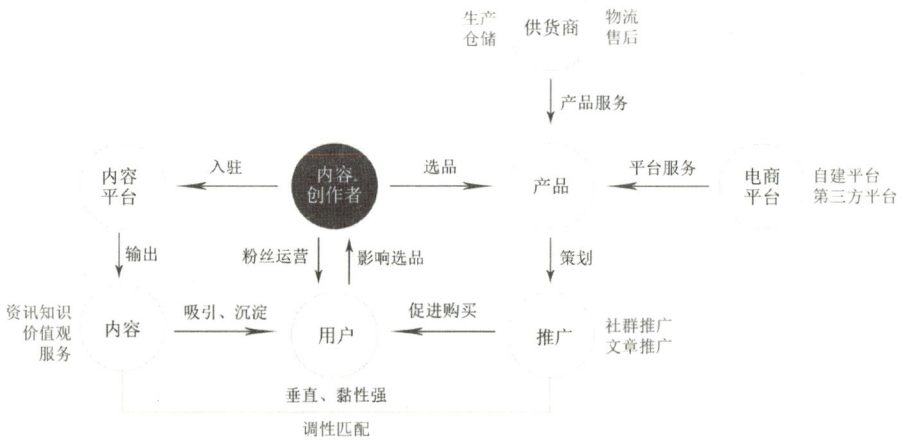

内容电商的商业路径图

电商导购

电商导购模式运营卷入度较轻，由第三方承担供应链管理，内容生产者只负责选品和内容推广，通过销售分佣获得收益。

市场上第三方电商平台应已经比较成熟，如 4PNT、WeStock、Look、极果等平台，为内容生产者提供产品供应链（采购、仓储、物流等）、电商代运营（销售咨询、售后运营等）、电商代开发（H5、小程序等）等服务。

内容生产者只负责内容生产，通过高质量内容渲染产品，宣传个性化的生活态度，整合资源，结合后台数据把控选品环节，选择符合内容品牌调性的产品，帮用户解决"审美判断"。

电商导购类的内容生产者通常有三大特点，第一，具有性格化、人格化的创作形象；第二，内容特征明显，有集中的内容创作领域；第三，粉丝存量大、黏性高。代表创作者如"Alex大叔""买买菌""为你写一个故事""gogoboi"等。

案例｜女神进化论——严格品控，转化率40%

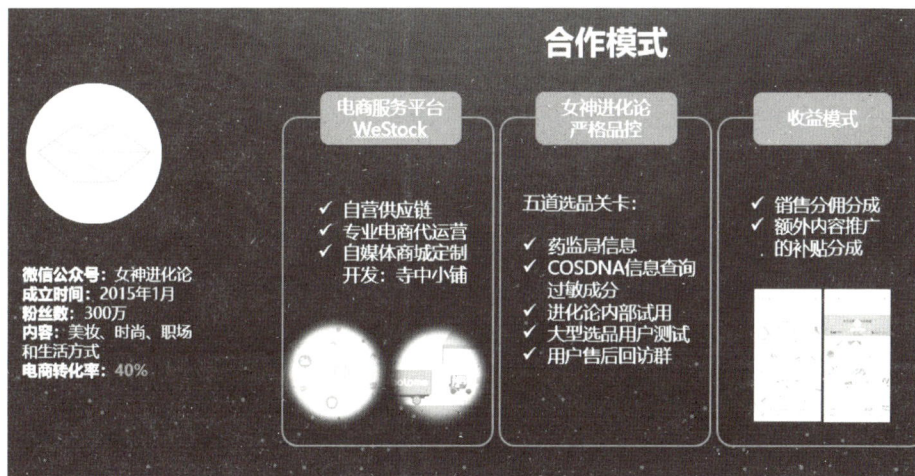

"女神进化论"合作模式
数据来源：新榜研究院

在这一模式下值得关注的趋势是，头部内容生产者已经开始走向产业链前端，KOL从提供内容创造购买环境的买手推荐模式，逐渐发展到联合生产、联名产品、贴牌，甚至推出自主品牌。如"Alex大叔"与AGATHA联合出品水逆退散手链、"黎贝卡的异想世界"推出同名产品等。

电商自营

电商自营模式运营卷入度高，内容生产者需自建店铺，负责电商销售全流程，承担供应链管理。

在电商自营模式中，内容生产者包揽建站、选品、营销、仓储、物流、客服、支付等全部流程，投入要求较高。想从事电商自营的内容生产者至少要满足以下5点要求：第一，前期资本支持，供应链的搭建需要较多的资金投入，以及进货需要现金流；第二，拥有一定量级的粉丝量（通常为100万以上粉丝），且粉丝黏性高；第三，内容可以延展到商品上，可拓展性强；第四，对选品有明确的定位，与用户调性和需求相匹配；第五，有供货商、渠道资源。代表创作者如"一条""年糕妈妈""小小包麻麻"等。

案例 | 小小包麻麻——平台化，月流水 7000 万，复购率 80%

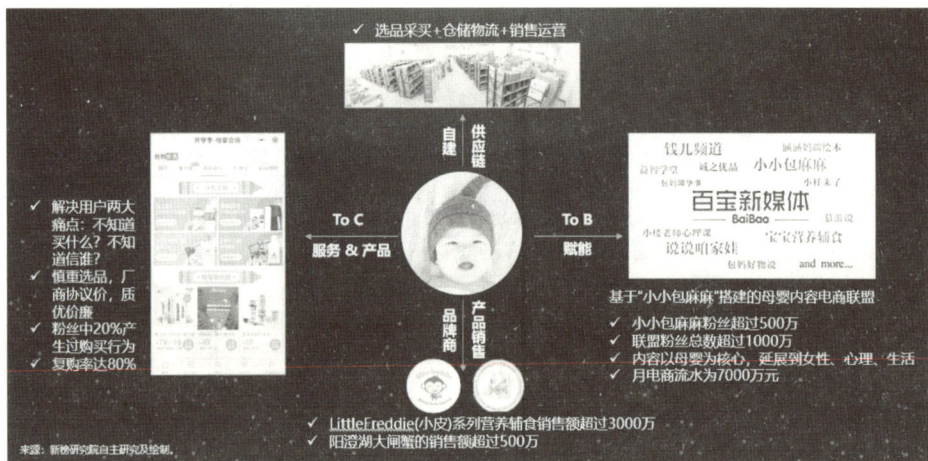

"小小包麻麻"运营模式
数据采用 2018 年

四、知识付费

相较广告和内容电商，知识付费的商业化模式极大地缩减了知识价值转化流程，面向有付费意愿的特定群体，将知识产品直接转化为实际收益。而且因为知识产品一经开发可以反复利用，当知识产品实现规模化销售后，成本将大幅降低，变现效率较高。

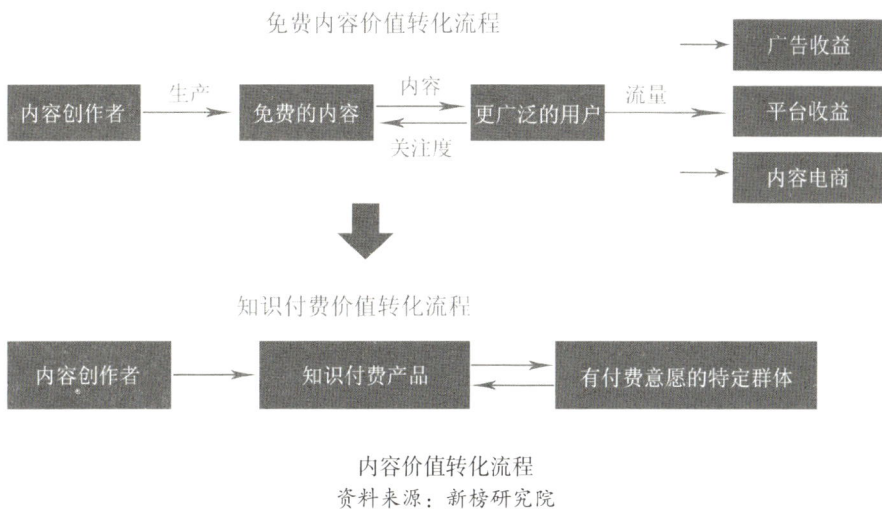

免费内容价值转化流程

内容创作者 → 生产 → 免费的内容 → 内容 / 关注度 → 更广泛的用户 → 流量 → 广告收益 / 平台收益 / 内容电商

知识付费价值转化流程

内容创作者 → 知识付费产品 ← 有付费意愿的特定群体

内容价值转化流程

资料来源：新榜研究院

尽管与广告、内容电商的转化路径不同，知识付费本质上还是流量生意，选对渠道，才能实现规模化销售。平台合作、私域流量、产品分销是三种主要的流量入口。

平台合作

平台合作是最典型的知识付费流量入口。知识付费平台，如喜马拉雅、36氪等已经有巨大的用户流量，讲师选择与平台合作，借助平台资源，省掉自己重新搭建流量入口的步骤；平台获得优质内容，帮助讲师做传播，将知识产品推荐给相应的用户群，增加用户黏性，双方各取所需。

目前市场上提供知识付费的平台主要有4种：开放式平台、自营式平台、市集式平台以及提供附加服务的专业平台，这4种平台在平台特点、用户属性、讲师特征上各有不同。

平台分类	开放式平台	自营式平台	市集式平台	平台附加服务
平台示例	喜马拉雅	得到	知乎Live	36kr、Keep
平台特点	综合类平台，内容多元化、泛娱乐化	明确定位，基于产品实现分发	社区类平台，内容多元化、社交化	现有平台衍生服务，多垂直平台，内容垂直化
用户属性	泛互联网用户，基于广泛兴趣的内容需求	精准用户，终身学习者，有提升、精进的需求	社区用户，关于特定话题的内容需求	垂直用户，特定领域的内容需求
讲师特征	缺乏自有流量和运营经验的讲师、明星IP；平台内生主播，已有受众群在平台；意欲扩大用户覆盖的内容机构	课程团队、行业领袖、大学教授	社区达人，在某些领域有丰富的经验或独到的见解	垂直领域专家、讲师
典型案例	张其成《易经》	吴军《硅谷来信》	葛巾《这样买奢侈品，更有性价比》	徐涛《硅谷早知道》

来源：新榜研究院自主研究及绘制。

平台合作情况
资料来源：新榜研究院

案例 | 得到——吴军硅谷系列课程

得到 —— 吴军硅谷系列课程分析

名称	《硅谷来信》&《谷歌方法论》	分析
平台	得到	(1) 专业知识服务平台，有专业的课程打造团队 (2) 用户定位清晰，聚拢精英人才
定价	199／年（300+期）	价格合理。平均到每天小于1元，大多数白领可以接受，价格没有成为用户做出付费决定的阻碍
讲师	吴军：硅谷投资人，著名自然语言处理和搜索专家，曾先后供职于谷歌和腾讯，畅销书《浪潮之巅》《数学之美》作者	成功人士。吴军作为硅谷投资人、信息科技行业专家、畅销书作者，是典型的成功人士，与得到精英人群的用户定位符合，与硅谷系列课程开拓思维、指导行动的内容定位符合
内容	吴军老师个人经历感悟，内容涉及工作成长、生活艺术，拓展思维方式，提供行动指南	(1) 时代高速发展，新中产阶级处于身份焦虑中，成功人士个人经验分享具有真实大量的需求 (2) 吴军硅谷系列内容在得到平台独家发布，具有排他性
服务	(1) 音频+文字形式，10分钟左右音频，配以文字干货 (2) 每日来信，围绕一个主题展开，如精英教育 (3) 每周读者问答，对读者的重点问题进行回答 (4) 每周回信精选，UGC内容，读者来信汇总 (5) 不定期特别来信，针对热点发表观点，如中高考	(1) 10分钟音频符合碎片化学习，文字干货满足二次深入阅读需求 (2) 每日来信，课程具有连贯性，用户易于培养收听/看习惯 (3) 每周读者问答和回信精选，既起到了与用户深入互动的效果，又通过UGC内容丰富了课程内容 (4) 不定期来信，紧贴热点时效性强，提高课程附加价值
销量	第一季：103665人次；第二季：79435人次	比较成功。从两季的订阅情况上看，第一季超过10万，第二季近8万，硅谷系列课程的初期包装、课程设计到课程运营比较成功，用户良好的口碑对第二季的销量有直接影响

资料来源：新榜研究院自主研究及绘制

私域流量

私域流量是指可以反复利用、无须付费，又能随时触达的自有流量空间。一些头部 IP 已经拥有自己的用户池（流量池），知识付费是其深度服务用户、盘活价值的方式。这种销售途径在微信公众号中最常见。

相较和平台合作，在私域流量空间运营知识付费产品要求更多，但因为省去平台分成，收益比例更高。这类讲师 / 团队通常是已经开通一段时间微信公众号，积累了一定的用户，用户精准、黏性较高，有付费用户基础，且内容本身具有专业度，有付费内容开发空间，如"吴晓波频道"。

值得关注的是，已经有一定影响力的公众号，已经开始有意识地将自有流量升级为平台，在自制课程的同时，邀请其他讲师入驻，承担课程开发、推广的职能，如十点读书。当自有流量升级为平台后，因为内容范围的扩大，用户会从精准用户向泛用户扩展。

案例 | 吴晓波频道——每天听见吴晓波

吴晓波频道 —— 每天听见吴晓波课程分析

名称	《每天听见吴晓波》	分析
平台	吴晓波频道会员小程序	轻运营、高转化。依托微信生态，在公众号的基础上开发小程序，运营成本低，用户在微信生态内转化，高效利用现有用户池
定价	180 / 年（会员制）	价格合理。年度会员制，会费平均到每天价格较低，用户接受度较高
讲师	吴晓波：企业家、财经作家。毕业于复旦大学新闻系、哈佛大学访问学者，"蓝狮子"财经图书出版人，《大败局》《激荡三十年》等畅销书作者。	专业人士。吴晓波被誉为中国最出色的财经作家，其著作《大败局》被评为"影响中国商业界的二十本书"之一。吴晓波在商业财经领域的专业能力获得业界和社会的广泛认可
内容	面向新中产的商业、理财知识，线上线下互动	新中产群体具有一定的物质财富和社会地位，对于商业理财和社会交际都有刚需
服务	(1) 每天听见吴晓波，5分钟音频，构建商业逻辑 (2) 每周一堂课，实用理财技巧 & 投资理财课程 (3) 每年52本书，甄选好书，音频解读精华知识 (4) 享受"美好+"会员购物折扣 (5) 每月玩转城市，专为会员打造成长服务型社群	(1) 每天5分钟音频，符合碎片化学习需求 (2) 每周一堂课，每年52本书，内容丰富，提高附加价值 (3) 会员购物折扣，强调会员福利，拉近与会员之间的距离 (4) 线下城市活动，满足会员社交需求，利于开发深度用户
销量	55万以上	比较成功。相对于吴晓波频道公众号超过200万粉丝基数，55万的付费会员，比例近30%，转化率较高

资料来源：新榜研究院自主研究及绘制

产品分销

分销，作为增加流量的辅助模式，能把产品推向更广的用户群体，增加变现机会。目前，知识付费产品的分销渠道包括第三方分销平台，线下分销，以及利用专属销售码，在微信、微博等渠道传播的"人人皆销售"的社交分销。

知识产品分销的流程主要是由内容创作者和技术服务商合作共同打造知识产品，然后将知识产品放到分销平台或者由技术服务商搭建的内容市场，由媒体主和个人对终端用户进行分销。其间，内容创作者需要入驻分销平台，并根据销售额给予参与销售环节的平台、媒体、个人一定比例的佣金。其中，部分内容平台如"荔枝微课"提供整合服务，包括技术服务商、分销平台和内容市场等。

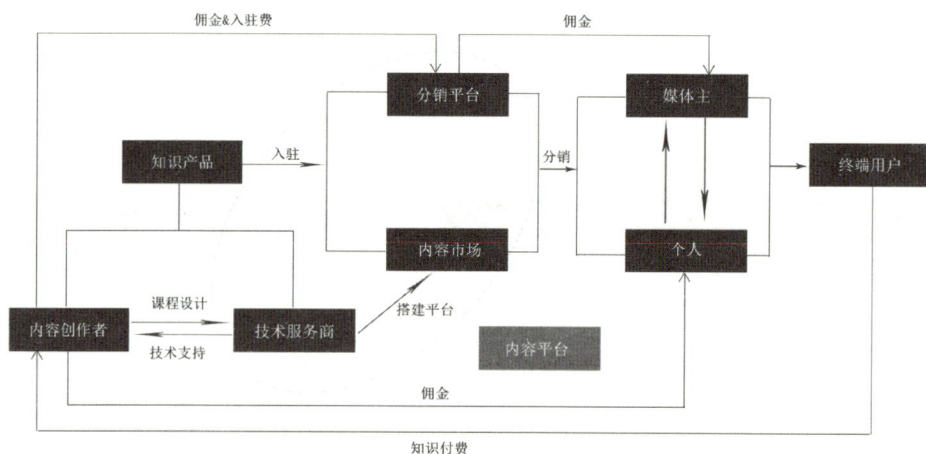

知识产品分销流程
资料来源：新榜研究院自主研究及绘制

网易运营方法论课程及分销分析

名称	网易运营方法论	分析
出品方	网易	(1)"网易出品，必属精品"，网易屡次刷屏的营销案例也让大众对网易有了很好的认知，保证了用户对课程的信任
内容	网易内部运营标准作业流程	
讲师	网易考拉海购、网易云音乐、网易杭研产品发展部、网易云课堂4大产品线运营负责人	(2)网易4大明星产品线的一线运营负责人，具有实战经验和成功案例，首次公开传授经验，课程具有专业性和稀缺性
用户	互联网运营人员，想了解互联网运营知识的人	(1)运营是互联网领域中的热门话题，实际从业者和围观者都较多 (2)运营人员自带KOL属性，朋友圈人数且精准，裂变转化率高
分销平台	荔枝微课	轻量化。搭载在微信生态的知识付费平台，从关注到转化再到使用流程顺畅，用户体验较好
定价	原价：199元/上线价：39.9元（限时）	(1)上线价相比原价优惠力度大，且控制在50元以下，接受度高 (2)限时优惠，给观望用户制造紧迫感，给消费用户带来优越感
分销佣金	(1)两级分销：1级60%，2级30% (2)实时到账：5分钟内直接到账	(1)二级分销，且佣金比例高，吸引力较大 (2)5分钟内到账，要即时的收益刺激，分销用户转发积极性高
分销海报	(1)设计：红色背景+宣传文案 (2)内容：用户推荐语+最大卖点+课程名称+课程内容+促销信息+裂变二维码	(1)设计简单醒目，吸引注意且重点突出 (2)内容全面，文案从兴趣吸引到转化刺激抓住用户心理
销量	(1)2小时卖出13000份，一天卖出16万份 (2)荔枝微课也通过这次活动吸粉20万	非常成功，从关注度、讨论度以及销量来看，都取得了很好的效果，成为知识产品分销的范例

资料来源：新榜研究院自主研究及绘制

五、版权收益

版权收益是比较传统的内容产业的收益模式，在新媒体内容产业中主要体现为主动收益（即版权开发）和被动收益（即维权收益）两种形式。

版权开发

版权开发是版权收益主要发展的方向，延展性强，发展空间大，一经成功开发，变现形式多元，收益可观。版权开发的重点在于内容文化的深耕，增强和延长文创的生命力，令其深入为人们日常记忆的超级符号，而不是短暂的泛娱乐IP。

版权开发门槛较高，要求内容创作者具有持续创新的能力，能够结合内容发展和市场需求，不断挖掘新的IP形象和内容消费场景，赋予IP发展源源不断的新养料、新动力。

目前，主要盈利模式依靠版权开发的内容生产者还比较少，但是基本的发展方向已经比较明朗，主要包括图书出版、形象授权、定制广告、周边产品、线下体验、表情包/贴纸等。其中，授权无疑是相当重要的一环，授权做得好，不仅可以帮助企业获得丰厚的盈利，还有利于开启衍生品运作，同时有助于品牌传播。

案例 | 吾皇万睡——超级 IP，年入千万

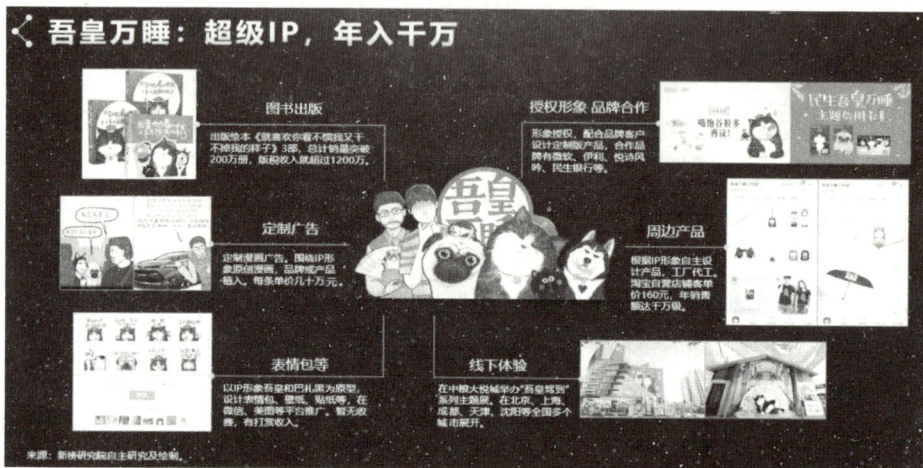

维权收益

维权收益是内容生产者因内容被侵权发起维权而带来的被动收益，对于原创内容产量较大、被侵权较多的机构内容生产者来说，累计起来也是一笔不小的收入。此外，新媒体内容产业的蓬勃发展滋生了大量投机者，通过搬运和抄袭优质内容赚取高额利润，严重侵害了原创作者的权益。除了收益动力，维权本身也是内容生产者义不容辞的责任，对于行业的长远发展具有重要意义。

整体上，中国版权保护环境是逐渐向好的，国家政策、内容平台、内容消费者都做出努力，要求、鼓励、支持原创者维权。国家层面，2017 年，知识产权保护首次列入"十三五"重点规划；2018 年 7 月上旬，国家版权局启动"剑网2018"专项行动，开展网络转载版权专项整治、短视频版权专项整治，以及其他重点领域版权专项整治。内容平台方面，从尝试处理版权争议，到主动开发版权保护产品，再到组建版权保护联盟，各大平台对原创版权的保护越来越重视。用

户方面，广大网友的版权意识逐渐增强，主动为版权保护发声，2018 年 1 月，自媒体大 V "六神磊磊"怒斥公众号"周冲的影像声色"洗稿，引发网络热议，超 90% 网友支持"六神磊磊"依法维权。

此外，在新媒体内容行业侵权现象严重的情况下，专门针对网生内容的版权保护机构也应运而生，如瑞德传媒、版权印、妹夫家等。面对内容版权维权难的现状，交付一定的服务费，委托第三方专业机构进行维权，高效省心，也成为越来越多原创作者的选择。

案例 | 专业主义——2000 字原创，4 年维权收益 4 万

公众号名称	专业主义
维权文章	[深读]雾霾杀死了我的父亲
上线时间	2014/10/12
维权平台	快版权
维权方式	1）协商：获得一定索赔作为转载费用 2）起诉：通过法院起诉获得赔偿
维权收益	1）协商收益：约200~2500元/次 2）起诉收益：最低3000元/次 3）维权收益快版权与创作者平分，4年共计收益近8万元，创作者获得近4万元。

资料来源：专业主义公众号提供数据，新榜研究自主研究及绘制

腾讯媒体研究院　新榜研究院

短视频行业发展报告

2018 年对于短视频行业来说是爆发和挑战并存的一年。短视频用户规模和使用时长在 2018 年呈现爆发式增长态势，截至 2018 年 12 月，短视频的月活用户已经超 6 亿。短视频行业的红利也迅速吸引了内容生产者的目光，一场短视频市场份额争夺赛以多方对阵的格局全面爆发。

本报告主要围绕短视频行业的发展概况、平台分析、用户分析、典型案例分析以及发展趋势五方面展开，希望和广大短视频行业内容从业者共同探讨。

一、短视频发展概况

兴起条件

政策环境。 2015 年，国务院办公室印发《关于加快高速宽带网络建设推进网络提速降费的指导意见》，提出加快基础设施建设、大幅提高网络速率，有效降低网络资费、持续提升服务水平等意见。广电总局及工信部规定，从事互联网视听节目服务需具备信息网络传播视听节目许可证；网信办发布《互联网新闻信息服务管理规定》，约束行业乱象，为短视频发展提供良性土壤。

经济环境。 宏观来看，短视频行业投融资数量持续增长，截至 2016 年 7 月，短视频行业共获得 43 笔投资，其中轮次多集中在天使轮和 A 轮，美拍、秒拍等头部企业实现 C 轮、D 轮。各视频网站相继出台短视频扶持计划，通过收入或补贴等形式激励用户入驻，以签约网络红人等方式完善行业生态链。

社会环境。 中国互联网发展逐步成熟，网民个人上网设备向手机端集中。CNNIC 数据显示，我国网民中使用手机上网的比例超过了 90%。网民个人上网设备进一步向手机端集中。相对于无法随时随地随身携带的个人计算机，智能手机移动端以便捷性的优势占据使用者更多碎片化时间。

4G 用户数量不断增长，移动互联网流量为短视频普及奠基。大众获取信息偏好由图文向视频转移，用户需求、社交方式发生改变。首先，短视频时长大多不超过 1 分钟，在快节奏生活中满足了用户碎片化阅读的需求；其次，与图文相比，视频在内容呈现上更直观、多样，在用户注意力缺乏的情况下，更容易吸引用户停留；此外，无论是拍摄短视频上传至微博、微信等社交平台，还是短视频平台自身的点赞、评论等互动功能，都极大满足了用户的社交需求。

技术环境。技术的革新一方面使移动视频的流量得到改善，流量、带宽费用降低，网速提升促进了视频播放的流畅度；另一方面智能移动端的拍照及摄像功能不断优化，短视频的拍摄、制作借助简易操作也可达到精致效果。

发展脉络

伴随着移动互联网的发展，短视频成为重要的内容形式之一。

萌芽期（2004—2011 年）：该时期的短视频大多作为长视频的附属或补充而存在，来源多为长视频剪辑或国外视频网站内容搬运，且重在传递信息，具有强媒体属性。市场上以土豆、优酷等在线长视频网站为主流。

探索期（2012—2015 年）：国内短视频分发平台逐渐步入公众视野并确立自身定位，短视频这一传播形态的用户接受度也有所提高。快手以 GIF 图片编辑起家，向短视频领域转型；一下科技推出秒拍并借助微博平台的流量迅速成长为千万级用户的应用；美拍定位女性用户，凭借美化及照片合成视频功能，上线半年用户破亿；腾讯也推出了微视，彼时的微视主打 PGC 内容生产。

爆发期（2016—2017 年）：短视频行业进入爆发式增长阶段，行业平均月度活跃用户规模从 2016 年的 1 亿增长至 2017 年底的 4 亿，UGC 与 PUGC 成为主流。2016 年"头条"系分别推出抖音和火山小视频，并通过补贴吸引优质的短视频内容生产者；其中快手的月度活跃用户规模于 2017 年底突破 2 亿，成为短视频行业头部产品。

成熟期（2018 年—）：2018 年，对于短视频行业来说是爆发和挑战并存的一年。短视频用户规模和使用时长在 2018 年呈现爆发式增长态势，据 QuestMobile 数据，截至 2018 年 12 月，短视频的月活用户已经超 6 亿，用户使用时长达到 11.4%，已经超过在线视频的 8.3%，成为仅次于即时通信的第二大产品类型。与此同时，短视频行业的红利也迅速吸引老玩家加码和新玩家的入局，一场短视频市场份额争夺赛以多方对阵的格局全面爆发。另外，有关部门对短视频行业的监管日趋严格，最重要的是，短视频用户规模接近饱和，优质内容稀缺，行业竞争同质化严重，短视频发展也面临着巨大挑战。用户流量被瓜分，用户红利增加难度大，但内容红利和时间红利依然有开发空间。因此，对于优质内容和用户使用时长的争夺战愈演愈烈。

驱动力

技术驱动：大数据及 AI 技术完善短视频运行机制。从内容生产上来说，人脸识别技术为短视频平台提供美颜、AR 效果等趣味性较强的拍摄功能，模仿门槛降低，促进了短视频爆款产品的诞生与传播。从推送机制上，短视频平台基于用户数据、依据喜好进行个性化推荐，精准的到达率有利于促进视频打开率和精准营销推广。从内容审核上，图像识别技术可对视频内容进行标签化及鉴黄鉴暴处理，有效缓解了人工审核时代的效率问题。

内容驱动：内容生态逐渐完善，优质内容稳定行业发展。随着网民数量持续增多及内容生产门槛不断降低，UGC 在内容生产方面的作用逐渐显现，填补了短视频行业快速发展的内容需求，内容数量增加明显。而且，UGC、PGC、PUGC 协同发力，网民网络素质有所提高，短视频平台签约网红、专业短视频生产者等占据头部优势，以及技术带来的画面质量和后期制作的改善均促进短视频内容质量的显著提升。同时，短视频内容类型不断丰富，垂直领域的内容不断被挖掘，分众化需求得到满足。

平台驱动：平台功能及布局日渐优化，形成完整上下游产业链。平台在自身功能上不断优化，一是优化用户体验，一站式拍摄上传及智能化的特效应用降低用户短视频生产的难度；二是内容标签不断丰富、细化，满足大众化需求的同时保证小众需求的长尾效应；三是积极构建互动社区，通过社交维持用户黏性。

同时短视频平台拓展上下游业务，形成日趋完善的产业链。不少短视频平台自建内容生产团队或自己培养网红，同时签约 MCN 机构进行任务分发及盈利分成，更有平台开放购物车入口助力内容变现。

广告商驱动：广告投放向移动端转移，短视频商业潜力大。据《2016 年中国广告业生态调查报告》显示，广告主对于互联网媒体预算分配，在 2016 年移动端反超了 PC 端。短视频具备流量高、推送精准、符合受众习惯等优势，其商业潜力有待挖掘。

资本驱动：资本推动短视频行业爆发式增长，深层次发展难题有所显现。资本热衷于短视频内容创业项目，据艾瑞咨询统计，2016 年和 2017 年短视频行业已经发生接近 100 起融资事件，各大互联网巨头迅速做出反应，开始布局短视频，包括投资短视频平台以及内容生产方，如腾讯的"芒种计划 2.0"投资 12 亿元补贴短视频内容创作者、阿里文娱布局 20 亿元进击 PUGC 领域等。

在短视频行业，资本驱动往往以烧钱补贴的方式来获得用户和内容，在短时间内助力短视频行业爆发式增长，在相对较为表层逻辑上来推动短视频行业的发展。对于更深层次的短视频行业而言，资本驱动的方式难以起到根本性的作用。由于短视频诞生之初的资本推动、内容泡沫等问题，短视频行业同样面临着变现、推广等一系列的问题。

垂类分析

按照不同的分类标准，短视频有如下几种类型。

就内容的生产者角度来看，可划分为机构类、平台类、独立 IP 以及自媒体。一是机构类短视频，如新华社早在 2014 年底便推出"新闻 15 秒"产品，成为传统媒体中进军短视频领域的排头兵。还有浙报集团的"浙视频"、《新京报》的"我们视频"、《南方周末》的"南瓜视业"、上海报业集团的箭厂。

二是平台类短视频。如今日头条、腾讯、快手、秒拍等，这类机构不生产原创内容，而是对短视频进行聚合。他们对优质短视频内容的需求很大，纷纷投入巨资扶持和聚合原创内容。

三是独立 IP 短视频，自制内容矩阵，由内部孵化内容，以特色定位，为自己树立标签，继而形成知名 IP 或者 IP 家族矩阵，如"陈翔六点半""何仙姑夫""看鉴"等。

最后是短视频自媒体，这类内容生产者是短视频内容来源的主力，专注于多元垂直类原创短视频内容生产，没有专门的短视频平台，通过"两微一端"及其他平台多渠道分发，如"美食作家王刚""日食记""华农兄弟""李子柒"等。

从满足用户需求角度出发，短视频平台可分为三类：满足个人制作短视频需求的工具类、满足发现新鲜事物需求的资讯类和满足用户社交需求的社区类。

一是工具型短视频，功能以特效、剪辑为主，主要作用是美化视频，降低视频拍摄的门槛，工具类短视频应用有小咖秀、小影、VUE、Faceu 等。如 VUE 的使用功能包括即时的视频滤镜、分段（分镜头）录制和后期的剪辑和编辑处理、贴纸动画、背景音乐等功能，让非专业用户也能在手机上剪辑出专业的短视频作品。现阶段国内工具类短视频发展空间极其有限，出海探索更大市场或许是工具类短视频平台目前较好的战略路线之一。

二是资讯类短视频，这类短视频平台更大程度上类似于一个信息传播的媒体平台，以 UGC＋PGC 的生产方式，为受众提供内容，例如与新浪微博深度绑定的秒拍、今日头条旗下的西瓜视频以及传统媒体的转型平台"我们视频"等都是资讯类短视频的代表。

三是社交类短视频，此类短视频平台社交氛围浓厚，用户黏性较高，以快手、抖音、美拍等为代表。又如"蘑菇视频"，其定位为一款专注年轻旅行爱好者的创意旅行短视频社交软件，除了可以发布短视频之外，还有"私信交友"的板块，鼓励用户在平台上通过视频内容认识新朋友。

鉴于平台类短视频在当前短视频市场发展势头最强劲，无论是 App 数量、用户规模还是用户时长等诸多数据，平台类短视频均占据短视频行业头部地位，因此本文重点分析平台类短视频。

二、短视频平台分析

行业规模

整体行业规模呈上涨趋势，行业融合程度加深。2018 年，国内短视频用户规模达 5.94 亿，预计 2019 年将达 6.27 亿；2018 年市场规模超过 118 亿元，预计 2019 年将超过 230 亿元。对比 2017 年，2018 年短视频用户规模上涨幅度达 145%；2018 年市场规模环比上涨幅度为 106%，整体市场和用户规模保持上涨趋势。纵观 2018 年，快手、抖音双巨头齐头并进，BAT 三巨头加入短视频市场争夺战，使得短视频市场竞争呈现白热化态势，"好看视频""土豆视频""腾讯微视"三大视频平台纷纷崛起。资本入驻使得短视频行业规模不断扩大，而 5G 等新兴技术的落地将会推动短视频行业进入下一个快速发展的阶段。短视频＋电商、短视频＋社交、短视频＋生活，这些以短视频为圆心的表现方式正在打开有关短视频发展的全新逻辑，"短视频＋"成为短视频行业延伸的一个重要特点，与其他行业融合程度加深，行业规模存在继续上升空间。

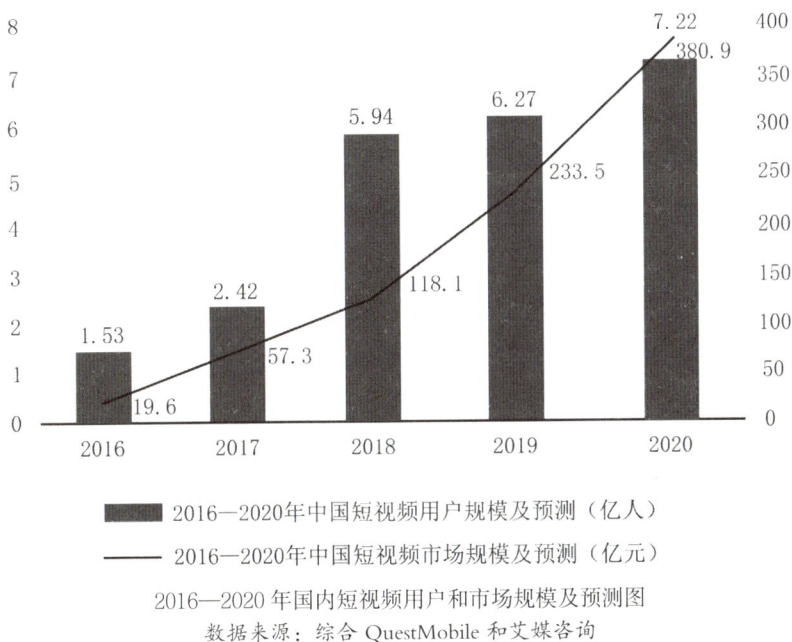

2016—2020 年中国短视频用户规模及预测（亿人）
2016—2020 年中国短视频市场规模及预测（亿元）

2016—2020 年国内短视频用户和市场规模及预测图
数据来源：综合 QuestMobile 和艾媒咨询

流量现状

第一梯队短视频用户维持较高的月活。数据显示，国内十大主流短视频平台总下载量中，快手、西瓜、土豆视频、抖音、火山小视频、美拍等短视频平台下载量均超过 5 亿，快手在安卓市场以 40.6 亿下载量遥遥领先。好看视频、腾讯微视、波波视频、全民小视频等下载量不足 1 亿。

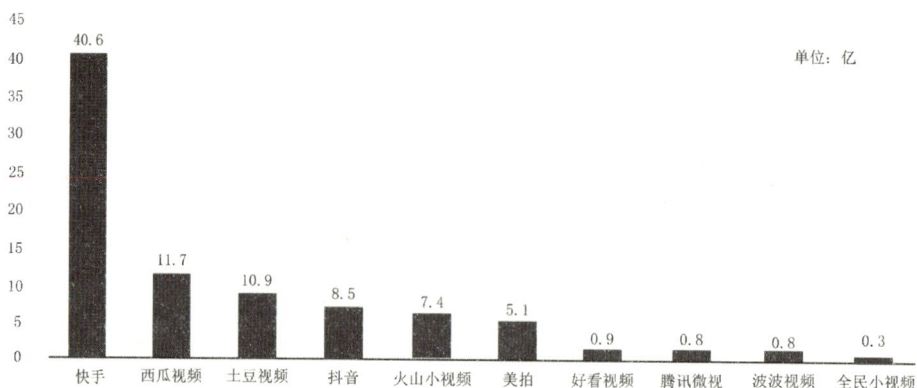

国内主流短视频总下载量

数据来源：ASO114，仅包含安卓手机端数据

对比 2018 年国内主流短视频平台月活跃用户量发现，快手、抖音两大顶级短视频平台月活跃用户量均超过 2.3 亿，其余 8 大平台用户量均在 1 亿以下。

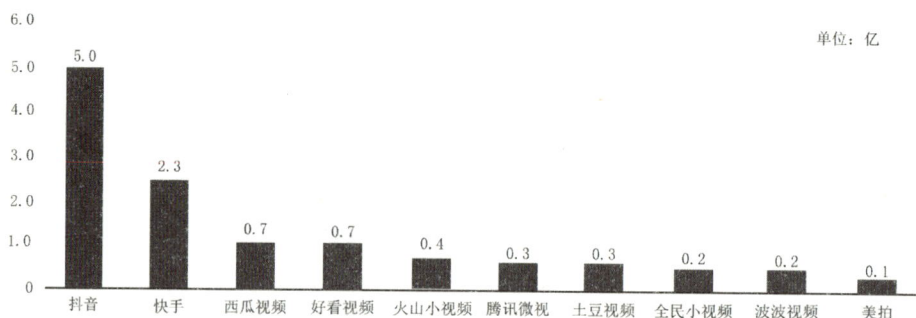

2018 年国内主流短视频平台月活跃用户量

数据来源：QuestMobile

盈利模式

2018 年，短视频行业驶入了商业变现快车道，其中，短视频平台动作最为频繁，除了广告外，短视频电商变现方式正在成为平台以及内容创作机构发力的重点。目前短视频行业的商业变现主要有三种方式。

一是广告，包括内容植入、视频贴片和信息流广告等形式。短视频凭借其优质流量、年轻化的受众群体和多样性的表现方式，受到广告主青睐。短视频平台倚重信息流和视频贴片，短视频创作者依靠内容营销。

二是电商，包括"淘宝客"的网店模式、自营品牌电商化、自营电商。短视频凭借其生动丰富的信息展示、直接的感官刺激、附着的优质流量以及商品跳转的便捷性，在电商变现的商业模式上有着得天独厚的优势。当前短视频电商变现模式主要表现为以下几个方面：一是以 PUGC 个人网红为主，通过自身的影响力为自有网店导流，二是以 PGC（专业内容生产者）机构为主，通过内容流量为自营电商平台导流，三是短视频平台尝试自营电商。

三是内容付费，包括用户内容打赏、单个内容用户付费观看、平台会员制增值服务付费、版权付费等。虽然短期内不被看好，但未来内容产品付费是突破口。短视频在内容付费变现上主要有三类方式，包括用户打赏、平台会员制付费、垂直内容付费，此外还有版权付费，如看鉴短视频，先后与华为、电信、猎豹移动等达成深度合作，通过内容版权售卖，也覆盖了更多的用户群体。

不同短视频类型，其商业变现模式也存在不同。

主流短视频平台盈利方式

主流短视频平台包括快手、抖音、西瓜视频、火山小视频等，盈利模式主要是信息流广告、电商探索，但无论抖音，还是快手，2018 年的商业化动作大多都与电商有关。

快手：网红主播分成为主流，平台联合升级创收形式。 快手的盈利模式主要通过与主播进行收入分成，主播在直播过程中，粉丝打赏兑换之后就变成收益，平台和主播按比例分成。此外，还有信息流广告、游戏广告等。快手的粉丝头条，即用户通过支付一定的费用，可以将短视频作品在粉丝的"关注"视频流中置顶，同时推送到一定数量用户的"发现"视频流中，从而使作品获得更多的曝光。2018 年快手升级短视频电商模式，于 6 月牵手有赞，推广快手小店；12 月发布麦田计划，推出升级改版后的"快手小店"和全新的"电商服务市场"，在电商的基础设施建设上前进了一大步。

抖音：构建用户与企业沟通桥梁，电商变现成发力重点。 抖音的商业模式主要集中于广告、电商、直播、MCN 等形式。抖音的广告产品除了硬广、信息流广告，较有创意的部分集中在"抖音挑战赛"和"抖音嘉年华"。在内容植入部分，创新产品有创意定制贴纸，还有网红创意合作，抖音红人帮助客户拍摄创意广告，用自身人气吸引广告用户，满足品牌不同传播需求。此外，达人直播通过视频露出产品或者进行品牌主直播。2018 年 5 月，抖音上线店铺入口，开放购物车功能申请，加快商业化步伐；7 月，上线广告交易平台"星图"，星图服务商主要负责视频的内容策划、执行拍摄、后期制作，以及线上活动发起；12 月，抖音首次公开平台蓝 V 相关数据，并宣布即将推行蓝 V 扶持计划。相比个人，蓝 V 账号可与企业号进行更深层次的交互。另外，红人也在电商上加大精力投入，建立个人主页电商橱窗、购物车、小店等，或通过直播进行销售。

自媒体盈利方式

短视频自媒体没有专门的短视频平台，多依托于主流门户网站客户端，如二更、一条、陈翔六点半、何仙姑夫等，这类短视频风格既定，专注于垂直领域内容生产，通过"两微一端"及其他平台多渠道分发。其盈利方式主要包含广告植入、平台分成、游戏广告分成等。

陈翔六点半：广告植入盈利占比大，渠道分成为新方向。陈翔六点半以原创搞笑短视频为主，在线播放平台包括虎牙直播、腾讯微视、斗鱼、美拍、秒拍、快手、哔哩哔哩、熊猫等。其坐拥 2000 万粉丝，主要通过在视频中植入品牌商广告获得广告收入，另外由于粉丝众多，入驻各类平台，平台流量广告分成也是一笔收益。除此以外，与游戏渠道商合作的 H5 游戏，其中的广告点击量和用户游戏充值分成也是其盈利方式。

二更：原创植入积极引流，直播互动给予曝光。二更作为国内知名的原创短视频内容平台，其主要盈利方式是通过原创植入，价格按内容流量以及内容和广告匹配程度不同制订，比如二更一集价格为 100 万元。原创植入以隐蔽、积极、动人的形态潜入观众的视野，同时解决了用户体验和转化率问题。另外，二更基于粉丝流量，通过现场直播形式吸引诸多品牌商入驻，如二更打造的"直播 + 短视频"互动节目，评论中谈及各大品牌商，让粉丝从直播讨论中了解品牌的特性，给予品牌商产品更多曝光，软性植入每个场景。

PGC 盈利方式

PGC 依托于专业团队和巨额资本，具有先天优势。目前主流 PGC 盈利方式有品牌冠名、电商带货、版权付费等，其中品牌冠名依托专业团队的资源，电商带货则主要依靠机构平台和主播个人。

《辣妈学院》：依托电视品牌资源，电商带货实现盈利。《辣妈学院》是深圳卫视重点打造的生活服务类节目，话题主要包含时尚美妆、美颜美体、健康生活等，依托深圳卫视的强大电视品牌资源，前期主要依靠品牌如康宝莱冠名来实现广告创收。后期则是通过淘宝直播直接实现成交。同时，《辣妈学院》挑选了几位主持人，并根据主持人的特点定制淘宝直播栏目，又签约一批辣妈红人、专家红人，形成围绕"辣妈"人群的 IP 矩阵。

"悦系列"：定制视频获取制作费用，平台通道使用分成。耀世星辉打造的《悦健康》《悦时尚》《悦美食》《悦宝贝》在深圳卫视、安徽卫视热播，四类节目统称为"悦系列"，系列节目内容与商品并重，既实景展现满足网友的购物需要，又能够实现常态化盈利。其盈利方式包含：第一，定制型短视频，收取制作费用，比如蒙牛的《变形金刚5》定制版和系列产品广告等短视频；第二，制作天猫和淘宝优质客户的高端短视频，并且通过平台发布短视频的商品收取分成；第三，做平台运营以及 KOL 生产，赚取平台通道使用及广告收入。

平台创作者分析

UGC、PGC、PUGC 协同发力，金字塔结构逐渐成形

创作者	群体基数	内容	成本	门槛	用户黏性	流量	变现	属性
专业机构	小	优质垂直化	高	高	高	占据头部流量	变现能力强	媒体+社交
专业用户	小	精细	较高	较高	较高	能吸引一定流量	有一定变现能力	社交
普通用户	大	粗糙分散	低	低	低	集中长尾部分	模式不清晰	社交

内容制作方不同模式对比表
数据来源：《2018-2019 中国短视频行业专题调查分析报告》

当前短视频内容创作者主要分为普通用户（UGC）、专业用户（PUGC）、专业机构（PGC）三大类。UGC 普通用户群体基数最大，低门槛操作对用户具有较大

吸引力，社交属性较强，但用户媒介素养及技术水平参差不齐，导致短视频平台乱象频生，同时内容更新不稳定，较难实现商业变现。

PUGC主要为具有一定专业水准的网络红人，社交属性和媒体属性兼备，凭借专业优势和个性标签在短视频平台大肆圈粉，加之粉丝精准度较高，在商业变现上占据明显优势。

PGC在三者中专业度最高，专业机构拥有雄厚的资金投入、专业的拍摄设备及完整的内容生产团队，呈现高投入、高收益的特点。当前MCN机构培养短视频红人，将PGC和PUGC优势相结合，占据了短视频的头部流量。

内容生产的工业化、流程化，是金字塔形内容生产来源

目前短视频内容生产已经形成一套固定的流程，可以大大提升效率、降低风险。可以说，基于"UGC+PUGC+PGC"构成的金字塔形内容以及MCN机构，我国短视频内容市场已经建立起相对稳定的内容生产体系，同时内容生产过程中的流程化、数字化管理使得各个环节细分、分工协作。而有序、稳定的短视频内容体系一方面带来强大的内容制作力，也为短视频商业价值的拓展带来了新的空间。

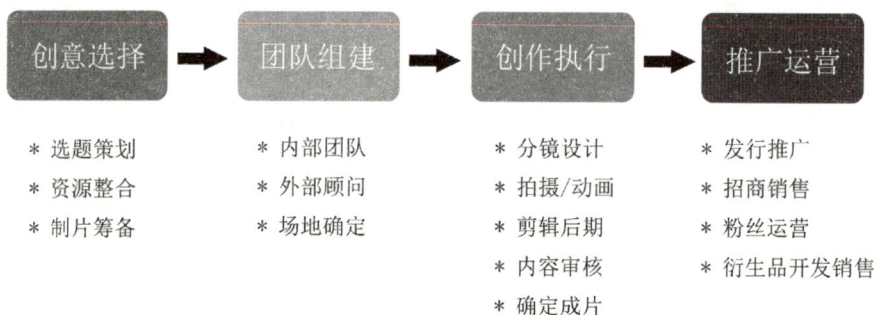

创意选择	团队组建	创作执行	推广运营
* 选题策划	* 内部团队	* 分镜设计	* 发行推广
* 资源整合	* 外部顾问	* 拍摄/动画	* 招商销售
* 制片筹备	* 场地确定	* 剪辑后期	* 粉丝运营
		* 内容审核	* 衍生品开发销售
		* 确定成片	

短视频内容生产流程图

数据来源：易观中国短视频市场商业化发展专题分析2018

三、短视频用户分析

性别分布：女性更青睐短视频，与网民画像基本一致

短视频用户中，女性占比52%，男性占比48%，用户性别比基本持平，但相比之下女性更青睐短视频。此外，由CNNIC发布的第42次《中国互联网络发展状况统计报告》显示，中国网民男女比例为52：48，短视频用户性别比与我国网民性别比基本一致。

年龄分布："90后、95后"仍为时尚主流引领

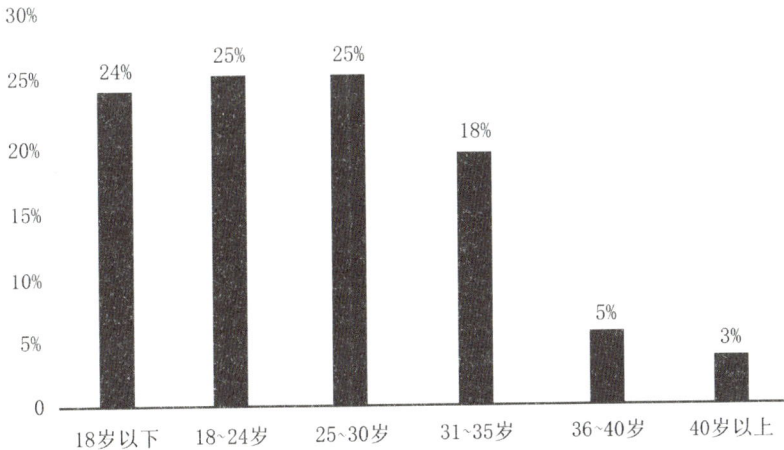

短视频用户年龄分布图

数据来源：卡思数据《2019短视频内容营销趋势白皮书》

从年龄分布来看，短视频用户集中于30岁以下的相对年轻的群体，其中18岁以下占比24%，18~24岁和25~30岁用户分别占比25%，"90后"、"95后"目前仍是短视频的主要用户群体。随着网络用户人群向Z世代和银发人群扩散，短视频用户年龄分布范围未来或许会更广。

地域分布：用户向三四线城市下沉，一线城市流量红利减少

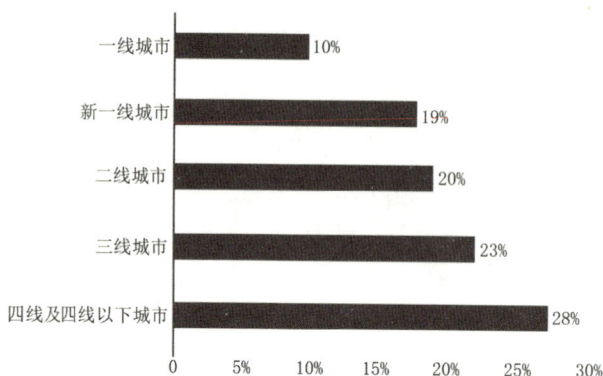

短视频用户地域分布图

数据来源：卡思数据《2019短视频内容营销趋势白皮书》

目前而言，三线城市占比23%、四线及四线以下城市占比28%，短视频用户不断向三线、四线及四线以下城市下沉。小镇青年下班至睡觉前的空闲时间相较城市用户而言更长，在观看短视频等娱乐行为上有更多可支配时间。一线城市及新一线城市占比分别为10%、19%，随着中国移动互联网红利向新板块迁移，在一线城市中18~40岁核心用户的互联网红利日益减少。

省份分布：广东为主要分布省份，呈现沿海向内陆纵深规律

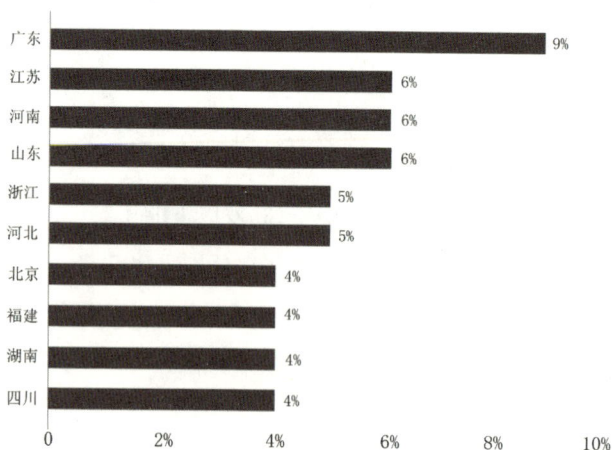

短视频用户省份分布前10

数据来源：卡思数据《2019短视频内容营销趋势白皮书》

短视频用户省份分布前 10 中，广东以 9% 的占比位居榜首，江苏、山东、浙江、河北等沿海地区占比普遍较高，而湖南、四川等内陆地区则逊色不少，短视频用户省份分布整体呈现沿海向内陆纵深的规律。

观看短视频的动机："放松休闲、填补空余时间"为主要动因

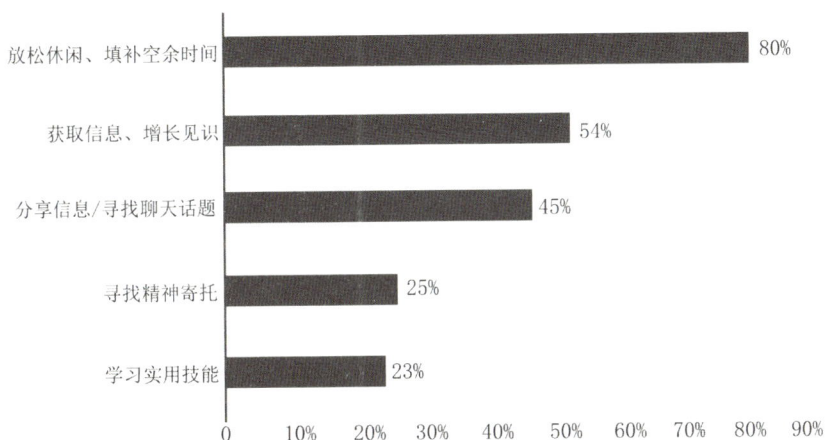

用户观看短视频的动机前 5

数据来源：CSM 媒介研究《短视频用户价值研究报告 2018-2019》

80% 的用户使用短视频是为了"放松休闲、填补空余时间"，把短视频当作"获取信息、增长见识"渠道的用户也不在少数，占比达 54%。同时随着短视频用户规模的不断扩大，"分享信息 / 寻找聊天话题"的诉求占比达到 45%。此外，也有少部分用户出于"寻找精神寄托""学习实用技能"等原因使用短视频。

时长偏好：30 秒 −3 分钟时长的短视频更符合用户习惯

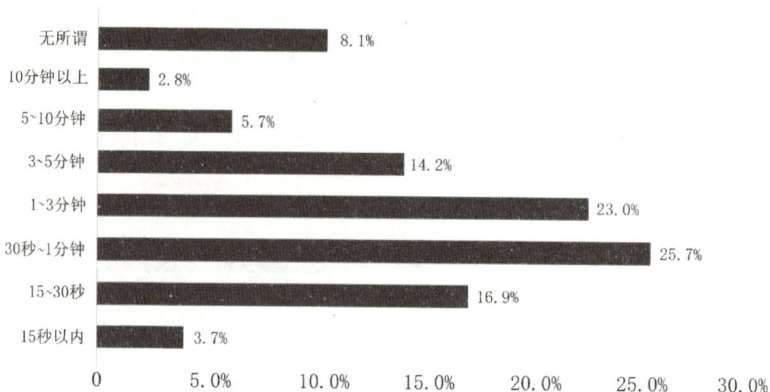

时长	百分比
无所谓	8.1%
10分钟以上	2.8%
5~10分钟	5.7%
3~5分钟	14.2%
1~3分钟	23.0%
30秒~1分钟	25.7%
15~30秒	16.9%
15秒以内	3.7%

用户观看短视频的时长偏好

数据来源：CSM 媒介研究《短视频用户价值研究报告 2018−2019》

用户观看短视频的时长偏好中，25.7% 的用户更偏好 30 秒~1 分钟的短视频，偏好 1~3 分钟短视频的用户占比 23%，近半数的用户喜欢 30 秒~3 分钟的短视频，过短的视频承载容量有限，而过长的短视频不符合用户碎片化的使用习惯。

偏好分布：搞笑视频成解压神器、生活技能、记录生活是关注焦点

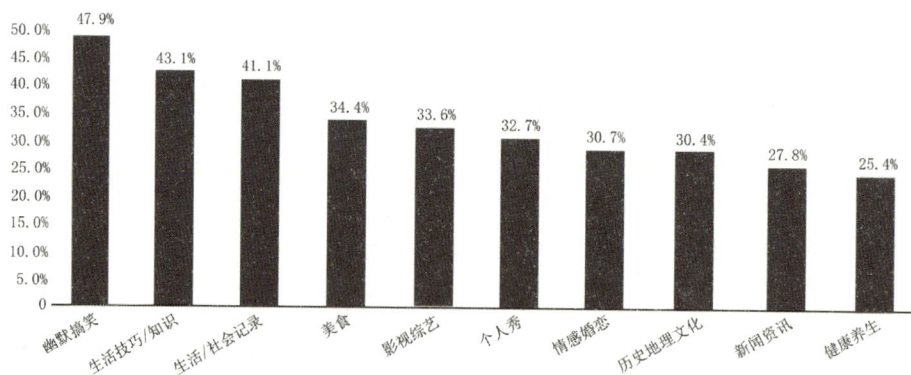

内容类型	百分比
幽默搞笑	47.9%
生活技巧/知识	43.1%
生活/社会记录	41.1%
美食	34.4%
影视综艺	33.6%
个人秀	32.7%
情感婚恋	30.7%
历史地理文化	30.4%
新闻资讯	27.8%
健康养生	25.4%

用户喜欢的内容类型前 10

数据来源：CSM 媒介研究《短视频用户价值研究报告 2018−2019》

在用户对短视频内容喜好的选择上，幽默搞笑类视频以 47.9% 的占比位居榜首，多数用户使用短视频是为了放松身心，快节奏生活下幽默搞笑类短视频成为解压神器。生活技巧 / 知识、生活 / 社会记录类短视频聚焦实用技能和日常生活、社会事件的记录，分别占比 43.1%、41.1%。此外，美食、影视综艺、个人秀（个人才艺、颜值、作品）等娱乐性内容也深受用户喜爱。

四、典型案例分析

机构主体类代表——《新京报》"我们视频"

《新京报》2016 年 9 月上线"我们视频"客户端，专注新闻领域做移动端新闻直播和短视频，"我们视频"的目标和口号是用直播和短视频覆盖新闻热点和重要现场，在新闻热点中不缺席。《新京报》"我们视频"获评"2017 中国应用新闻传播十大创新案例"。2018 年，"我们视频"产量日均超过 100 条，流量超过530 亿。"我们视频"的成功经验如下。

专业原创内容为王，直播与短视频共同发力。"我们视频"的选题种类多样，涵盖了社会、民生、法治、科技、突发事件等，其中，重大事件、突发性事件和社会新闻是新闻直播的黄金素材。2018 年 2 月，"我们视频"策划了"数十万摩托大军千里返乡"的春运大直播，腾讯平台观看量超过 200 万，微博点赞数过万。在短视频板块，"我们视频"积极发力，寻求突破，不论是风云变幻的国际局势，还是惊心动魄的灾难现场，或者是小人物的闪光瞬间，都能在"我们视频"中觅到踪迹。2017 年 4 月，"我们视频"探访离家 77 年、参加过抗战后流落台湾的四川老兵胡定远，他正搭乘飞机从台北返乡探望亲人，该条视频在腾讯新闻单平台就获得了 4317.8 万的播放量。

深度合作，依托大数据实现精准传播。《新京报》不仅发挥自身专业、权威的优势，持续不断地进行内容生产，并且先后与腾讯、新浪深度合作，补足内容分发和技术运营方面的短板，完成内容触达受众的"最后一公里"。如腾讯除了拥有流量入口，同时掌握着大数据、资讯抓取、个性化推荐等先进技术，这为"我们视频"的传播助力加速。并且，"我们视频"在微博和秒拍上与数百个媒体机构、政务微博和大 V 建立合作运营群，使得视频内容得以迅速扩散。在精细化运营下，"我们视频"在新浪微博的粉丝数量已达到 900 万，日均发博数 20 余条，"江歌案"系列视频和"携程亲子园虐童"事件视频等观看人数突破 4000 万。

打造矩阵，建立多元化产品体系。面对资讯类短视频市场的激烈竞争，"我们视频"积极开发各类产品，建立矩阵化产品体系，实现"你无我有，你有我优"的差异化运营模式，满足移动互联网时代下，多元化、个性化的受众需求。《局面》是"我们视频"旗下一档人物专访栏目，它专注于热点公共事件，直面新闻事件核心当事人，力求通过深度全面的对话还原事件真相。在引起全民关注的"杭州保姆纵火案""东京女留学生遇害案""程序员自杀事件"中，《局面》向受众输出大量短缺的事实，将不该沉默的声音挖掘并呈现，由此产生了现象级传播效应。而"我们视频"另一档主打泛资讯视频的《有料》栏目，在新引进的云剪辑技术之下应运而生，视频内容轻松有趣、健康向上，满足了受众休闲放松的需求。另外，还有以电话连线方式即时连通新闻热点的《紧急呼叫》，做国际视频新闻报道的《世面》，传播正能量视频新闻的《暖心闻》。这些栏目汇成传播合力，向外辐射"我们视频"形态多样的视频产品，赋予"我们视频"专业、全面、深度的品牌特色，使之能在市场中占据一席之地。

区域下沉的典型代表——二更

二更诞生于 2014 年 11 月，在每晚"二更"时分推送一部原创视频。2015 年 4 月"杭州二更网络科技有限公司"正式注册成立，当月获得天使融资；2016 年 3 月，二更完成 A 轮融资，融资金额超过 5000 万；2017 年 1 月，二更完成 B 轮融资 1.5 亿；2017 年 7 月，二更完成 B+ 轮融资 1 亿元；2018 年 4 月，二更完成 B3 轮融资 1.2 亿元。三年时间里，二更从一个短视频新媒体，发展成为原创短视频 6000 多部、7000 多万全网粉丝、350 多亿总播放量的短视频内容平台。

核心竞争力：脱胎传统媒体，内容属性强势。二更创始人及董事长丁丰有超过 20 年的传统媒体经历，其初创团队拥有极强的优质内容制作能力，其拍摄作品被定位于"微纪录片"。二更在互联网实践过程中提出了"三真"创作理念——"真实人物、真实故事和真实情感"和"发现身边不知道的美"的创作口号，即二更拍摄的短视频内容都是真实环境中真实人物发生的真实故事，并表达人物的真实情感和深层次的内心世界。在此基础上，二更积极顺应新生代内容传播规律，在众多内容竞争中脱颖而出。

在发展过程中，二更积极在内容生产与传播等方面与传统媒体合作，优势互补。如在内容上，二更曾与苏州广电总台进行合作，成立融媒工作室，采用内部创业机制。第一条片子做了两个多月，上线一周后点击量突破 2000 万。此后，苏州广电内部成立了短视频工作室，进行了内部孵化机制，经半年后与"二更"成立合资公司。在传播渠道上，"二更"的"W＋T＋N＋S"传播渠道布局方程式里，"W"代表微信、微博公众号，"T"代表资讯 App 排行前列的"TOP"手机移动流量平台，"N"代表其他线上渠道，"S"就专指公交、地铁、机场、商场和 OTT（家用互联网电视）等线下屏幕。二更在三年时间里发展了 20 多个城市的 60 多家公交、地铁、商场、航站屏幕和 30 多家 OTT 智能电视频道，在依托线上优质微纪录片的基础上，提高了二更品牌知名度，在短视频行业竞争中占领了先机。

发展趋势：多线城市下沉，构建内容生态。二更于 2016 年启动了全国化战略"更城市"系列，目前已下沉至全国乃至海外 30 多个城市，包括"更北京""更南昌""更武汉"等。杭州成为这一布局落地的首个城市，2018 年 1 月，"更杭州"宣布全新升级为基于视频的"都市融媒体"。"二更"采用本地化加盟策略，推出"理念统一，风格多样"的制作方式，在全国各城市寻找优秀摄制团队，在技术指导、资金和发行方面予以支持，形成稳定团队，以本地化的微视频占领当地市场后，再成立二更分公司。熟知本地人文地理、民俗景观的本地拍摄团队每月生产的微视频占二更月产能的 50 % 以上，成为二更短视频创作的生力军。

升级为包括内容、发行、用户、营销在内的全域生态圈。教育也成为二更 2018 年重点布局板块。2018 年二更学院进一步升级课程体系，研发推出全新课程产品，包括高端精品课程（大师班）、职业技能培训、融媒体转型定制班、线上课程等多种类型。布局影视培训，联合政府和高校资源，通过教育培训，大规模培养孵化影视创作人才，构建影视创作人生态体系，并为影视创作人提供包括国内外影展投展、就业、商业项目、影视项目孵化等多方面的扶持，同时输出新媒体视频最前沿的理念、技术、全套解决方案，为政府、企业、高校、社会影视机构在新型媒体环境下的转型升级赋能。

如今，二更从移动互联网的原创视频内容提供商，嬗变至影视创作人生态的构建，再升级至从人才库到内容、发行、用户、营销在内的全域生态圈，形成从内容全面发展、价值全面呈现、人文与商业相互赋能的生态体系，以视频链接一切。从单一内容产品线转向日益完善的产品矩阵和城市内容生态布局者，从一家杭州本土公司到全国近十家分公司再到二更产业园，从单一新媒体变成覆盖了传媒、教育、影业、文创、云平台的全域内容生态。

独立 IP 代表——看鉴

看鉴自我定位为一个基于移动互联网终端的历史文化微视频及社群产品。作为一款专注于地理、人文、历史领域的短视频，内容直切精准垂直领域的细分人群，以央视纪录片的标准，3 分钟短视频的形式，给用户提供文史内容。截至 2018 年底，看鉴短视频在垂直领域内播放量占据榜首，全网订阅用户为 2000万人，全网累计播放量为 40 亿，日均播放量为 1500 万，付费频道月销量为100 万。

序号	时间	轮次	金额	投资方
1	2018/10/11	A 轮	数千万人民币	TOPIC 基金腾讯产业共赢基金
2	2016/6/22	Pre-A 轮	2500 万人民币	如山资本、海润昌资产等

看鉴融资情况表

核心特色：央媒标准精耕细作，用户视角产品重塑。中澜视讯创始人李锋曾是央视科教频道制片人、节目部主任，也是纪录片部门的资深主创人员。看鉴视频以央媒标准制作。

标准流程：包括按季度考量的中长期选题规划、各个制作组报选题、选题讨论、制作样片、样片测试、根据反馈调整、批量生产、安排投放。

审核：审核制度与传统媒体相同，有责编、技审、史实核查、英文翻译、校对等。专业的内容顾问团队聘请来自北京大学、北京师范大学的历史学者对专业知识严格把关，还有来自耶鲁大学、伦敦大学学院、香港大学、台湾大学等世界名校的硕士生及硕士生以上学历的志愿者，保障从内容到制作呈现的精准性和精品性。

版权：看鉴短视频投资购买大量有版权的纪录片素材，版权资产将成为看鉴短视频竞争壁垒。

发展路径：付费内容天然优势，IP助力"大语文"儿童教育。看鉴作为文史类短视频，具备知识付费的天然基因。2017年起，看鉴App每周推出一个付费专辑，解读《二十四史》、四书五经等国学经典。此后又衍生出"看鉴——人文历史""看鉴——地理""看鉴——教育"以及付费视频内容"看鉴V"等短视频板块。看鉴认为，付费内容市场有三个变化：成人化向少儿化、音频化向视频化、从新增流量到长尾复购流量。凭借"看鉴"这一IP在文史领域的影响力，看鉴推出系列"大语文"方向视频课，面向4～15岁儿童青少年，此类课程积极与爱奇艺等大平台合作，目前已有"国家宝藏""唐诗大电影""给孩子的第一堂性教育课""影响十万少年的人际沟通课"等视频课。

MCN类代表——洋葱视频

洋葱集团旗下的洋葱视频是国内最大的短视频原创IP自主研发机构，自主研发超过70个IP，是微博、秒拍、淘宝等平台官方合作MCN机构，覆盖美食、舞蹈、测评等垂直细分领域。据公司官微数据显示，截至2018年上半年，全网累计视频总播放量超过1000亿，在抖音平台累计粉丝破亿。一手打造抖音，多个垂直领域的第一达人IP，如"办公室小野""代古拉k""七舅脑爷"等头部短视频网红。洋葱集团是最早布局海外短视频内容生产的机构，也是目前国内的MCN机构中，海外粉丝量最大的机构。

时间	发展历程
2016 年 4 月	公司成立，涉足 IP 电商业务，验证并跑通内容 IP 电商闭环
2017 年 2 月	旗下"办公室小野"走红
2017 年 3 月	创建洋葱视频 MCN，开启短视频 IP 的矩阵化、规模化、国际化发展
2017 年 12 月	洋葱智库上线，为国内第一个基于短视频的 IP 智库
2018 年 1 月	"七舅脑爷"5 个月时间积累 500 万粉丝，成为烧脑短视频第一 IP
2018 年 3 月	公司旗下业务整合，分社星校、IP 商业化、电商业务，开始集团化运作
2018 年 5 月	"代古拉 k"抖音粉丝破千万
2018 年 6 月	"办公室小野""七舅脑爷"抖音粉丝破千万
2018 年 6 月	形成抖音现象级千万粉丝 IP 矩阵 + 垂直泛娱乐百万粉丝 IP 矩阵，抖音粉丝累计过亿

洋葱视频发展历程表

核心特色：洋葱视频着力于原生开发孵化内容 IP，构建家族式 IP 矩阵。公司家族式 IP 矩阵包括"办公室小野""代古拉 k""七舅脑爷"等千万粉丝现象级 IP+，"慕容瑞驰""爷爷等一下"等百万粉丝垂直头部 IP。不签约成熟网红，而是建立成熟的孵化机制，自主孵化打造素人，加深 MCN 与网络红人间的联系。旗下美食街泥石流"办公室小野"，全网粉丝超过 8000 万，其中，海外粉丝超过 1200 万，视频累计播放量超过 120 亿。

商业变现：达人 IP 为品牌赋能。洋葱集团已经与北汽集团驭胜汽车、荣耀手机、九阳、支付宝、迪奥等 100 多个品牌建立合作，通过达人 IP 为品牌赋能。如 2017 年，洋葱集团与北汽集团驭胜汽车合作广告，通过办公室小野和七舅脑爷互动导流，4 天播放量突破 5000 万，全网播放量破 1 亿，成为汽车界的年度现象级广告，是 IP 整合营销中的成功案例。

五、短视频行业当前问题和发展趋势

当前问题

商业变现遭遇天花板，短视频投资价值遭质疑。从变现渠道来看，广告变现依旧是短视频的主要收入来源，包括贴片广告、信息流广告、原生广告。而且，广告变现这一块大头基本被头部机构和达人占据。为改变这一困境，短视频平台开始尝试多种变现渠道，比如成立商业平台是各大平台的"标配"，快手、美拍、陌陌、抖音均在其中，但短视频平台的电商变现仍面临着众多难题，例如如何保持电商销售与粉丝感情间的平衡等，都是主播和平台需要衡量的。商业变现问题是掣肘短视频行业发展的最大难题，对于平台的挑战更甚，短视频的投资价值也被仔细考量。

短视频进入全面监管，政策风险犹如达摩克利斯之剑。短视频风口引得资本争相入局，但野蛮生长背后的内容乱象也迫使监管不断升级。2018 年，主管部门相继下发特急文件，规范网络视听节目传播秩序、约谈关停"内涵段子"等部分短视频应用，还对快手、抖音等应用存在的问题作出警告和罚款的行政处罚。可以说，主管部门对短视频在导向、内容质量、资质和版权上已经开启了全面的管控，监管的密度和力度之大，使短视频随即遭遇最强政策风险。

内容同质化，优质内容有限，观众审美疲劳掣肘增长。一方面，眼下短视频行业的泛娱乐产能已经严重过剩，搞笑幽默和明星娱乐占据了短视频内容池的大部分份额，内容趋于同质化，用户逐步迎来审美疲劳。另一方面，头部阵营趋向固化，头部大号由于更擅长制造话题生产爆款，玩法熟稔，推高了内容的门槛，许多普通用户对于内容生产逐步丧失了动力，成为被动观看者，也会迎来审美疲劳。此外，短视频平台对于音乐的宣发作用正在日益凸显，但当前短视频面临"造星难"以及 BGM（背景音乐）的同质化与原创性不足的困境，同质化洗脑神曲会逐步导致用户审美疲劳。

发展趋势

市场规模仍将高速增长，挖掘存量用户需稳定的商业模式。由于短视频是用户更加偏好的内容传播方式，加之与其相关的基础设施持续完善，短视频与各行业的融合会越来越深入，市场规模也将维持高速增长态势。但是，值得注意的是，2018 年我国短视频行业继井喷式发展后逐渐进入平稳的发展阶段，大部分短视频平台基本完成用户积淀，未来用户数量难以出现爆发式增长，平台的商业价值将从流量用户的增长向单个用户的深度价值挖掘调整，这就需要完善、稳定的商业模式。

5G 时代带来新风口，新兴技术助力用户体验提升。5G 时代的来临成为各行业发展的重要风口，更低的延时和更快速的互动使短视频在场景化的发展上再添新动力。同时，AI 技术逐步进入内容产业，对短视频制作者而言，一方面意味着流程精简、个人只需要专注内容制作，此后的内容分发和精准推送则完全由 AI 负责，另一方面入口、渠道、平台的重要性会逐渐让位于内容生产。此外，"短视频 +AR"的玩法已经屡见不鲜，而"短视频 +VR"模式仍有广阔发展空间，有利于带给用户沉浸式体验、开拓新的广告营销方式。

政务号加快入驻短视频平台，"两微 + 短视频"成必然趋势。在国务院办公厅《关于推进政务新媒体健康有序发展的意见》及《关于加强县级融媒体中心建设的意见》等相关政策加持下，未来政务机关将进一步借助短视频平台推进政务公开、优化政务服务、凝聚社会共识、创新社会治理，同时随着公众注意力转移到短视频，政务号入驻短视频平台已成为政务新媒体传播的必然趋势。

监管政策逐步完善，清朗网络环境促进内容生产。为适应短视频平台的迅速发展，相关监管政策逐步完善，格调低、价值导向偏离和低俗恶搞、盗版侵权、"标题党"突出等行业乱象逐渐得到整治，极大地推动了网络短视频行业健康有序发展。在此基础上，短视频平台将进一步加强行业规范，共同维护网络信息传播秩序，为内容生产提供良性土壤。

短视频在线时间增长，用户向低幼、白发人群两级扩展。作为"时间黑洞"的短视频应用，在抢占用户时间上优势不断凸显，据 QuestMobile2018 年度报告显示，短视频月总使用时长同比上涨 1.7 倍，超越在线视频成为仅次于即时通讯的第二大行业，而 5G 商业化无疑会进一步延长用户在短视频平台的在线时长。与此同时，中国手机网民增速从 20—29 岁的高点向两端迁移，低幼、白发、中年网民均进入高速增长期，短视频低使用门槛的特点让低幼、白发人群能轻松加入短视频用户大军。

短视频寻求国际化道路，领头平台向海外市场高歌猛进。当前短视频平台出海以发布海外版和并购两条路径为主，随着国内短视频流量红利逐渐到顶，未来领头的短视频平台会更积极寻求国际化道路，加紧抢占海外市场的步伐。

内容进入精细化新阶段，垂直化与主流化双向运作。短视频早期发展阶段存在内容质量良莠不齐、运作机制混乱、商业变现模式不清等多种问题，而随着互联网巨头入局短视频行业，短视频开始被主流市场认可，内容生产进入精细化发展新阶段。在各大平台加入短视频功能的同时，短视频平台也与各种媒介形态融合，内容与服务则趋向垂直化。此外，传统媒体布局中短视频占有一席之地，政务机构也将短视频平台作为展现形象、发布信息的重要窗口，新闻和政务信息具有一定严肃性，在避免过度娱乐化的同时，短视频平台主流化趋势也日益显现。

腾讯媒体研究院　清博研究院

传媒技术发展报告

回顾传媒演变史，技术往往是引领媒介变革的重要因素，技术决定了媒介形式，而媒介形式则决定了信息及内容的形态。本研究报告就技术对于传媒行业的影响展开讨论，共包含三大部分，第一部分为传媒技术发展脉络的梳理；第二部分为当今时代的技术发展现状梳理，侧重对技术应用案例的呈现和概括；第三部分则为我们对未来媒体技术趋势的预测与技术驱动传媒发展过程中所面临的问题与挑战的分析。

一、传媒技术发展史与基本逻辑

信息与媒介

信息是什么？在信息科学中，"信息"的定义是"物质、能量在时间和空间上的形态"。而在传媒领域，"信息"指代所有以各种形式（文字、图片、影像等）流通的内容。一般而言，"信息史观"的形成路径如下：

语言信息（出现语言）→文字信息（发明文字）→活字信息（标准化）→电子信息（高速化＝大量化）→数字信息

信息化的过程包含了人类历史的全部。把知识转换为信息的无线电通信阶段是现代化的起点，其重要程度不亚于文字的发明使人类的历史开始由神话进入"有史"时代。随着对信息访问的增加，人们对信息的认识也发生了变革。特定形式的媒体决定了人们的媒体消费习惯，例如，人们通常在报纸上阅读或在电视上观看新闻报道，小说则连载于书籍或杂志形式的媒介之上。

那么媒介又是什么？一般来说，赋予事物以意义，将体验转换为知识的符号传播载体被称为媒介。而它被赋予今天的意义是在第一次世界大战以后。1923年，美国的专业杂志《广告与销售》最初使用了"媒介"一词。作为与真正的消费社会同时出现的新词，媒介（medium）指代被视为广告载体的报纸、杂志、广播等"大众传媒"。

如同随着时代发展"新媒介"也在变化一样，信息传播的手段随着技术的发展也在不断发生变化。旧媒介也并非被新媒介所取代，当新媒介从旧媒介中分离出来的时候，旧媒介将因目的和机能的专门化而得以继续存在。

传媒发展史：技术驱动媒体的演变

报纸：印刷的出现

20 世纪 20 年代，德国新闻学为了确立特定的研究对象和研究方法，就报纸的定义进行了反复讨论。结果，报纸的基本概念被确定为时事性、公示性、定期性和普遍性。

而在英国，报纸最初形成于将事件和丑闻作为新闻印制出来的时期。后来进入陆续发行的"科兰特"时期，再接下来是每周定期以小册子形式发行的时期，最后是以册子形式发行的最后阶段。到 19 世纪中期，报纸开始大致形成有别于杂志的形态。

报纸之所以能取得如此飞快的发展，得益于大众信息流通与连接的桥梁缺失、城市化进程的不断扩展。在 19 世纪中期，民众共同体与公共话语场的形成。最开始报纸是"观点"的宣发窗口，而在出现将信息商品化的通讯社之后，报纸内容的重心也从"观点"转向了"事实"。19 世纪后半期，出现了以市民阶级为读者对象的政治报纸开始转向面向一般大众的综合性报纸的潮流，报纸不再看重销售利润，而是把固定的广告收入当作其财务基础。

	识字能力	城市化	传播体系
现代的	60% 以上	25% 以上	媒体
过渡的	20% ~ 60%	10% ~ 25%	媒体—口头
传统的	20% 以下	10% 以下	口头

数据来源：丹尼尔·勒纳《读写能力与城市化》，见 W.Schramm 编 *Mass Communication*，second edition，1960

照片：记录的力量

图片印刷前半期为作为插图、照片的延长的印刷媒体史，后半期为与音响媒体结合为一体朝电视方向发展的多媒体史。

图片的性质是记录瞬间，并将特定时刻的事件固定下来成为永恒。但其本身却存在着对连续性叙述的局限。照片并不是像记忆那样可以被置于连续的经验的连环之中，而是提示相互间没有关联的发生于瞬间的事情。为了理解故事中的一个场面，就必须理解整个故事。为"解读"一个镜头，就必须具备镜头中的人物是"谁"，在"何时""何处""为何"拍的这些知识。对于不具备这些知识的人，在一瞬间所拍摄的照片是没有意义的。

照片的普及带来了对"作为包括更多人物和事件的国民历史"的大众需求。这为以后作为"照片连续性的集合映像"的电影打下了坚实的需求基础。而随着胶卷制造的产业化和感光度的提高，摄影的机动性和拍摄的敏捷性的增进，所谓的新闻报道图片、纪实图片等摄影图片报道的出现开始成为可能。

影像：置身于想象中的世界

1891 年，发明家托马斯·爱迪生与年轻的实验室助理威廉·迪克森一起推出了他们所谓的动画镜，这种设备成为电影放映机的前身。电影镜是一个带有窗口的橱柜，观众可以通过这个窗口，看到爱迪生电影制片厂拍摄的动画视频，如马戏表演、舞蹈、斗鸡、拳击比赛，甚至是牙医拔牙等，体验运动图像的魅力。

梅里爱的《月球之旅》是首批融入幻想元素和使用"技巧"拍摄技术的电影之一，这两种技术都对未来的电影制作产生了重大影响。电影的记录功能远超照片，在电影中奔驰的汽车不是汽车的照片，而是现实中的汽车。而且，电影的独特优势不是单纯地还原现实，而在于画面的人工合成、编辑和蒙太奇表达。

随着电影在中产阶级中越来越受欢迎，以及故事片对观众的吸引力越来越强，制片商发现需要创造更舒适和装饰丰富的剧院空间以吸引他们的观众，于是好莱坞诞生了，以此开启了近现代电影的发展之路。

广播：连接世界的神经系统

在历史上，作为通信的手段，狼烟、信鸽等众多的通信方式都曾被尝试过。但是，成为今天信息化的主流的是如下的电信系统：电报、电话、广播、电视、互联网。

20世纪30年代末，新闻广播的普及程度超过了报纸。无线电具备以接近新闻事件的情绪化叙述吸引观众的能力，因此人们对此比对印刷新闻更有兴趣。例如，著名飞行员查尔斯·林德伯格的儿子在1932年遭到绑架和谋杀。无线电网络建立了移动电台，不间断地播放了几天，并让听众了解每一个细节，同时在情感上将公众与事件联系起来。

无线通信技术究竟意味着什么？它使"不见面的直接交流"成为可能，并且电话可以移动羞耻感和亲密感的感受境界，对想象力有一种刺激作用。同时，只传达声音的广播不需要付诸视觉，因而在听收音机时还可以从事别的活动。也就是说，司机和做工的人可以边工作边听广播，家庭主妇也可以在做家务时听广播。

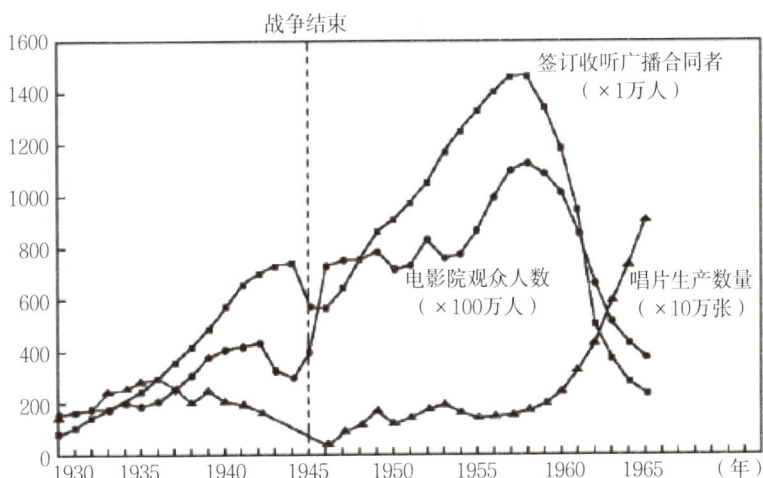

有声媒介的发展（1930—1965年）

数据来源：佐藤卓已《媒体社会学与社会舆论》，汪平、林祥瑜、张天一译，南京大学出版社，2013年

广播是给人以信赖感的媒介，事实如何并不重要。在这种意义上，广播为电视的出现打下了基础。

电视：视觉的狂欢

在英国和美国，电视被称为"TV"。播放定期的电视节目最早开始于第三帝国时期的德国首都柏林，时间是1935年。1936年，由于实况转播了奥林匹克运动会，电视陡然间成为引人注目的媒体。但是，在电视研发方面走在世界前列、在第二次世界大战后利用电视确立了世界霸权的，仍是美国。

以集体的形式观看的电影首先要求视觉的集中，与之相比，电视与依靠声音的广播具有类似性。现在人们也多"一边看电视"一边做其他事情，电视也和广播一道同时转播议会的实况和大众性的活动。

1928 年，彩色电视诞生。20 世纪 50 年代，电视的黄金时代到来。第二次世界大战期间的大规模生产大大降低了购买成本，使大众可以更广泛地使用电视。而后，有线电视兴起，电视业步入正轨。

互联网：地球村的实现

计算机的想法起源于第二次世界大战中研发原子弹的"曼哈顿计划"（1942—1945 年）。时任科学研究开发厅（OSRD）长官的范尼瓦·布什（Vannevar Bush）于 1945 年萌生了研发高效率的信息处理系统（MEMEX），即个人计算机的想法。为了计算大炮的弹道而开发的最初的数字计算机用于原子弹设计，计算机之父冯·诺伊曼参加了这一计划。

最初诞生的电脑是由 1.8 万只真空管组成的超大型计算机，小型计算机出现的契机是贝尔研究所于 1947 年发明了半导体管。1971 年，英特尔公司利用半导体技术开发出了具有中央处理器（CPU）功能的微处理器。1975 年，非专业人员也能利用的小型计算机"Altair 8800"问世。随后，IBM 于 1982 年推出的使用微软公司操作系统 MS-DOS 的 IBM-PC，成为国际上通用的规格。

互联网是把连接着若干个计算机的网络连接起来的"internetwork"的略称，通常指基于 TCP/IP 通讯协议的遍布世界的数字通信网。互联网应用领域的扩大促进了通信和广播的融合，在网上进行交易的电子货币的开发也取得了进展。这些又进一步促进了信息和经济的无国境化。

互联网的整体发展也分为两个阶段，我国在过去 20 年主要经历了 PC（桌面）互联网和 Mobile（移动）互联网两次互联网浪潮。2011 年之前，用户接入互联网的主要途径是电脑（台式和笔记本），而 2011 年通过智能手机上网的比例达到了 69.3%，并在 2012 年正式以 74.5% 超过了占比 70.6% 的台式电脑，宣告移动互联网时代来临。

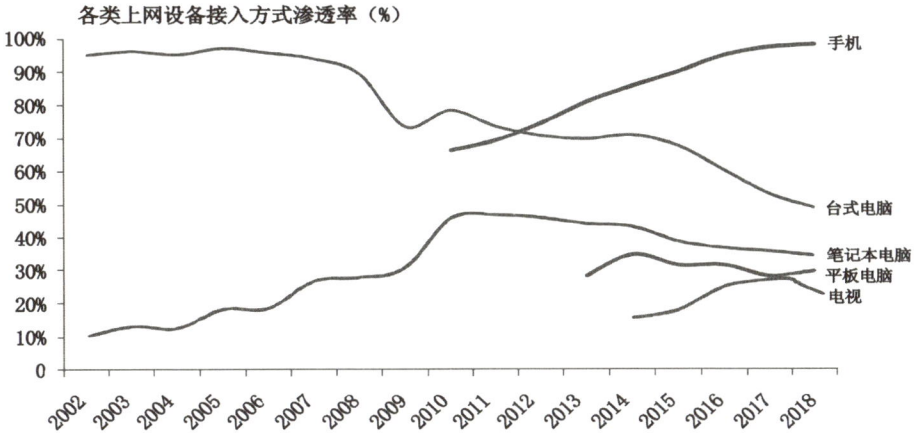

各类上网设备接入方式渗透率（%）

互联网接入方式发展阶段图
数据来源：CNNTC，广发证券发展研究中心

从 PC 到 Mobile，互联网有两组关系发生了较大的变化，第一是在通信领域从原来的开放协议走向了单一公司标准下的消息投递模式；第二是在内容分发方式上由原来的 Web+ 链接的模式走向了更加封闭的 App+API 接口的模式。

从用户角度来看，PC 互联网是以获取资讯为目的的一个生产力工具，其载体为笨重、不易携带的电脑，所以其核心价值在于让人更加快速、准确地触达信息，帮助人们"节省时间"。但智能手机载体下的移动互联网却能够随时随地陪伴人，因此它已经成为当下人们的一种生活方式，正如微信的设计者张小龙所说："手机是肢体的延伸，手机和人是一体。"

如今的互联网，已经成为全世界最重要的信息入口与出口。智能手机彻底打破了人与人之间的界限。作为融合了所有媒介形式的信息载体，它改变了传媒行业的格局，也促进着信息社会的演变与发展。

媒介的演变与传播对社会的影响振幅

如下图所示，在技术驱动媒介变革的过程中，媒介影响力的强弱也处于一个变化的过程，模式可以区分为第一次世界大战前的"启蒙机关模式"，截至第二次世界大战结束的"子弹效果模式"，到 20 世纪 60 年代为止的"有限效果模式"和从那以后至今的"新强力效果模式"，这些模式与当时受到瞩目的"新媒介"

的变异大都是一致的。在大众报纸出现的时候便有了新闻学，在电影和广播的黄金时代出现了"子弹效果论"。电视的普及期与"有限效果期"相重叠，录像机与计算机的出现与"新强力效果论"的抬头相符合。如果把时间轴加以延长，对20世纪90年代进行描述的话，随着互联网的迅速普及，传媒的新强力效果论可以说是进入了一个新的全盛期。[1]

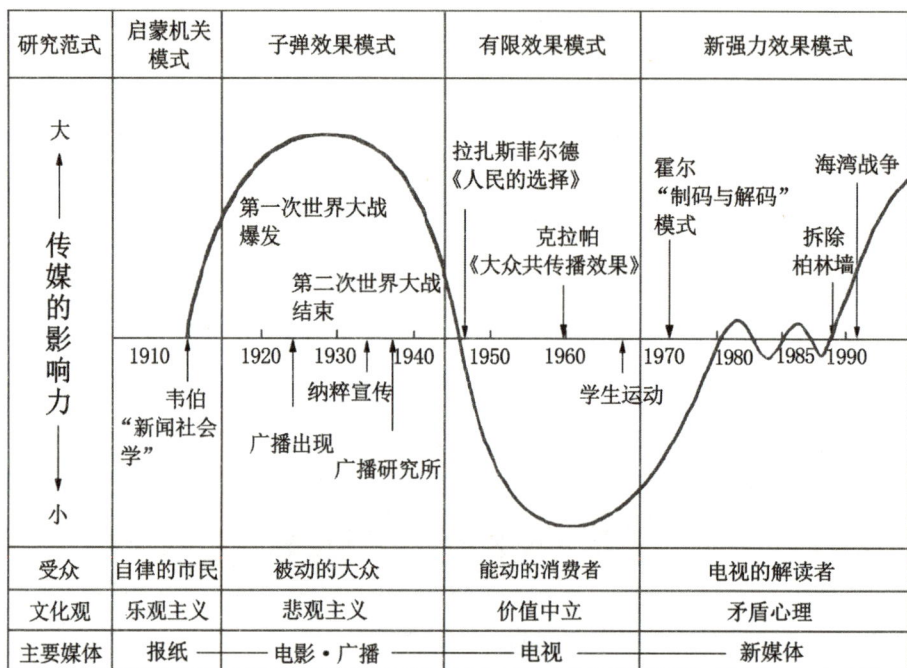

研究范式	启蒙机关模式	子弹效果模式	有限效果模式	新强力效果模式
大 ↑ 传媒的影响力 ↓ 小	1910 韦伯"新闻社会学"	第一次世界大战爆发 第二次世界大战结束 1920 1930 1940 纳粹宣传 广播出现 广播研究所	拉扎斯菲尔德《人民的选择》 克拉帕《大众共传播效果》 1950 1960 学生运动	霍尔"制码与解码"模式 海湾战争 拆除柏林墙 1970 1980 1985 1990
受众	自律的市民	被动的大众	能动的消费者	电视的解读者
文化观	乐观主义	悲观主义	价值中立	矛盾心理
主要媒体	报纸 ——	电影·广播 ——	电视 ——	新媒体

由下列文献整理而成：W.Donsbach, Mediemwirkung trotz Selektion, Koln, 1991
媒介影响力的演变
数据来源：W.Donsbach, Mediemwirkung trotz Selektion, Koln, 1991

媒介功能的迭代

媒体在我们的社会中履行了几个基本角色。一个明显的作用是娱乐，可以作为我们想象力的跳板、幻想的源泉和逃避现实的出路。无论是火热的美剧《权力的游戏》，还是口碑爆棚的漫威系列电影，传媒通过为我们提供各式各样的故事，来将我们带离现实世界。

---

1 佐藤卓己：《现代传媒史》，北京大学出版社，2004 年。

媒体也可以提供信息和教育。信息可以有多种形式，有时可能难以与娱乐分开。如今，报纸、电视和广播提供来自全球各地的信息。书籍和杂志可以更深入地了解各种信息分类，而麻省理工学院（MIT）则在其开放式课程网站上发布了课程的免费讲义、讲座的音频和视频等，允许任何人通过互联网与世界级教授产生连接。

媒体还可以作为讨论重要问题的公共平台，在报纸或其他期刊中，读者可以就某篇文章或当下某个问题发表自己的意见。在互联网上，每个可以上网的人都能通过博客或播客表达他们的意见。

最后，媒体最令人肃然起敬的作用是充当社会的监督者。无论中外，媒体始终是曝光社会问题与记录公众样貌的媒介。国外有水门事件、教父性侵儿童事件，国内也有关于三鹿奶粉、疫苗等事件的极具影响力的报道。

媒体技术的驱动力

大众需求：近代人类发展史是一部技术革新史，随着生产力的不断提高，全球人均可支配收入提高，人们对于以基本生存为主的消费比例降低，更高层次娱乐内容消费的需求也随之扩张。信息的娱乐化贯穿整个媒介演变。

科研氛围：新兴技术源于科学家的实验开发，而人的创造性与开放、良好的氛围分不开，基于想象力创造现实的梦想与坚持在任何时代都难能可贵。

资本的介入：无论是哪一种媒介的诞生，其背后都有资本力量的推动。资本的介入给了行业以持续发展的动力，驱动更多人与资源的介入。

国家顶层设计：战争期间，传媒被作为统战的主要手段之一，加强战时沟通、增强国民凝聚力等作用是取得战争胜利的保障。

二、新技术应用场景

当前媒体行业的技术生态

从印刷媒介到电子媒介，我们接收信息的方式发生了质的变化。印刷媒介更看重信息背后的逻辑，而电子媒介则更看重即时的表现力。在印刷场景中，受制于个人知识储备，人们不能轻易地进行跨领域的交流，哲学家、社会学家、人类学家和心理学家用不同的"语言"探讨着相似的现象。而电子媒介为了使受众能够在短时间内明白内容的意义，更多地呈现片段式的信息，也就打破了不同领域间的障碍，但同时这也弱化了其信息的逻辑严密程度。

在 20 世纪至 21 世纪的多媒体时代，我们既见证了人类文化走向多元，也见证了大众重塑审美标准与内容走向的历史。无数影响历史走向的新闻报道被刊发，无数滋养人们心灵的文学作品及衍生影像被创造，技术与传媒的结合让人类的生命体验多了一个维度——体验我们所不能接触到的意象。但这也并非没有缺陷，消费主义的社会带来的是全民娱乐化，不仅影响着人类的创造力，最终还会反噬人类自身。

当前我们正处于一个什么时代？答曰：媒体融合时代。在互联网与智能手机被发明以后，所有类型的媒介发生了融合，你既可以在手机上阅读文字，也可以观看视频，所有媒介被归到一个系统，按需提取。新、旧媒体的转换也在持续发生，传统媒体巨头纷纷谋求互联网时代的转型。若不改变，迎接它们的将只有死亡。

回看当下传媒技术的发展，这是新一轮技术主导下的信息变革。互联网、人工智能、沉浸式技术等成为这一轮变革的先导。互联网不仅改变了人们的阅读习惯，甚至控制了信息的分发与传播；而人工智能则成为传媒机构背后的"水电煤"，迭代其生产力要素；而沉浸式媒体，则让我们离触摸真实更近了一步，它描绘了一个更加虚幻且美好的未来。

信息生产技术

图文生产方面

生产之"策"：大数据分析指导内容生产方向。社交媒体时代，我们的每一条评论、每一次转发、每一次点赞都反映着我们的喜好。社交媒体上的每一个动作，都被记录成数据，最终形成一个庞大的数据集合。而社会化聆听（Social Listening）则诞生于此背景下，它利用各种技术手段（信息采集、数据分析 / 挖掘等）倾听目标消费者和潜在消费者主动在社会化媒体上"晒出"的内容，以及各种行为（阅读、点赞、收藏等），从而挖掘出具有商业价值的内容。

应用在传媒行业，则体现为对全网热点和突发事件的监控，其常见的分析维度包括信息来源分布、全网声量走势、关键词云、情感分析、典型意见挖掘、关联词分析、口碑热词分析等。

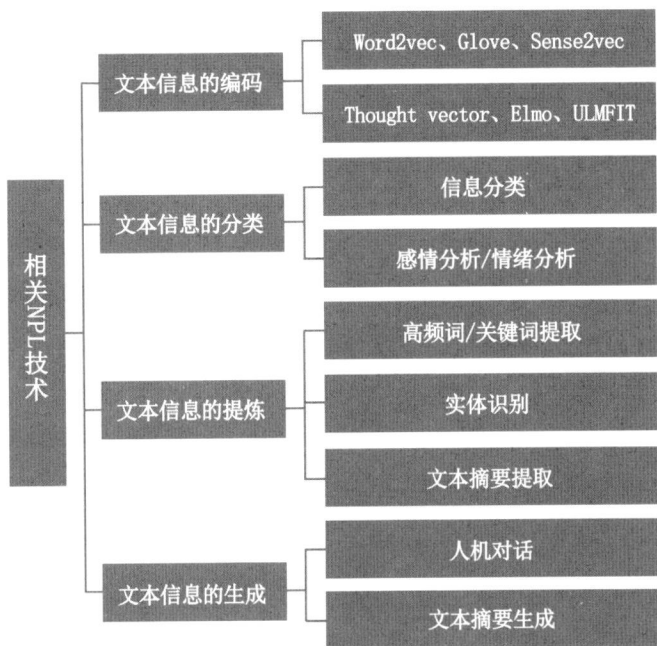

相关NPL技术

- 文本信息的编码
  - Word2vec、Glove、Sense2vec
  - Thought vector、Elmo、ULMFIT
- 文本信息的分类
  - 信息分类
  - 感情分析/情绪分析
- 文本信息的提炼
  - 高频词/关键词提取
  - 实体识别
  - 文本摘要提取
- 文本信息的生成
  - 人机对话
  - 文本摘要生成

NLP（自然语言处理）技术

一般而言，如果想就某一具体事件进行舆情分析，其流程大致包含数据准备（目标、采集范围、分析工具等）、全局分析（信息来源、舆情走势、用户分析、情感分析等）、精细分析（评论分析、关联词分析等）、得出结论四个步骤。

除了舆情分析之外，人工智能还能被用作预测受众对于内容的喜好。麻省理工学院在近两年曾利用人工智能开发了一种专门针对家庭情景剧的算法，这种算法可以记录大量情景剧中关键情节出现时受众的情绪变化。通过这一特性，他们发现了某一固定模式的情节发展更能刺激受众，这便可以优化内容创作的方向，迎合受众的喜好。

而在人工智能具备语义理解的能力之后，还能被用来作为用户管理的工具，主要体现在两方面：一是评论管理，二是用户互动。在评论管理方面由 Jigaw

（Google 的母公司 Alphabet）开发的 Perform API 工具以交互的方式组织读者的评论，这样就可以快速地看到哪些是"粗俗的"以及哪些更有启发性。

在用户互动方面，微软小冰与 Quartz Bot Studio 创建的聊天机器人都允许用户发布有关新闻事件、人物或地点的问题并会立即得到答复。

路透社还推出了一款系统叫作 News Tracer，这款系统一方面能够通过语言识别，在推特上识别和分类消息，另一方面还能利用算法在推特上每天过滤 5 亿条新推送，从中去除广告、谣言、钓鱼的消息，筛选出真实的消息。它会从 40 多个因素去"考虑"一个事件，会追溯消息的源头，深挖一个事件的公信程度，考虑发出这个信息源头的可靠性。

生产之"采"：语义挖掘为记者提供新闻线索与素材。当下的传媒行业中存在着不少的老牌传媒巨头，那些屹立于时间长河中的媒体机构本身就成了存储大量数据的档案库。以 BBC 为例，除了长期以来的每日新闻报道、调查和视频档案，其内部还有来自其他媒体、政府和互联网的数据。

那么如果有一种方式将所有这些数据联系在一起，使其更容易访问，同时又更具有意义，那对整个行业来说都是一个巨大的进步。自 2012 年以来，BBC 新闻实验室一直在使用数据提取工具"榨汁机"（The Juicer）来尝试。这台机器利用语义挖掘技术监控大约 850 家全球新闻机构的 RSS 源，并从 BBC 和外部收集和摘录新闻文章。然后，它为这些内容分配语义标记，并将它们分成组织、位置、人员和事物四类中的一种。因此，如果一名记者正在寻找特朗普总统的最新报道或与人工智能行业的公司有关联的文章，The Juicer 很快就会在网上搜索，并提供相关内容的列表。

除 BBC 之外，像 Give Me Sport 这样的体育媒体也用机器扫描推特上球星、球队相关新闻内容，根据新闻重要性贴标签，整合后推荐给记者用于撰稿。谷歌这类媒体巨头甚至研发为报道自动匹配图表、图片或视频的工具。

新华社的"媒体大脑"也具备同样的功能，其智能媒体生产平台通过视频摄像头、传感器、无人机、行车记录仪等智能采集设备，以及数据源自动采集的数据获取信息、实时监测新闻事件、自动发现新闻线索，然后通过"媒体大脑"，调用该新闻事件相关的地理位置信息、历史数据资料、同类事件信息，给媒体和记者提供富媒体内容的新闻线索和新闻素材。

生产之"编"：写作、配图、排版智能化。智能写作提高编辑工作效率——2016 年，清华大学语言与信息中心研发出古典诗歌机器人薇薇。2017 年 5 月，湛庐文化出版了由微软小冰创作的现代诗集《阳光失了玻璃窗》。人工智能创作随着 AI 作诗的噱头广为人知。

在 2014—2018 年期间，国内外主流大媒体都已经在特定领域应用了机器人写稿，主要应用于体育、天气、财经等资讯性较强的信息品类。

媒体机构	应用领域	时间（年）
腾讯新闻 DreamWriter	财经、体育、天气等	2015
人民日报创作大脑	不限	2018
新华社快笔小新	财经、体育、简讯等	2015
封面新闻小封	体育、生活资讯等	2016
南方都市报小南	时政、民生等	2017
财新网财小智	财经、社会新闻等	2017
今日头条 xiaomingbot	体育	2016
第一财经 DT 稿王	财经	2016
百度创作大脑	不限	2019
中国地震台网	民生	2016
《纽约时报》Blossom	内容推荐	2015
《华盛顿邮报》Heliograf	体育、财经	2016
雅虎	体育、财经	2016
美联社	体育、财经	2013
《卫报》Open001	内容筛选	2014
《洛杉矶时报》	民生	2014
路透社 Open Calais	内容筛选	2015

媒体写稿机器人应用情况统计表

从总体上看，写稿机器人都依赖"自然语言处理"技术，总共可分为三类，第一类是模板式写稿，即使用一个文章模板套用，将数据库中的结构化信息包括具体数字、百分比等填充进去，进行传统意义上的"照本宣科"工作。第二类是提取后整理，即对包含无用信息的长自然语言文本进行分析，提取文章中的关键信息，重新组织语言后输出。第三种是自己生成，其通常方法是通过训练语言模型，对语言进行数学建模，然后不使用原文，而是使用自己的方式逐句地生成算法认为"最能够体现原文包含意思而且看起来像一句话"的文字。

虽然世界上多家媒体都推出了自己的人工智能写作系统，但机器写稿的一般工作流程却大同小异：数据库的建立、机器对数据库的学习、就具体项目进行写作、内容审核和分发。以腾讯 DreamWriter 为例，先通过购买或自己创建数据库（即要进行机器写稿的行业稿件）；然后让 DreamWriter 机器对数据库内的各项数据进行分析，得出字、词在某个句子中相互匹配的概率；接着在写作时选用最有可能匹配的字、词、句进行匹配，生成一篇完整的文章；写作完成后经过审核环节，最后通过腾讯的内容发布平台到达用户端。

除了撰稿之外，智能分词技术与深度学习能力还能让机器具备审稿纠错的能力，腾讯 DreamWriter 在此方面运用权威字典资料作为基础储备，系统实现了结合上下文语义解析进行自我修正和迭代的效能。

AI+ 图片：识图、配图、美图等应用一网打尽。在图片领域，AI 能够解决目前传媒行业大部分对于图片的设计及处理需求。在自动配图方面，腾讯 DreamWriter 研发的新闻图像质量判别模型能够对新闻图像的质量进行实时评分，系统可以自动挑选或过滤目标图片，来匹配最合适的高质量图片，提升文章的丰富性和可读性。配图可能来自腾讯新闻的图片储备，也可能来自系统智能匹配的网络图片。在图文匹配之外，平台还可通过图图匹配来甄选海量图片资源。

在图片处理方面，利用人工智能算法，腾讯优图能对图片进行编辑和美化。首先较为初级的比如在抹掉图片中多余部分的同时保证图片的完整性。其次更加智能化的操作则是利用自动学习技术对机器进行训练，使它能够实现对图片中人物、景物的识别，进而自动分割。再次是对图像的重建，深度学习技术可以被用来重建图像，比如通过模糊的图像把真实的清晰图像恢复出来。最后则是对图像的创造，比如对人像的拼接、上妆等操作。

在腾讯优图的杰出科学家贾佳亚看来，图片后端的 AI 更重要，它不直接创造一种效果，但却能对图片进行图像分类、语义分割和实例分割，让机器能够"读懂"图片中的含义。

AI+ 排版：新媒体页面的自动化生成。互联网上图文内容一直都是以网页的形式存在，而网页的页面开发往往会经过产品经理列出需求、设计师进行模型设计、工程师通过代码实现这三个步骤。但这个流程正在被人工智能颠覆。大公司包括 Airbnb 等在内，已经开始基于深度学习，让人工智能解决排版问题。

通过抓取其他网站的网页源代码，再使用卷积神经网络（CNN）从源图像中提取图像特征，最后经过一系列训练后，这套算法系统就可以被用户加入自己的样式特色，在不同渲染规则下也会产生不一样的页面效果。

未来，不用那么烦琐的决策设计流程，当页面设计效果确定之后，只需要拍一张照片给人工智能系统，它就可以开始进行智能代码编写设计，5 秒内就能生成页面，最后文案和设计在对应位置添加好文字和图片即可。

视频生产方面

不仅图文生产可以自动化完成，视频生产也可以。通常来说，一个视频的剪辑生产需要经历以下几个步骤：素材收集、素材处理、剪辑合并、特效加成、添加字幕、导出视频。以往这些步骤全部都由人工完成，在新技术的推动下，这些步骤可以完全由 AI 来做到，人只需要从旁辅助，在 AI 产出视频内容后对其进行精细化修改。

首先，AI 能够智能识别画面内容。这一点贯穿了智能剪辑从素材收集到添加字幕的全部流程。通过文字收集图片视频素材、对素材进行整合分类、根据视频内容为其添加字幕，这是智能剪辑最基础也是最为重要的功能。

其次，AI 能够理解镜头语言。识别画面内容与理解镜头语言的区别在于前者的主体相对静态，主要目的在于知道视频里有什么；后者的主体相对动态，主要目的在于知道视频里发生了什么。具备了这一功能，AI 便可以生产出类似于"精彩进球合集"这样的视频集锦。但目前来说，人工智能对于内容的识别还不能做到百分百精确，需要有人从旁进行协助。

最后，AI 能够理清素材联系。单纯将相关的内容剪在一起并不能生产出一个观感良好的视频，视频中素材相接的节奏、镜头的转换，对于视频的成功与否有很大的影响。AI 需要对人类的剪辑习惯进行深入学习，从而有能力生产出面向不同受众的、风格不同的视频。

智能剪辑已经在一些领域得到了实际应用，如新华智云自主研发的"媒体大脑"（Magic）。它融合云计算、物联网、大数据、人工智能等多项技术，为媒体机构提供线索发现、素材采集、编辑生产、分发传播、反馈监测等服务，使新闻场景下的应用和服务更加智能化。这是人工智能技术首次在媒体领域集成化、产品化、商业化的应用。

只需要短短 6 秒，Magic 便可完成从素材的收集、剪辑到添加字幕后的导出的全部步骤，这一速度十分惊人。即使人们不放心由 Magic 全权生产的视频的质量，Magic 也可以为人工再处理提供一个较高的开端。目前来说，Magic 主要服务于体育报道等较为简单的领域，随着算法的不断完善，Magic 会进行更加深入的学习，以在更加复杂的领域提升视频生产的效率。

2018 俄罗斯世界杯，新华社 Magic 平台第一次将生产流水线引入内容生产领域，31 天内机器生产的世界杯短视频新闻达到 37581 条。其中最快一条生产耗时仅 6 秒，并在全网实现了 116604975 次播放。

台湾的 AI 视频生产和制作平台 Glia Studio 也具备智能生成视频的功能，它能利用 AI 直接将精彩文字内容快速转换成视频。具体应用有制作最新音乐资讯视频、即时自动标注世界杯精彩画面、自动合成赛事集锦等。

美国斯坦福大学与 Adobe 的研究人员也合作开发出一种人工智能（AI）程序，该研究项目自动将所有的镜头，利用面部识别和情绪识别系统，对每一帧画面进行分析，并按照脚本进行组织。IBM 旗下的 Waston 也具备智能剪辑的功能，它为 20 世纪福克斯公司于 2016 年上映的惊悚电影《摩根》（*Morgan*）剪辑预告片，从 90 分钟的影片中为制作人筛选出一段长达 6 分钟的影片，剪辑时间缩减到 24 小时。

音频生产方面

AI 对语音信息生产的赋能可以分为三个环节，分别为内容准备阶段、内容生产阶段、内容审核阶段。在内容的准备阶段，设计到对素材的采集和处理，人工智能下的语音识别能够帮助记者将音频素材整理成文字素材，这个阶段会经历语音检测、噪音消除、回声消除等步骤。之后系统会为该语音内容建立声学模型、语言模型，并根据庞大的语言库对其进行解码，最终生成与音频内容相应的文字内容。

而在内容生产阶段，智能语音则能够辅助作者进行高效、丰富的表达。当前的人工智能语音已经能够解决跨语言信息的表达，以搜狗语音为例，其已经支持了中文、英文、日文、韩文等多语种的能力，且保证了 98% 左右的语音识别准确率。

在文本的审核及修改阶段，人工智能所能够发挥的作用会更大。其具备语病修正、音色处理、个性化合成、风格迁移等功能，还能基于少量真实音频和视频数据，快速迁移和生成虚拟的分身模型，使用时输入一段文本，即可生成与真人无异的同步音频和视频。在语音与图像的合成方面，国内还孵化出了全球首个合成新闻主播，从语音到图像皆是人工智能所创造。

信息传播技术

如今，算法分发已经是信息平台、搜索引擎、浏览器、社交软件等几乎所有软件的标配，理解了算法，我们也就理解了当下的信息流通与传播环境。那么，算法分发的具体应用有哪些？

算法在资讯平台中的应用：管控海量信息对大众的分配

算法推荐引擎的核心在于用户信息推荐模型的建立与文本语义理解。在推荐模型方面，今日头条资深算法架构师曹欢欢认为算法在资讯信息平台中最主要的应用是解决用户、环境和资讯的匹配问题。如果用形式化的方式去描述实际上是拟合一个用户对内容满意度的函数，这个函数需要输入三个维度的变量。第一个维度是内容，例如图文、视频、UGC小视频、问答等，每种内容有很多自己的特征，需要考虑怎样提取不同内容类型的特征来做好推荐。第二个维度是用户特征。包括各种兴趣标签，职业、年龄、性别等，还有很多模型刻画出的隐式用户兴趣等。第三个维度是环境特征，这是移动互联网时代推荐的特点，用户随时随地移动，在工作场合、通勤、旅游等不同的场景，信息偏好有所偏移。结合三方面的维度，模型会给出一个预估，即推测推荐内容在这一场景下对这一用户是否合适。

在算法的推荐模型中，每条内容的点击率、阅读时间、点赞、评论、转发都是可以量化的目标，能够用模型直接拟合做预估。同时，引入数据指标以外的要素也很重要。这里的要素指的是以下四类典型的推荐特征：第一类是相关性特征，评估内容的属性和与用户是否匹配。显性的匹配包括关键词匹配、分类匹配、来源匹配、主题匹配等。第二类是环境特征，包括地理位置、时间。这些既是BIAS特征，也能以此构建一些匹配特征。第三类是热度特征，包括全局热度、分类热度，主题热度，以及关键词热度等。内容热度信息在大的推荐系统用户冷启动的时候非常有效。第四类是协同特征，它可以在一定程度上帮助解决所谓算法越推越窄的问题。协同特征并非考虑用户已有历史。而是通过用户行为分析不同用户间的相似性，比如点击相似、兴趣分类相似、主题相似、兴趣词相似，甚至向量相似，从而扩展模型的探索能力。[1]

在机器的语义理解方面，就如同腾讯 DreamWriter 所具备的语义分析能力一样，算法会对平台中的内容进行分析，并给每一条内容打上兴趣标签，归到内容池中。有了这些文本特征，推荐引擎才能正常工作。随后，资讯平台通过对用户不断推荐标签信息、获得反馈来训练自己的算法，让算法推荐的内容越来越符合用户的口味。

搜索引擎：信息的精确查找

如果说算法推荐下的信息分发解决的是我们被动浏览信息的需求，那么"搜索"则是互联网信息爆炸时代人类主观意志的体现。通过关键词检索，我们能够获得自己想要或者相关的内容。

搜索引擎的主要工作过程包括抓取、存储、页面分析、索引、检索等。AI 的能力则体现在整个流程当中。在抓取过程中，搜索引擎会将页面内容存储入数据库；接下来，索引程序会对抓取来的页面数据进行文字提取、中文分词、索引等处理，以备排名程序调用。在最后的检索阶段，当用户输入关键词后，排名程序调用索引库数据，计算相关性，然后按一定格式生成搜索结果页面。每一条信息在经过一段时间的沉淀后，搜索引擎都会为之评估搜索关键词的相关性及权重，以此来优化检索页呈现的结果，让相关性更高的信息排在更前面。

如今，搜索引擎已成为各大信息平台的标配工具，搜索引擎本身也在不断进化，2012 年谷歌宣布拟采用语义搜索技术升级搜索引擎。未来的搜索结果页不再只显示一个蓝色链接列表，还将提供用户所输入的搜索关键字的直接答案。如果说以前的搜索引擎是"符号计算"，可以基于关键词匹配信息。那么未来的搜索引擎将真正具备理解语义的能力，使搜索结果与用户需求实现更加精准的匹配，以解决问题的形式把结果返回给用户。

---

[1]　摘自"全解今日头条大数据算法原理"，曹欢欢。

智能终端：智能音箱作为新的信息出口

2014 年，亚马逊发布 Echo。2015 年，京东联合科大讯飞推出智能音箱叮咚。但彼时，人们在疑虑"我手机里就有 Siri，为什么还要为语音助手再花一笔钱？"真正的引爆点在智能手机开始卖不动的 2017 年。就像快消公司不断升级同一款洗发水一样，人工智能也需要另一个消费电子设备。手机制造商也想找到智能手机的替代品，就连其他垄断了大部分线上流量的科技公司也想抢占下一个流量入口。随后，智能音箱产品纷纷入市。

全球智能音箱市场规模图

数据来源：《2018 中国人工智能发展报告》

	厂商	产品名称
国内	百度	小度
	腾讯	腾讯听听
	小米	小爱
	阿里巴巴	天猫精灵
	京东	叮咚
国外	Amazon	Echo 系列
	Google	Google Home 系列
	Apple	HomePod
	Microsoft	Invoke

智能音箱产品一览

数据来源：引自《2018 中国人工智能发展报告》

智能音箱之所以能够如此受欢迎，是多重因素共同作用的结果：从技术侧来说，是人工智能浪潮来临，势不可挡；而从需求侧来说，是语音交互与人机交互相比在某些使用场景上更具优势；从企业来说，智能音箱本身的属性更加适合作为智能产品的切入口，为万物互联做好战略布局。

ASR（自动语音识别技术），NLP/NLU（自然语言处理/理解），TTS（语音合成），KG（知识图谱），DM（对话管理）……
语音助手的多年积累   摆脱屏幕的自然交互   海量内容的网络支持   多元丰富的场景设定   智能家居的生态引领

智能音箱功能一览

智能音箱通过语音交互可以接入更多服务，让用户通过语音交互实现更多购物、旅游、学习和社交体验，同时它给信息创造了新的出口，也让用户得以解放双手、享受听觉盛宴。

终端呈现技术

3D 与全息影像：更接近真实

回到技术发展的本质，人们对还原真实所见世界的憧憬促进了 3D 显示技术的发展。人眼所看到的现实世界是立体的，人脑之所以能感觉到三维立体图像主要是由于外界物体的光从左右两个不同角度进入人的双眼，并且经过大脑对图像的分析与合成才得以实现。

如今的 3D 显示技术主要分为 4 类：色差式、偏光式、快门式及裸眼 3D。它们主要的原理都是造成左右眼视觉差来实现 3D 成像。还有一种与众不同的 3D 成像技术全息投影值得一说。它利用全息照片来重现十分逼真的物体的三维图像。这个领域是商业价值较高的领域，尤其是白光再现全息术，它是走出实验室的最实用的全息术。

类别	全息摄影	普通摄影
记录方式	物束光与参考光束	光学镜头成像（物束光）
记录内容	物体散射光的强度及相位信息	物体本身或反射光的强度
成像介质	记录后称全息片（全灰色调）	感光胶片
影像观察方式	一般借助激光还原图像	眼睛直接观看
色彩表现	色彩干涉条纹图像	彩色物体图
影像特点	3D 空间立体感的影像 只有散射光线而没有实物	平面物体图像

全息摄影与普通摄影的区别

全息投影与 3D 技术的区别主要在于，全息投影是通过记录物体所有图像信息来重塑整个物体，使人能够 360 度无死角地观看该物体从而产生立体感；3D 技术则是通过记录物体部分图像信息，再通过模拟"双目效应"，使人产生立体感。

通过全息技术，真正的裸眼 3D 时代将会来到，我们不必再戴上 3D 眼镜去观看电影，而是随时随地都能感受到电影世界的乐趣。我们也不必通过上网进行沟通与交流，我们只需拿出手机，把想要聊天的人立体成像在我们面前即可实现面对面式的交流。

沉浸式媒体系列：360 度全景视频、VR 及 AR

通过动态记录的形式展现新闻已经成为国际媒体探索叙事方式的一大热门，需要明确的一个前提是，在此次变革中起主导作用的是沉浸式媒体技术的进化，而这一新的技术浪潮被统称为"沉浸式媒体"，具体包括 360 度全景视频、增强现实（AR）和容积捕获（包括 CGI 和三维扫描）。这些技术能够打破空间上的障碍，直接将用户置于模拟的环境中，使用户能够身临其境，探索不曾触到的现实，并以一个全新的视角来观察我们身边的世界。

沉浸式媒体的第一阶段是 360 度全景视频，优点是能让记者开阔视野，捕捉球面形图像。例如美联社的《挨家挨户的战斗：摩苏尔之战》（*House to House: The Battle for Mosul*）把观众带到了对抗 ISIS 的前线；而《纽约时报》（*New York Times*）的《火星上的生命》（*Life on Mars*）则记录了 6 名与世隔绝的科学家在夏威夷模拟的火星上的生活。

下一次沉浸式媒体的迭代会在由容积捕获技术驱动的 3D 内容中发生。这种技术允许观众在无限趋近真实的场景中自由移动，按自己想要的方式去体验新闻事件中的每一个场景。例如，《在这不安定的天空下》（*Beneath These Restless Skies*）以宏大的叙事方式讲述了纽约哈莱姆区糟糕的社会环境，当观众按自己的喜好穿梭在这些 3D 住房影像中时，还能够通过照片、档案等物品来解锁叙事片段，并了解该地区的社会风气。

技术让我们能够通过影响某人的感官，给他们更充分的体验。这意味着用户对信息会有更强烈的反应和更深刻的记忆。一个具体的例子是《今日美国》（*USA Today*）的"Eisenhower VR"，它允许观众通过艾森豪威尔号航空母舰移动，并通过一系列 3D 模型、360 度视频、动画和图形体验船员的日常生活。

赫斯特（Hearst，美国最大的传媒集团之一）新兴技术执行董事克里斯·帕帕莱奥（Chris Papaleo）认为：比起从印刷走向数字或从 PC 互联网到移动互联网，非线性叙事是一个更大的转变。

而 AR 则需要用手机的摄像头将数字 3D 模型投射到物理空间。例如，《华盛顿邮报》与 Empathetic Media 合作，将《华盛顿邮报》对巴尔的摩弗雷迪·格雷（Freddie Gray）死亡事件的报道进行了概念化。阅读报纸的用户可以使用手机来扫描进入这一事件的三维再现。

国内同样也有相关应用，观唐文化曾联合故宫、腾讯共同开展"国宝传承计划"，该项目从中国历史上最辉煌的书画著录、故宫珍藏的清代《石渠宝笈》中，精选 100 件书画珍品，通过 AR 等科技手段，进行数字化保护、出版、巡展，为青少年提供公益性艺术美育，向国人和世界持续推广中国的文化艺术瑰宝，目前已陆续开发《千里江山图》《游春图》等名作，并举办了多场艺术美育活动。

AR、VR 与 360 度全景视频形成了闭环，技术让如今的媒体人能够创造出更完整的沉浸式体验。不断尝试新形式的沉浸式媒体至关重要，因为媒体机构永远无法准确预测哪些形式将被大众所接受和喜爱。

区块链改造传媒业的 4 个方向

近年来，内容创作者、内容聚合平台以及分发渠道组合成了一整套数字传媒产业的生态链条，区块链的出现在很大意义上可能改变这个既有的结构。它将提供内容绕过平台方直接与用户接触的机会，为内容的生产者带来更大收益。同时，由于其去中心化数据库的本质，对于版权方来说，他们有了更强力的维权手段。区块链还有可能对未来的媒体价值链进行洗牌，其中包括定价、广告、收入以及付费等。付费流程以及广告收入不再需要整合收入，而是基于一种智能合约，收入的分配采用自动化的模式，付费交易的成本也会变得更低。我们可以从4个方面来分析区块链对媒体行业造成的变革。

重新定义的内容付费模式，内容货币化助推内容变现。数字化时代，消费者对于某些内容的点击付费需求会越来越大，这将有可能进一步取代包月、包年的模式，但点击付费的模式一旦成立，与海量点击次数伴随而来的将是交易成本提高，对于用户而言，也将提高他们的支付频率，这对于微价乃至低价内容的推动是不利的。区块链则能够帮助发行商灵活的获取具有一定价值的用户。

国外的 Civil 即是基于区块链技术的新闻出版发行平台，在 Civil 平台上，任何用户可以发起某一新闻主题，其他人借由贡献虚拟货币，附议此主题，附议者越多，集资金额越大，任何记者个人或新闻机构都可以出面认领。若两组以上人马有意报道，则形同竞标。最后由参与集资的会员投票决定如何分配，或由谁得标进行报道。

此外，新闻记者或媒体机构都能成立一个新闻台，针对单篇报道寻求赞助鼓励，或针对一项大型计划寻求募资，形同一个自主提案承揽的平台，完成作品必须对所有读者公开。

无论新闻编辑室或新闻台，所有募资成功的报道都必须提拨小笔额度的虚拟货币，供用户或专业记者进行事实核查，认领该任务者可以获取报偿。这种模式不仅能够重塑新闻行业的声誉、打击虚假新闻，还能调动新闻从业人员的积极性、开创新型合作模式。

让内容创作者越过数字平台及分发平台，收入分配合理化。区块链将帮助普通用户绕过平台方，让个体与个体之间产生直接联系。如今的内容平台或多或少地都在干预用户看见的信息流。广告方通过竞价排名以求在内容平台的信息流中排在前列。这本质上是一场对"用户注意力"控制权的争夺战。一个内容平台对信息流的干预越大，这个平台对内容生产方和用户的利益剥削就越严重。区块链技术允许内容的创作者精确跟踪到内容的使用情况，获知其内容的点击量等信息。如若内容中植入了广告信息，这也就使得其能够直接获得广告收入分配，将收益由平台转向内容的创作者。

除了去中心化，区块链另一个重要的作用是建立社区，从而增加用户的参与感，让用户参与广告分成，这是激励用户参与社区建设的核心部分。目前内容生态中的核心角色是生产内容的创作者和分发内容的平台，而付出注意力的内容消费者的价值却不被认可，更没有收益分配。区块链技术可以让内容消费者的注意力变成实际的收益。举例来说，当用户在平台内发生转发、点赞等行为时，他们可以获得奖励代币。代币的价值需要产品的支撑，当平台内容质量越高，承载的业务越多，用户量越大时，相应代币的价值就越高。奖励代币可以直接变现或者用于购买其他领域的商品。这样一来，区块链技术便增强了用户的参与度。

在区块链版本的 News Dog 应用中，用户可以通过邀请朋友、分享内容到社交平台、签到等途径获取 CNN 代币，且连续签到的时间越长，获得的 CNN 代币就越多。对此，News Dog 联合创始人兼首席运营官马祎表示，未来，News Dog 的更多功能都将会区块链化，同时，应用也将基于区块链技术添加更多功能，例如基于用户注意力进行广告收入分成等。

内容创作者的版权得到更好的保护，区块链会建立透明的版权费用体系。区块链的本质是一个去中心化的数据库，它以按照时间顺序将数据区块相连的方式组合，并以密码学方式保证区块内容的不可篡改和不可伪造。区块链技术可以为原创内容提供一个独一无二的身份标签，并且同步到全链。原创内容可以通过生成一份区块链版权登记书来真正做到独一无二。拥有了版权登记书后，原创作者也可以更方便地对侵权事件进行申诉，以此来维护自身版权。

我国的"区块链存证第一案"于 2018 年 6 月 28 日在杭州互联网法院进行公开宣判，这是一起侵害作品信息网络传播权纠纷案，通过该案件，在全国首次确认了采用区块链技术存证电子数据的法律效力，并明确了区块链电子存证的审查判断方法。

在这起案件中，原告杭州某公司诉被告深圳某公司在其运营的网站中发表了原告享有著作权的相关作品。原告在向法院举证时通过第三方存证平台进行了侵权网页的自动抓取及侵权页面的源码识别，并将上述两项内容和调用日志等的压缩包计算成哈希值，上传至区块链中。杭州互联网法院结合区块链技术用于数据存储的技术原理，依法针对区块链电子存证的效力认定进行了相关的审查，最终确认该种电子数据可以作为本案的侵权认定依据。

付费内容的边界取消。随着越来越多的用户正在订阅付费内容（例如用于付费电视、VOD、流媒体服务），有一个问题凸显了出来：当他们去其他国家或者地区的时候，他们可能无法收看已经订阅的内容。区块链技术可以在一定程度上改变这一点。由于每笔交易和消费都在区块链中得到跟踪，从理论上来说，无论你身在何处，你的付费记录都可以被获取到。

总的来说，区块链的潜力为媒体行业带来好处主要涉及支付交易和版权追踪。对于应用技术的创新将有深远的影响——内容创作者可能会更关注他们内容的播放时间、版权保护和广告收入，推动更为高效的消费模式化。

5G 技术对传媒行业的变革与影响

5G 是第五代移动通信系统（5th generation mobile networks 或 5th generation wireless systems）的简称，是 4G 系统后的延伸。由于手机的覆盖之广，5G 将首先在手机端普及，最后发展为万物联网。

5G 网络主要有三大特点。一是高速率。5G 网络可以做到在短时间内传播海量数据，直接体现在文件下载速度的提升和网页打开速度的提升。当前的互联网内容形态丰富，视频类信息逐渐占据了大部分的网络流量。内容的富媒体化对于网络速度提出了更高的要求，而网络速度的提高也会进一步提高内容的富媒体化，这是一个正反馈循环。同时，它也可以广泛利用在 AR/VR 等领域。

二是低时延。5G 网络的延时可降低至 1 毫秒，几乎可以做到远程指令与实际行为的完全同步。无人驾驶、远程手术的实现已经不是梦想。

三是海量连接。即将到来的 5G 技术不仅仅是技术上的升级，更为我们带来了另一种生活图景。万物联网成为可能，智慧家居、智慧城市正逐步走入我们的生活。同时，因其连接的广泛，5G 网络可以更好地辅助区块链的应用。

可能的应用场景一览：万物互联。5G 时代是万物互联的一个时代，每一个联网的物体都有可能被媒体化、平台化。所谓物联网，是指让所有能行使独立功能的普通物体实现互联互通的网络，一般为无线网。《钢铁侠》电影中展示的智能家居，无人驾驶就是物联网的体现。

在万物互联的背景下，智慧城市也不再是人们想象中的事物。一个智慧城市综合体便是采用视觉采集和识别、各类传感器、无线定位系统、RFID、条码识别、视觉标签等顶尖技术，构建智能视觉物联网，对城市综合体的要素进行智能感知、自动数据采集，涵盖城市综合体当中的商业、办公、居住、旅行、展览、餐饮、会议、文娱和交通、灯光照明、信息通信和显示等方方面面，将采集的数据可视化和规范化，让管理者能进行可视化城市综合体管理。

我们还可以利用 5G 对不同场景定制专属的内容。如小米出品的智能音箱"小爱同学"可以在日常休闲娱乐中给人们带来便利，智能手环可以对人们的运动健身进行辅助，智能扫地机器人可以自行根据房屋地形来确定打扫模式。在万物互联的背景下，一切都在朝着智能而人性化的方向发展。

推动直播。5G 具有高速率、低延时的优势，因此在 5G 时代，视频将会成为信息的主要表达形式。如今流媒体的发展令在线视频与直播行业飞速发展，我们可以推测在 5G 时代来临时，这一进程还会加快，并从电脑端快速蔓延至手机端。目前来说，手机端的直播受网络延迟与分辨率的影响，一直没有得到较好的发展。到 5G 网络普及的时候，这一点便会被改变，随手拍照记录心情可能就会变为随时直播展示生活。生活类直播会攻陷直播业，成为人们生活中自然而然的一部分。

AR/VR 应用。5G 时代的来临，人们将进一步拥抱移动端，改变传媒应用的场景。AR/VR 业务对宽带的要求是巨大的，因此其设备的成本也很高，再加上目前 AR/VR 的使用范围较为狭窄，人们往往不愿意花大价钱去购买一个并不必要的设备。5G 网络可以让高质量的 AR/VR 处理走向云端，以此来降低设备本身的成本，同时又不会带来很大的延迟。在 5G 时代，AR 与 VR 设备会逐渐进入我们的生活，虚拟场景体验逐渐普及，极大地丰富人们的工作生活、娱乐体验。

发展游戏。网络速度的快慢直接影响了游戏业的发展。在 2G/3G 时代，大部分网络游戏都存在在电脑端，移动端往往只有一些简单的单机小游戏。4G 时代来临后，如《王者荣耀》这样的需要即时传输数据的联机游戏在移动端得到移植，但仍旧存在因网络原因而存在的不稳定、高延迟的问题。5G 的发展令更多需要高网速的大型游戏的手机端移植成为可能。

其他延伸技术应用

互联网效果广告。随着移动互联网的兴起，陈旧的传统广告模式已经无法满足人们的需求，根据移动互联网及智能手机的信息展示特点，互联网效果广告模式应运而生。效果广告按展现或点击次数收取广告费，并能做到人群的精准定位，大大提高了广告行业的效率。

互联网效果广告的类型根据平台特性的不同会有不同的展现形式，比如针对百度搜索引擎的广告会变成搜索结果的排名展示；而针对微信的朋友圈信息流与公众号内容流的广告又会变成视频或者贴片广告。

以微信广告系统为例，整体模块可以分为 4 个层面，第一层是投放端，即广告主可以投放的产品及场景。

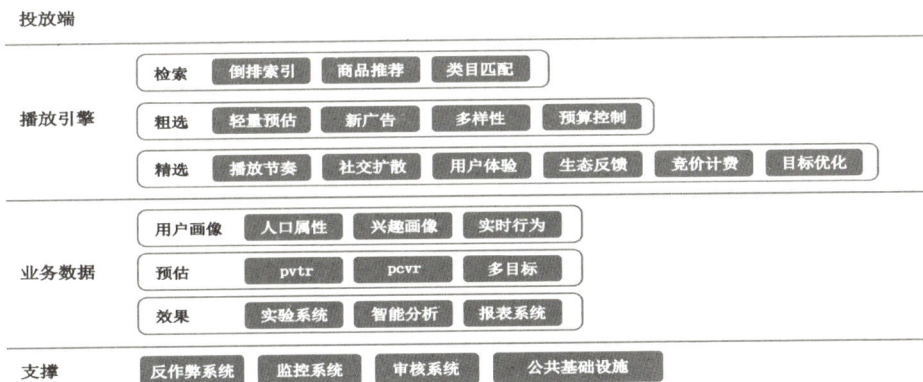

微信广告系统投放模块

第二层是播放引擎，主要分为检索、粗选、精选。检索是指根据用户的画像匹配适合其浏览的广告；粗选是指将选出适合用户的上万条广告筛选出 100 条，并留给后面的精选模块，精选模块会再选择一个给用户。

第三层是业务数据，主要是存储及调用用户相关的历史数据。

第四层是支撑，包括反作弊系统、审核系统等，防止广告系统内部不规范行为的发生。整个系统都依托人工智能算法实现，算法让移动互联网广告变得高效和精准。

社群维护。社交媒体时代，社交软件成了信息流通的发源地与传播场，随着信息的供给越来越多，寻找新的受众就成了媒体行业共同追求的目标。于是，社交软件中一个个"社群"逐渐被重视起来，社群不仅具有精准的信息需求，而且能够产生客观的信息传播效应。

值得注意的是，社群数量极其庞大且难以人工管理，这为社群维护技术的诞生提供了土壤。目前，市面上有着多款集社群管理、维护、自动回复、数据分析等功能于一体的社群运营工具。比如 Wetool 具备消息存储、聚合聊天、多群转发、自动回复机器人等多种功能，能够对媒体机构的受众管理产生较大的帮助。

游戏制作。Nexon 的高管李恩锡曾经表示，如今 AI 已经在逐渐进入游戏开发领域，未来部分开发者或因此失业。比如游戏开发公司 Nival 曾经为 2015 年发售的 RTS 类型游戏《闪电战 3》中，开发了一个名为 Boris 的神经网络决策 AI。AI 不仅会使用战术，还懂得根据战场形态随时分配自己的兵力与装备。

国内的橙光文字游戏制作工具也实现了快速、可视化、人性化、无编码的操作过程，一个新用户如果想使用《橙光文字游戏制作工具》制作一款简单的游戏，他不需要任何的编程基础，只要认真跟着引导按钮一步步地完成任务，即可完成一款简单的文字游戏。用户在制作游戏的过程中，可以按照自己的喜好制作每个游戏页面，并且看到的均为最终游戏的效果界面。

三、传媒技术发展趋势及问题

在可预见的未来，传媒技术的发展将深刻改变当前的传媒生态。在移动互联网、人工智能、沉浸式媒体、区块链等技术的催化下，传媒的发展很可能超乎我们的想象。

美国未来学家雷蒙德·库兹韦尔曾提出"奇点"理论，预示电脑智能与人脑智能兼容的那个神妙时刻。对传媒业来说，这个"奇点"是否即将到来？答案是不确定的，技术的发展既遵循线性的增长，也存在飞跃的可能。所以，我们无法预言它究竟会在什么时间达到什么样的程度。但是，这也并不意味着我们就失去了对趋势的预判，当下我们至少可以结合应用现状判断现代传媒技术的必然发展方向。

最具代表性传媒技术的发展趋势

人工智能

在前一部分的技术应用案例分析中，我们列出了很多人工智能在传媒领域的应用。而在未来，基于深度学习的人工智能的认知能力将达到人类专家顾问的水平。

人工智能技术在过去几年的快速发展主要归功于三个要素的整合：更强大的神经网络、低成本芯片和大数据。神经网络是人脑的模拟，是深度学习机器的基础。在某一领域的深度学习将使人工智能接近人类专家顾问的水平，并在未来进一步取代人类专家顾问。当然，这种学习过程伴随着大数据的获取和积累。

体现在新闻业，AI 在未来将使媒体机构越来越自动化，人工智能不仅可以帮助记者减少部分重复又烦琐的工作，还能赋能记者在各个环节的工作。

此外，人工智能将越来越具有"人性"，他不仅能理解信息，还能预测信息的发展方向，随着未来强人工时代的到来，AI 完全能够胜任传媒领域的大部分工作，而且速度更快，质量更好。人工智能与传媒领域的结合将越来越多地融入我们的日常生活，比如当你下飞机时，你可能会发现你的航程应用为你推送了一条导向滴滴的链接。随着机器学习的发展，基于独立用户习惯的应用链接应用的体验会更普及。

沉浸式技术

无论中外，人们都将大部分的碎片化时间花在了手机上，浏览内容的形式也越来越倾向于视频而不是传统的图文。而混合现实（VR、AR、全景视频和全息图等），也正在成为视觉形态的有力加持。

现如今，《纽约时报》、CNN、《华盛顿邮报》等多家新闻机构都开始使用全景视频，我们有望看到沉浸式新闻的持续发展。全景视频让用户可以捕捉到正在发生的新闻事件的全貌，而不是被迫接受镜头背后那个人选择的视角；在长视频中，全景视频也能使观众成为一个积极互动的侦探，寻找事件的蛛丝马迹。这样，全景视频就可以让观众长时间专注于作品，尤其是在这样一个注意力短缺的时代。

而 VR 对品牌来说意味着宣传层面的新商机——通过沉浸式体验，来直接对消费者的认知产生影响。比如，宝马和沃尔沃都为想要买车的顾客推出了 VR 试驾的体验 App。

对于 AR 来说，它并不像 VR 那样要模拟整个新环境，而只是在你的视野里放置几个数字元素。不久的将来，AR 会为新闻机构开启新的市场，媒体可以通过用户视野中的可识别元素，来丰富实时内容的传递。AR 在媒体中的应用还有不少。比如类似于 Snapchat 脸部贴纸的 AR 功能，可以隐藏信源的身份。另外，AR 可以为报纸印刷版增加交互亮点，作为吸引读者的一种方式。

内容方面，AR 公司 Blippar 可以提供只能用智能手机解锁的动画或图像。广告投放方面，用户可以使用 AR 来扫描他们喜欢的东西，浏览数字商品信息界面，直接通过手机购买。AR 的这种加成意味着媒体与广告主之间的双赢。

可穿戴设备

对媒体来说，可穿戴设备一方面是需要为之定制内容来抵达特定读者的新媒介形式；另一方面，也是可以从读者一方收集反馈信息的方式。

可穿戴设备在未来的应用主要集中在智能眼镜、智能收听设备、头戴式显示器等领域。智能眼镜会将内容直接投影到用户眼中，看到的数字影像就好像存在于现实世界当中一样；而智能收听设备集成了语音指令、生物识别跟踪、选择性降噪、音乐和数据存储以及软件集成等功能，本质上是功能更高级的耳机。Apple 旗下无线耳机 Earpods 将来可能监控运动时的体温、出汗、心率等情况，同时也可以仅仅通过感应头部动作来控制手机等设备。头戴式显示器（HMD）是目前 VR、游戏和其他沉浸体验中最多应用的设备。虽然由于佩戴不适感和眩晕等原因，此种设备尚未普及至家用用户，但 HTC Vive 和 Oculus 等设备品牌还是展示了引领游戏与专业使用者细分市场的潜力。

未来，可穿戴设备或可与人类的大脑之间建立交互，使用户用想法去控制指定设备。比如公司 4D Force 制造了一种头戴设备，可以将脑电波转化为电脑能够理解的信号，搭载于游戏、健康和娱乐等应用之中。Facebook 也在尝试开发一种设备，以读取脑电波，推断人类的大脑所想的词语。

甚至更极端一点，一些技术狂热者可能将技术直接植入自己的身体，以此来实现真正的人机合一。虽然目前能够在耳朵中植入磁铁代替耳机，但由于不可控的风险因素，短期内成为主流的可能性较小。

传媒技术发展带来的社会问题

假新闻泛滥

根据柯林斯词典的定义，假新闻是指"假借新闻报道形式传播的错误虚假、耸人听闻的信息"。根据"是否完全虚假""是否意图欺骗读者"和"是否具有经济动机"又可以将假新闻分为几类：因疏忽而导致报道出错的假新闻；因急于传递热点而导致事实讲述不充分的假新闻；以欺骗读者获得心理满足的假新闻；以欺骗读者获得经济或政治利益的假新闻；以骗取点击量而夸大事实的假新闻。

这一社会问题早在新媒体广泛应用于新闻报道之前就已经存在，而在技术的推动下，假新闻的出现与传播又增添了一些新的特点。

来源增多：现如今，人们获取新闻的渠道早已从传统的纸质报纸、杂志转向了互联网。而在网络社会中，人人都拥有发布新闻的话筒，假新闻的制造成本被无限降低，信息渠道的多样化为假新闻制造者提供了新天地。

技术先进：人们常说"眼见为实"，因此新闻报道在撰写时往往会采用相应的图片或视频来加强报道的可信度。然而随着技术的发展，图片与视频也不可尽然相信。如若假新闻制作者们熟练地应用了人工智能技术去造假，那么人们往往很难辨别。

传播便捷：互联网平台不但讲究传播的便捷与快速，还讲究跨平台联动，近乎无成本的传播方式促进了信息的扩散，假新闻自然也就伴随其中，快速地传播出去。

覆盖面广：互联网上的一条信息可能会被现实中的任何一个人看见，这是传统纸质传播渠道甚至广播电视渠道无法做到的。正因如此，假新闻的传播空间也甚为宽广，一旦开始了病毒式传播，辟谣的成本往往也是巨大的。

产业利益：网络社会的新闻传播正逐渐向内容营销靠拢，新闻的点击率被用于衡量一篇新闻报道是否成功。现如今，假新闻的生产与传播已经逐渐形成了一个特殊的产业链，假新闻的制造者通常有意欺骗读者，并想以此获得政治或经济层面的某些利益。

网络媒体虽然并不完全是假新闻之源，但因其平台特点，它却处于假新闻的争议核心。为了遏制假新闻的出现与传播，我们需要进行多方面的尝试。从源头上讲，遏制假新闻的出现，更多地需要政策的干预，从政策上严惩假新闻的制造者，令他们产出假新闻的风险无限提高，从而减少假新闻的出现。另外，我们需要将传播真相的观念根植在每个人心中，令新闻生产者对真相抱有敬畏之心，从而减少因不谨慎而导致的假新闻的出现。

技术也将成为未来对抗假新闻的主要力量，比如腾讯旗下的辟谣产品"较真"就会对社会热点进行实时跟进，对其伴随的谣言进行及时辟谣。随着互联网新技术的发展，对假新闻的处理将会有新的进步。

信息茧房

信息茧房是指人们的信息领域会习惯性地被自己的兴趣所引导，从而将自己的生活桎梏于像蚕茧一般的"茧房"中的现象。信息茧房并不依托于互联网存在，在现实的交际圈子中，这一现象同样存在。但由于互联网信息社会的一些特点，信息茧房在网络社会展现得尤为明显。

人们天生爱看想看的内容，喜欢和与自己有相同看法的人交流。面对自己感兴趣的内容，人们会停下来仔细阅读；面对自己不感兴趣的内容，人们可能会快速掠过，甚至对之感到厌烦。这一点无法避免。网络信息大量且丰富，人们无法接收全领域的信息，而单一领域的信息又可以满足个人精神需求，人们便倾向于只看自己感兴趣的内容，而忽视自己不是很感兴趣的内容。此外，资讯平台的算法常常推荐用户所喜爱的同类信息，这就加深了信息茧房的程度。

久而久之，信息茧房会带来网络群体分极化的问题，人们的思维也会被信息茧房引导、固化。长期处在信息茧房中，我们便会眼光狭隘、思维受限，难以窥见社会的全貌。当人们已经习惯了定制化平台为信息收取带来的便利，想要减弱智能推荐的力度必定会引起用户的反感。如何做到让各类信息均匀传播，促进社群之间的交流，是消除信息茧房所要考虑的。

信息版权

版权即著作权，是指文学、艺术、科学作品的作者对其作品享有的权利（包括财产权、人身权）。关于版权的争端由来已久，互联网时代的到来令其持续发酵，究其原因主要有以下三点：首先，互联网中对于内容的下载、上传都十分简单，无论是文字、图片还是音频、视频，人们都可以通过简单的复制粘贴或者使用一些插件来获取其内容。而这些内容也会很容易地通过云盘等渠道分享出去，对版权造成二次侵害。互联网的便利为不尊重版权的行为提供了发展的土壤。

其次，由于历史积累的原因，我国的版权保护意识还未深入人心。

最后，侵权行为可以给人带来利益的收获。一旦某个行为有利可图，那么它就一定会被人利用。

版权正成为国内传媒业重点关注的领域，而随着技术的发展，相信版权意识会深入人心，版权相关的法律也将越来越规范。

腾讯媒体研究院　井婷婷　陈玉立